高等学校经管类精品教材

会计学基础

主　　编　蔡文芬　张道梅

副 主 编　南玮玮　范莹莹

编写人员（以姓氏笔画为序）

韦　雪　吴义凤　张道梅

范莹莹　南玮玮　蔡文芬

主　　审　陈　宁

中国科学技术大学出版社

内 容 简 介

"会计学基础"是财经类各专业的基础课，是"初级会计实务"、"中级财务会计"、"成本会计"、"管理会计"和"财务管理"等专业课程的基础，也是其他专业学生学习相关财经课程的基础。

本书主要介绍了会计的基本理论、基本方法和基本技能，具体包括会计定义、会计核算职能、会计核算对象、会计核算方法、会计基本假设、会计基础和会计信息质量要求、会计要素和会计等式等基本理论；会计科目和账户的设置、复式记账原理、成本计算和财产清查、会计核算程序、会计工作组织等基本核算方法；会计凭证的填制、账簿的登记和会计报表的编制等基本技能。

本书可作为会计类、管理类、统计类等财经类各专业学生的学习教材，也可供其他学科对会计学知识感兴趣的同学使用。

图书在版编目(CIP)数据

会计学基础 / 蔡文芬，张道梅主编. —合肥：中国科学技术大学出版社，2012.1
(2018.12 重印)
ISBN 978-7-312-02950-9

Ⅰ. 会…　Ⅱ. ①蔡…　②张…　Ⅲ. 会计学—高等职业教育—教材　Ⅳ. F230

中国版本图书馆 CIP 数据核字(2011)第 261582 号

出版　中国科学技术大学出版社
安徽省合肥市金寨路 96 号，230026
http://press.ustc.edu.cn
https://zgkxjsdxcbs.tmall.com
印刷　安徽省瑞隆印务有限公司
发行　中国科学技术大学出版社
经销　全国新华书店
开本　710 mm×960 mm　1/16
印张　17
字数　302 千
版次　2012 年 1 月第 1 版
印次　2018 年 12 月第 6 次印刷
定价　35.00 元

前　言

"会计学基础"是财经类各专业的基础课,是学习"初级会计实务"、"中级财务会计"、"成本会计"、"管理会计"和"财务管理"等专业课程的基础,也是其他专业学生学习相关财经课程的基础。其他相关专业的学生学习本课程,有助于完善学生的专业知识结构,有助于扩大学生的知识面、提高学生的职业技能。

本书以财政部最新颁布的《企业会计准则及其应用指南》为依据,借鉴和吸收国内外相关的会计理论和方法,结合会计实际,对会计的基本理论、基本知识和基本方法进行了深入浅出的阐述。具体包括会计定义、会计核算职能、会计核算对象、会计核算方法、会计基本假设、会计基础和会计信息质量要求、会计要素和会计等式等基本理论;会计科目和账户的设置、复式记账原理、成本计算和财产清查、会计核算程序、会计工作组织等基本核算方法;会计凭证的填制、账簿的登记和会计报表的编制等基本技能。

本课程的教学目标,是让学生在全面学习的基础上,准确理解会计的基本概念、基本原理,能够应用复式记账原理熟练处理经济业务,能根据提供的实物单据准确填制会计凭证、登记账簿、编制会计报表。建议在教学过程中,本着"以人为本"的教学理念,根据会计实务操作性强的特点,采用理论联系实际的教学方法进行相关的实验教学。如填制会计凭证、登记账簿、编制会计报表等章节,我们将各个单据和整个填制过程形象而又生动地展示给学生,然后再进行配套的实训,充分调动学生的多种感官参与教学活动,真正实现了教与学的互动。

本书由安徽三联学院蔡文芬、张道梅担任主编,南玮玮、范莹莹担任副主编。蔡文芬拟定提纲,并对全书的初稿进行修改和总撰。安徽三联学院陈宁教授对全书进行审稿。初稿第 1 章、第 2 章、第 3 章由蔡文芬执笔;第 4 章由韦雪执笔;第 5 章、第 7 章由吴义凤执笔;第 6 章由张道梅执笔;第 9 章由范莹莹执笔;第 8 章、第 10 章由南玮玮执笔。另外,本书在编写过程中还得到了安徽三联学院各院系有关领导和同行们的鼎力支持,在此表示衷心感谢。

由于水平所限,加之时间仓促,书中错漏之处在所难免,恳请广大专家、读者批评指正!

编　者

目　　录

第一章　总　论

学习目标

通过本章的学习，了解会计的产生与发展，理解会计的定义，掌握会计的基本职能，熟悉会计的对象，掌握资产、负债、所有者权益的分类，学会分析经济业务类型，练习经济业务发生对会计等式的影响，掌握会计核算的基本前提和会计信息质量的要求等基本知识。

知识构图

会计总论
- 会计概述
- 会计对象、会计要素、会计等式
- 会计核算的基本前提和会计信息质量要求
- 会计核算方法

第一节　会计概述

一、会计的产生与发展

会计作为一项记录、计算、考核经济收支的古老学问，可谓源远流长。它随着生产活动的产生而产生，并随着社会生产的发展而不断完善。

物质资料的生产是人类社会赖以生存和发展的基础。在生产活动中，为了获得一定的劳动成果，必然要耗用一定的人力、物力和财力。人们一方面关心劳动成果的多少，另一方面也注重劳动耗费的高低。人们为了计算劳动成果和生产耗费，学会了计数，从此有了会计的萌芽。在人类社会发展的初级阶段，生产力十分低下，会计还不占重要地位，只能是生产职能部门的附带部分，不可能有专职人员担任会计工作。当生产力发展到一定水平，劳动生产率提高，劳动产品增加，特别是出现剩余产品后，会计开始从生产职能的附带作用中分离出来，成为一项带有一定程度独立性能的工作。随着货币这种充当一般等价物的特殊商品的产生，社会再生产过程中的一切物质资料的生产分配和交换都要通过货币来计量，使得会计由简单的计算财务收支发展成以货币为主要计量尺度进行核算成为可能。社会的进步，科技的发展，促进了会计理论、方法、程序和组织模式从简单到复杂、从低级向高级逐步完善。

在世界会计发展史上，中国会计曾一度处于领先地位。早在西周时期，奴隶制经济达到鼎盛，农业、手工业、商业甚至经济制度都有了显著的发展，人们开始把会计提高到管理社会经济工具的地位上来认识，"会计"的意义随之加以明确。"司会掌邦之六典、八法、八则……而听其会计"(《周礼·天官》)，这是我国关于"会计"一词的最早记载。同时会计机构"司会""掌国之官府郊野县都之百物财用"，并规定了"以参互考日成，以月要考月成，以岁会考岁成"的会计检查制度。我国发明了造纸术后，开始出现了名为"计簿"或"簿记"的账册，用以登记会计事项。唐宋两代是我国封建社会的空前繁荣时期，反映到会计方法和技术方面，其突出的成就是发明了"四柱清册"的结账和报账方法。四柱之间的平衡关系是：旧管＋新收－开除＝实在。"四柱清册"的创造和应用，把我国传统的单式收付簿记推进到一个较为科学的高度。到了明末清初，我国出现了最早的复式簿记法——龙门账。它以"收"、"来"、"付"、"去"作为记账符号，以"有来必有去，来去必相等"作为记账规则，通过平衡关系式："进"－"缴"＝"存"－"该"，平行计算盈亏。龙门账的出现和应用，对中国会计单式簿记法向复式簿记法的转变起着重要作用。

15 世纪中叶，中国政治、经济发展滞后，而地中海沿岸的威尼斯、佛罗伦萨等城市已经稀疏地出现了资本主义生产的最初萌芽，复式簿记的种子开始在西方破土而出，并得到快速成长。1494 年，意大利人卢卡·帕乔利(Luca Pacioli)在其《算术、几何、比及比例概要》一书中，第一次全面系统地总结了复式记账方法，并从理论上给予了必要阐述。1494 年是会计史上的重要里程碑，标志着近代会计的开始，卢卡·帕乔利也因此被称为"会计学之父"。通过此书的宣传，复式簿记法首先在欧洲得到了广泛传播，后来又传入美国、日本等国家，从而在资本主义国家得到普遍应用。

19 世纪的工业革命导致了工业制度和生产方式的出现，正确计算固定资产折旧，合理分摊间接费用，准确计算产品生产成本及控制成本费用的发生等要求，促使成本会计迅速发展。随着股份制公司的发展，公司所有者(股东)不再是公司的管理者，所有权和经营权的分离，要求公司经理向所有者(股东)公开报告其经营业绩。而公司经理出于自身的目的，总是设法美化其业绩。为适应这种变化，1854 年，苏格兰的会计师们成立了第一个特许会计师协会——爱丁堡会计师协会。从此，扩大了会计的服务对象，出现了会计的核算内容，会计的作用获得了社会的广泛承认，这被认为是会计史上的第二个里程碑。

到了20世纪,会计理论、方法和技术等各个方面更是得到了突飞猛进的发展。特别是20世纪50年代以后,一方面,电子计算机技术被推广到社会领域,出现了会计电算化,引起并促进了会计技术的彻底革命;另一方面,由于“标准成本”、“预算控制”理论的应用和“泰罗管理制”的进一步推广,传统的会计逐渐形成了相对独立的两大分支:财务会计和管理会计。管理会计的诞生可以说是会计发展史上的第三个里程碑。

20世纪80年代,为适应改革开放的需要,现代西方会计开始引入我国。在其后的20年里,西方会计的基本理论和方法在许多企业得到了应用和推广。1985年我国颁布了《中华人民共和国会计法》(以下简称《会计法》),使会计工作真正纳入了法制化轨道。为进一步适应社会主义市场经济发展的要求,1992年财政部门颁布了《企业会计准则》和《企业财务通则》,这是我国会计与国际会计接轨的一项重大举措。1999年、2000年、2001年我国又先后对《会计法》、《企业会计准则》、《企业会计制度》做了重新修订。2000年6月21日,国务院以第287号令的形式发布了《企业财务会计报告条例》等,进一步加快了本土会计的国际化进程,为迎接我国“入世”和经济全球化带来的挑战做好了积极应对的准备,同时也预示着我国会计进入一个新的发展时期。为了适应经济发展对高质量会计信息的需求和弥补部分交易或事项在原有会计准则体系中的空白,财政部在借鉴国际会计准则并认真考虑中国国情的基础上,于2006年2月正式发布了新的企业会计准则体系,包括《企业会计准则——基本会计准则》和《企业会计准则——具体准则》。2006年10月,财政部又发布了《企业会计准则——应用指南》。新的企业会计准则体系的发布是我国会计发展史上具有里程碑意义的重大事件。

二、会计的概念

通过对会计产生和发展的阐述,可以看出,会计是一项管理活动,它为管理提供经济信息,从数量和价值两个方面反映社会再生产过程;同时,它还直接履行着管理的职能。会计的基本概念可表述为:会计是以货币为主要计量单位,以凭证为依据,借助于专门的方法和程序,对会计主体的经济活动进行全面、连续、系统的核算和监督,并向有关方面提供会计信息以提高经济效益的一种管理活动。

会计按其报告的对象不同,又有财务会计与管理会计之分。财务会计主要侧重于向企业外部关系人提供有关企业财务状况、经营成果和现金流量等信息;管理会计主要侧重于向企业内部管理者提供进行经营规划、经营管理、预测决策所需的相关信息。财务会计侧重于过去信息,为外部有关各方面提供所需数据;管理会计侧重于未来信息,为内部管理部门提供数据。

三、会计的职能

会计的职能是指会计在经济管理过程中所具有的功能。生产力发展水平和经营管理水平的高低,对会计的职能具有决定性的影响。例如,在生产力水平较低下的时代,会计的主要功能在于简单的计量、记录、报告,以反映为主;而在生产力水平较发达、管理水平较高的今天,记账、算账、报账已不能满足经济管理的需要,发挥会计的经济监督作用成为会计的一项重要职能。会计的基本职能包括以下两个方面:

1. 核算职能

会计核算职能,亦称会计的反映职能,是指会计以货币为主要计量单位,贯穿于经济活动的全过程,通过事前的预测、计划和决策,事中的控制以及修正,事后的记账、算账、分析和考核等环节,对特定主体的经济活动进行全面的记录和报告,为各有关方面提供会计信息的功能。

会计核算职能不再仅仅是对事后进行反映,同时也要求加强经营管理的计划性和可控制性,利用会计的反馈信息,做好事前和事中的反映工作。

会计核算职能作为会计最基本的职能,有如下特征:

(1) 以货币作为主要的计量单位。

对于经济活动过程的计量,我们可以采用实物量度(吨、台、件、千克等)、劳动量度(工时等),但只有货币量度(元、角、分)才是统一的量度,只有采用统一量度对经济活动进行核算,才能发挥经济管理资料的有效性、统一性和综合性。所以,在会计上,对经济业务事项,即使已经采用了实物量度或劳动量度,仍需要折合为货币量度进行综合核算。

(2) 会计核算具有完整性、连续性和系统性。

会计核算的完整性是指会计核算必须对全部经济业务都加以记录,不得遗漏其中的任何一项。会计核算的连续性是指对各项经济业务都应按其发生的时间先后顺序不间断地进行记录和核算。会计核算的系统性是指对各种经济业务要进行分类核算和综合核算,并对会计资料进行加工整理,以取得系统的会计信息。会计核算具有完整性、连续性、系统性,是在进行数量反映基础上的另一个重要特征。

(3) 会计核算要以凭证为依据,并严格遵循会计规范。

会计工作讲求真实性和可靠性,这就要求企业和非营利组织所发生的一切经济业务,都必须依据合法的会计凭证进行核算。在会计核算的各个阶段都必须严格遵循会计规范,包括会计准则和会计制度,以保证会计记录和会计信息的真实性、可靠性和一致性。

2. 会计监督职能

会计监督职能是指会计人员在进行会计核算的同时,对特定主体经济活动中的合法性、合理性进行审查，其核心是要使之遵守国家的法令和法规，保证财经制度的贯彻执行。

会计监督职能的具体内容有以下几个方面：

（1）会计监督是以国家的财经政策、制度和财经纪律及单位内部会计管理制度为准绳，以会计信息资料为主要依据，对即将进行或已经进行的经济活动的合法性、合理性进行评价并据以施加限制或影响的过程。

（2）会计监督是一种经常性的监督，应将其贯穿于经济活动的全过程，以评价各项经济活动的有效性与效益性。

（3）会计监督还应从保护财产的安全完整性出发，对贪污盗窃、营私舞弊等违法犯罪行为进行监督和控制。

会计监督与会计核算同时进行，因此它具有会计核算职能的完整性和连续性；会计的核算职能主要使用货币量度，并利用资产、负债、所有者权益、收入、费用和利润等指标，综合反映经济活动的过程和结果，会计监督利用核算的这些综合指标对经济活动的过程进行影响和控制，所以，监督职能具有综合性；另外，会计监督工作受国家财经制度和财经纪律的约束，具有严肃性和强制性。

会计的核算和监督是相辅相成、辩证统一的关系。会计核算是会计监督的基础和前提，没有会计核算所提供的各种经济信息，会计监督便失去了依据；而会计监督又是会计核算的延续和深化，只有会计核算，没有会计监督，各种经济信息的真实性、合法性、效益性便难以保证，只有严格的监督，才能使会计核算所提供的数据资料在经济管理中发挥更大的作用。

第二节　会计对象、会计要素和会计等式

一、会计对象

会计对象是指会计所核算和监督的内容。前已述及，会计以货币为主要计量单位，对特定主体的经济活动进行核算与监督。也就是说，凡是特定对象能够以货币表现的经济活动，都是会计核算和监督的内容。以货币表现的经济活动，通常又称为价值运动或资金运动。

资金运动包括各特定对象的资金投入、资金运用（即资金的循环与周转）和资金退出等过程，而具体到企业、行政事业单位又有较大差异。即便同样是企业，工业、农业、商业、交通运输业、建筑业及金融业等也均有各自资金运动的特点，其中

尤以制造业企业最具代表性。下面以制造业企业为例，说明企业会计的具体对象。

制造业企业是指从事产品生产和产品销售的营利性经济组织。为了从事产品的生产与销售活动，企业必须拥有一定数量的资金，用于建造厂房、购买机器设备、购买原材料、支付职工工资、支付经营管理中必要的开支等，生产出的产品经过销售后，收回的货款还要补偿生产中的垫付资金、偿还有关债务、上交有关税金等。由此可见，工业企业的资金运动包括资金的投入、资金的循环与周转（包括供应过程、生产过程、销售过程三个阶段）和资金的退出三部分，既有一定时期的显著运动状态（表现为收入、费用、利润等），又有一定时点的相对静止状态（表现为资产与负债及所有者权益的恒等关系）。

资金的投入包括企业所有者投入的资金和向债权人借入的资金两部分，前者属于企业所有者权益，后者属于企业债权人权益——企业负债。

资金的循环和周转分为供应、生产、销售三个阶段。在供应过程中，企业要购买原材料等劳动对象，发生材料买价、运输费、装卸费等材料采购成本，与供应单位发生货款的结算关系。在生产过程中，劳动者借助于劳动手段将劳动对象加工成特定的产品，发生原材料消耗的材料费、固定资产磨损的折旧费、生产工人劳动耗费的人工费等，构成产品使用价值与价值的统一体，同时，还将发生企业与员工之间的工资结算关系、与有关单位之间的劳务结算关系等。在销售过程中，将生产的产品销售出去，发生有关销售环节、收回货款、交纳税金等业务活动，并同购货单位发生货款结算关系、同税务机关发生税务结算关系等。企业获得的销售收入，扣除各项费用成本后的利润，还要提取盈余公积并向所有者分配利润等。

资金的退出包括偿还各项债务、上交各项税金、向所有者分配利润等，使得这部分资金离开本企业，退出本企业的资金循环与周转。

上述资金运动的三个阶段，构成了开放式的运动形式，是相互支撑、相互制约的统一体。工业企业资金运动如图 1－1 所示。

二、会计要素

（一）会计要素的概念

会计核算的基本前提和一般原则，只是对会计核算的一般约束。为了具体实施会计核算，还应对会计所反映和监督的内容进行分类，会计要素是对会计对象进行的基本分类，是会计核算对象的具体化。

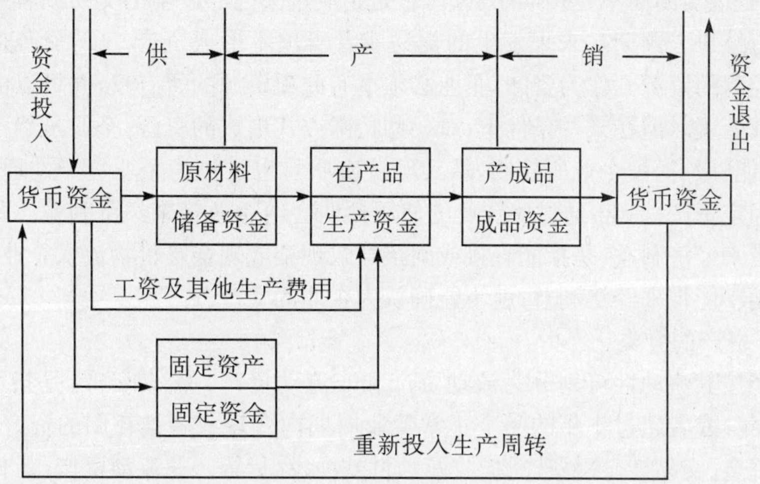

图 1-1　工业企业资金运动图

前已述及，资金运动具有显著运动状态和相对静止状态，由资金投入、资金循环与周转、资金退出三部分构成。资金投入包括企业所有者投入和债权人投入两类，从而形成企业的资产总额。债权人对投入资产的求偿权称为债权人权益，表现为企业的负债；企业所有者对净资产（资产与负债的差额）的所有权称为所有者权益。从一定日期这一相对静止状态来看，资产总额与负债及所有者权益的合计必然相等，由此分离出资产、负债及所有者权益三项资金相对静止状态的会计要素。另一方面，企业的各项资产经过一定时期的营运，将发生一定的耗费，生产出特定种类和数量的产品，产品销售后获得货币收入，表现为资金的收回。企业收回的资金首先用于补偿耗费的资金，即用企业取得的收入补偿企业发生的费用。收支相抵后确认出当期损益，由此分离出收入、费用及利润三项资金显著运动状态的会计要素。资产、负债及所有者权益构成资产负债表的基本框架，收入、费用及利润构成利润表的基本框架，因而这六项会计要素又称为会计报表要素。

（二）反映财务状况的会计要素

财务状况是指企业一定日期的资产及权益情况，是资金运动相对静止状态时的表现。反映财务状况的会计要素包括资产、负债、所有者权益三项。

1. 资产

(1) 资产的定义与特征

资产是指由于过去的交易或事项形成的并由企业所拥有或者控制的资源，该项资源预期会给企业带来经济利益。

资产的特征有三个：① 资产是企业过去的交易或者事项所形成。作为企业资产，必须是现实的而不是预期的资产，它是企业过去已经发生的交易或者事项所产生的现有结果。预期在未来发生的交易或者事项不形成资产。② 资产是企业拥有或者控制的资源。作为资产，企业必须享有此项资源的所有权，并可以由企业自行使用或处置。但在某些条件下，对一些特殊方式形成的资源，企业虽然不享有所有权，但能够长期被企业所控制，从其经济实质看也可作为企业资产处理（如融资租入的固定资产）。③ 通过对资产的使用预期会给企业带来经济利益。所谓预期给企业带来经济利益，是指能直接或间接导致现金或现金等价物流入企业的潜力。如果预期不能带来经济利益，就不能确认为企业的资产。

（2）资产的分类

资产按其流动性可划分为流动资产和非流动资产。流动资产，是指可以在1年（含1年）或者超过1年的一个正常营业周期内变现或者被耗用的资产，主要包括货币资金、交易性金融资产、应收及预付款项、存货等。非流动资产，是相对于流动资产而言的，即除流动资产以外的资产，主要包括长期股权投资、固定资产、在建工程、工程物资、无形资产等。

2. 负债

（1）负债的定义与特征

负债是指企业由于过去的交易或事项形成的、预期会导致经济利益流出企业的现时义务。负债的主要特征也有三个：① 负债是一项在现行条件下已经承担的义务，需要企业以资产或者向债权人提供劳务等方式来进行偿还；② 负债是企业过去的交易或事项而形成的一种后果；③ 清偿负债会导致企业未来经济利益的流出。

（2）负债的分类

负债按偿还期限的长短分为流动负债和非流动负债。流动负债，是指将在1年（含1年）或者超过1年的一个营业周期内偿还的债务，包括短期借款、应付票据、应付账款、预收账款、应付职工薪酬、应付股利、应交税费、其他应付款等。非流动负债，是指偿还期限在1年或者是超过1年的一个营业周期以上的债务，包括长期借款、应付债券、长期应付款等。

3. 所有者权益

所有者权益也称股东权益，是指资产扣除负债后的由所有者享有的剩余权益。它在数值上等于企业全部资产减去全部负债后的余额，所有者权益包括企业投资人的投入资本、直接计入所有者权益的利得和损失、留存收益等。

直接计入所有者权益的利得和损失，是指不应计入当期损益的、会导致所有者权益增减变动的、与所有者投入资本或者向所有者分配利润无关的利得或者损失。包括股本溢价、法定财产重估增值等。利得是指由企业非日常活动形成的、会导致所有者权益增加的、与所有者投入资本无关的经济利益的总流入。损失是指由企业非日常活动形成的、会导致所有者权益减少的、与所有者投入资本无关的经济利益的总流出。

留存收益包括盈余公积和未分配利润。盈余公积是指按照国家有关规定从交纳所得税后的利润中提取的公积金。未分配利润是企业留于以后年度的待分配利润。

（三）反映经营成果的会计要素

经营成果是企业在一定时期内从事生产经营活动所取得的最终成果，是资金运动显著变动状态的主要体现。反映经营成果的会计要素包括收入、费用和利润三项。

1. 收入

（1）收入的定义

收入是指企业在日常活动中形成的、会导致所有者权益增加的、与所有者投入资本无关的经济利益总流入。

（2）确认条件

确认条件有以下两个：① 由日常活动形成的。日常活动应理解为企业为完成其生产经营目标而从事的所有活动，以及与之相关的其他活动，如制造企业销售商品，服务企业提供劳务、出租等日常活动。② 经济利益总流入。经济利益是指现金或最终能转换为现金的非现金资产。收入是指企业在销售商品、提供劳务及让渡资产使用权等日常活动中所形成的经济利益的总流入。其中销售商品的收入主要指企业对外销售商品所取得的收入，如制造企业销售自产产品收入，商品流通企业销售外购商品所取得的收入等；提供劳务的收入主要有提供各种劳务服务所获取的收入，如建筑、安装、运输等所取得的收入；让渡资产使用权而发生的收入是指企业将资产使用权让渡给他人所取得的收入，包括利息收入和使用费收入等。

2. 费用

（1）费用的定义与特征

费用是指企业在日常活动中发生的、导致所有者权益减少的、与向所有者分配利润无关的经济利益的总流出。

费用的特征有三个：① 费用是企业在日常活动中发生的经济利益的流出，不是偶发的交易或事项中发生的经济利益的流出。如企业发生的电话费、招待费等属于费用范畴，而企业因自然灾害发生的支出则不属于费用。② 费用可能表现为资产的减少或者负债的增加，或两者兼而有之。③ 费用最终能引起所有者权益的减少。

（2）费用的构成

费用可以划分为营业成本、营业税金及附加和期间费用三部分。营业成本是指企业从事经营活动所发生的成本。营业税金及附加是指企业经营活动应负担的相关税费。期间费用包括销售费用、管理费用和财务费用。

3. 利润

利润是指企业一定期间的经营成果。利润包括收入减去费用后的净额、直接计入当期利润的利得和损失。直接计入当期利润的利得和损失是指应当计入当期损益、会导致所有者权益发生增减变动、与所有者投入资本或者向所有者分配利润无关的利得或者损失。直接计入当期利润的利得包括营业外收入、投资净收益；直接计入当期利润的损失包括营业外支出、资产减值损失等。利润金额取决于收入和费用、直接计入当期利润的利得和损失金额的计量，用公式表示为：

收入－费用＋直接计入当期利润的利得－直接计入当期利润的损失＝利润

会计要素的划分在会计核算中具有十分重要的作用，它是对会计对象的科学分类，也是设置账户的基本依据，并是构成会计报表的基本框架。

三、会计等式

会计等式，又称会计平衡式或会计方程式，是表明各会计要素之间基本关系的表达式。会计的六大基本要素，在数量上存在特定的平衡关系，具体表现形式如下：

（一）资产、负债和所有者权益的平衡等式

一般来说，企业进行生产经营活动的开始，必须从两个来源渠道取得一定的经济资源：一是接受投资者的投资；二是从银行等金融机构或其他非金融机构取得借款。所有者和债权人将经济资源提供给某一企业，必然对该企业的经济资源享有要求权。通常人们把投资者对经济资源的要求权称为所有者权益，债权人对经济资源的要求权称为负债。企业将这些经济资源分布和使用在各个方面，如库存现金、存货、固定资产等，形成企业的资产。可见，资产与负债和所有者权益实质上是同一价值运动的两个方面的表现，从数量上来说，其来源必然等于占用。也就是说，资产的价值量必然等于负债和所有者权益之和。等式表述为：

资产＝负债＋所有者权益

资产与负债和所有者权益的平衡关系是最基本的会计等式，表明会计主体在某一特定的时间点所拥有的各种资产与债权人、所有者之间的静态关系。这一等式也是设置会计账户、复式记账、编制资产负债表的理论依据，贯穿于会计程序和会计核算方法的始终。

（二）收入、费用和利润的平衡等式

企业开展生产经营活动的直接目的是实现利润。为了实现利润，企业努力开

拓市场，实现销售收入，同时必然发生相应的费用。通过收入与费用的比较，就可以计算确定一定期间的盈利，确定当期实现的利润总额。利润与收入和费用的关系等式为：

(收入＋利得)－(费用＋损失)＝利润

与静态的反映资产与负债和所有者权益关系的等式不同，这一等式是动态地反映经营成果与相应期间的收入和费用的关系的，反映企业在某一特定时期生产经营的最终成果，它是编制利润表的理论依据。

(三) 资产、负债、所有者权益与收入、费用和利润的关系等式

企业的一切资产取得是为了经营，资产一旦用于经营被耗费并取得相应的收入，这部分资产也就转化为费用。收入扣减费用后的利润又将作为新的经济资源用于企业的经营活动。从企业产权关系看，利润归属于所有者。若企业赚取利润，将使所有者权益增加，相应的资产也增加；若企业发生亏损，将使所有者权益减少，相应的资产也减少。也就是说，企业的利润归所有者所有，企业的亏损也由所有者负担。用等式表述为：

资产＝负债＋所有者权益＋利润(收入－费用)

即

资产＋费用＝负债＋所有者权益＋收入

这一会计等式把企业的财务状况与经营成果联系起来，说明了企业经营成果对资产和所有者权益产生的影响，同时也体现了会计六要素之间的内在联系。

四、经济业务的发生及对会计等式的影响

(一) 经济业务的含义

经济业务是指应办理会计手续、能运用会计方法反映的经济活动，亦称作会计事项。

(二) 经济业务的基本类型

一项经济业务发生后，会引起各项会计要素的增减变动，主要有以下四种类型(图1-2)：

(1) 引起资产项目之间此增彼减，增减金额相等；

(2) 引起负债和所有者权益项目之间此增彼减，增减金额相等；

(3) 引起资产项目和负债与所有者权益项目同时增加，双方增加的金额相等；

(4) 引起资产项目和负债与所有者权益项目同时减少，双方减少的金额相等。

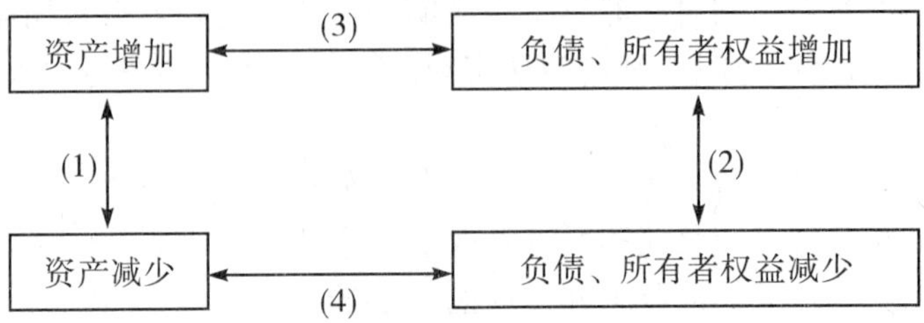

图 1-2　会计要素增减变化示意图

(三) 经济业务类型影响会计等式的规律

每一项经济业务发生以后,都会至少影响会计等式中的两个或两个以上的会计要素(或一个要素中的两个或多个项目)发生增减变化。将上述四种类型的业务具体化,可总结出对会计等式产生影响的9种情况(表1-1):

(1) 资产要素内部此增彼减,增减金额相等,不影响会计基本等式的等量关系;

(2) 负债要素内部此增彼减,增减金额相等,不影响会计基本等式的等量关系;

(3) 所有者权益要素内部此增彼减,增减金额相等,不影响会计基本等式的等量关系;

(4) 负债增加,所有者权益减少,保持平衡;

(5) 所有者权益增加,负债减少,保持平衡;

(6) 资产增加,负债增加,保持平衡;

(7) 资产增加,所有者权益增加,保持平衡;

(8) 资产减少,负债减少,保持平衡;

(9) 资产减少,所有者权益减少,保持平衡。

表 1-1　经济业务对会计等式的影响

业务类型	资产(=)	负债(+)	所有者权益
(1)	增加、减少		
(2)		增加、减少	
(3)			增加、减少
(4)	增加	增加	
(5)	增加		增加
(6)	减少	减少	
(7)	减少		减少
(8)		增加	减少
(9)		减少	增加

（四）经济业务类型不会影响会计等式平衡关系的分析结论

（1）经济业务的发生只影响会计等式一方要素发生有增有减变化，双方总额不变，等式保持平衡；

（2）经济业务的发生影响会计等式双方要素发生同增或同减变化，双方总额或增或减，但等式仍保持平衡。

（五）举例

某公司资产负债表（简表）如表1－2所示。

表1－2　资产负债表

200　年12月1日　　　　单位：元

资　产	余　额	负债和所有者权益	余　额
库存现金	1 000	短期借款	60 000
银行存款	500 000	长期借款	150 000
存货	9 000	实收资本	600 000
固定资产	300 000		
其中：			
房屋	180 000		
机器设备	120 000		
合　计	810 000	合　计	810 000

表1－2列示了某公司200×年12月1日资产、负债和所有者权益的状况，由表可知：

资产总额（810 000元）＝负债总额（210 000元）＋所有者权益总额（600 000元）

该公司12月份发生下列经济业务：

（1）该公司提取银行存款20 000元作为备用。

分析：这项业务的发生，使企业的资产类项目“库存现金”增加20 000元，“银行存款”减少20 000元，表明资产形态的转化，而不会引起资产总额的变动，更不涉及负债和所有者权益项目。因此，资产与负债及所有者权益的总额仍保待平衡关系。

（2）该公司购买原材料30 000元，货款未付。

分析：这项业务的发生，使企业的资产类项目“原材料”增加30 000元，负债类项目“应付账款”增加30 000元。这是资产类项目和负债类项目同时等额增加，因此，资产与负债及所有者权益的总额仍保持平衡关系。

(3) 该公司以银行存款偿还短期借款 10 000 元。

分析：这项业务的发生，使企业的资产类项目“银行存款”减少 10 000 元，负债类项目“短期借款”减少 10 000 元。这是资产类项目和负债类项目同时等额减少，因此，资产与负债及所有者权益的总额仍保持平衡关系。

(4) 该公司接受投资人投入的汽车一辆，价值 250 000 元。

分析：这项业务的发生，使企业的资产类项目“固定资产”增加 250 000 元，所有者权益类项目“实收资本”增加 250 000 元。这是资产类项目和所有者权益类项目同时等额增加，因此资产与负债及所有者权益的总额仍保持平衡关系。

(5) 该公司签发商业承兑汇票一张，面值为 30 000 元，以抵偿未付货款。

分析：这项业务的发生，使企业的负债类项目“应付账款”减少 30 000 元，“应付票据”增加 30 000 元，表明负债的形态变化，负债总额不变。因此，资产与负债及所有者权益的总额仍保持平衡关系。

(6) 该公司因经营状况不佳，经研究决定减资，公司同意并以银行存款 50 000 元返还给投资人。

分析：这项业务的发生，使企业的资产类项目“银行存款”减少 50 000 元。所有者权益类项目“实收资本”减少 50 000 元，这是资产类项目和所有者权益类项目同时等式额减少，因此，资产与负债及所有者权益的总额仍保持平衡关系。

(7) 该公司对外销售一批材料，售价为 40 000 元，货款未收。

分析：这项业务的发生，使企业的资产类项目“应收账款”增加 40 000 元，收入项目“主营业务收入”增加 40 000 元。收入的增加最终会导致所有者权益的增加，所以可以认为这项业务是资产类和所有者权益类项目同时等额增加。因此，资产与负债及所有者权益的总额仍保持平衡关系。

(8) 该公司以银行存款支付广告费 5 000 元。

分析：这项业务的发生，使企业的资产类项目“银行存款”减少 5 000 元，费用项目“销售费用”增加 5 000 元。费用的增加会导致所有者权益的减少，所以可以认为这项业务是资产类和所有者权益类项目同时等额减少。因此，资产与负债及所有者权益的总额仍保持平衡关系。

(9) 该公司月末计提管理人员工资 10 000 元。

分析：这项业务的发生，使企业负债项目“应付职工薪酬”增加 10 000 元，费用类项目“管理费用”增加 10 000 元。收入的增加最终会导致所有者权益的增加，费用的增加会导致所有者权益的减少，所以可以认为这项业务是负债和所有者权益内部项目此增彼减。因此，资产与负债及所有者权益的总额仍保持平衡关系。

将上述变化的过程汇总，可得表 1-3。

表 1-3 资产负债表

200 年12月31日 单位:元

资　产	余　额	负债和所有者权益	余　额
库存现金	1 000＋20 000－5 000＝16 000	短期借款	60 000－10 000＝50 000
银行存款	500 000－20 000－10 000－50 000 ＝420 000	应付票据	30 000
应收账款	40 000	应付账款	30 000－30 000＝0
存货	9 000＋30 000＝39 000	应付职工薪酬	10 000
固定资产	300 000＋250 000＝550 000	长期借款	150 000
其中:		实收资本	600 000＋250 000－50 000 ＝800 000
房屋	180 000	留存收益 (收入－费用)	40 000－5 000－10 000 ＝25 000
机器设备	120 000		
汽车	250 000		
合　计	1 065 000	合　计	1 065 000

(六) 建立会计等式的重要意义

(1) 会计等式的平衡原理揭示了企业会计要素之间的规律性联系。

(2) 会计等式是设置会计科目和账户是复式记账的基础,也是编制会计报表的理论依据。

第三节　会计核算的基本前提和会计信息质量要求

一、会计核算的基本前提

会计核算的基本前提是指为了保证会计工作的正常进行和会计信息的质量,对会计核算的范围、内容、基本程序和方法所做的基本限定。因为这些限定都是对客观的正常情况或趋势进行人为合理推断,所以也称为会计假设。会计核算的基本前提是建立会计基本概念、会计原则和会计程序的必要条件,也是制定会计准则和会计制度的重要指导思想。

按照国际惯例,结合我国实际情况,会计核算的基本前提包括会计主体、持续经营、会计分期和货币计量四项。

1. 会计主体

会计主体又称会计实体，是指会计工作为其服务的特定单位或组织。每一个会计主体是一个与其所有者相分离、与其他会计个体相区别的会计单位。会计所计量的是这个会计单位的经济活动和经营成果。

会计主体具有独立性、实体性和统一性三个特点。所谓独立性是指会计主体在经济上是独立的，所以不仅要把会计主体之间的经济关系划分清楚，而且还应把会计主体的财务活动与投资人及企业员工个人的财务活动相分离。所谓实体性是指一个会计主体必须具有经济业务，必须拥有独立的、可供运用的资金并且独立核算。所谓统一性是指会计主体是一个整体，反映和处理某一会计主体的生产经营活动和财务问题都要从会计主体这个整体出发，主体内部的资金、财产的调拨和往来业务的发生，既不会增加该主体的收益或损失，也不会增加该主体的资产或负债。

会计主体既可以是企业，也可以是事业单位或行政单位；可以是一个企业，也可以是若干企业组织起来的集团公司。但会计主体与法律主体（法人）是有区别的。可以说所有的法律主体都是一个会计主体，但会计主体不一定都具有法人资格，比如一个总厂的法人代表领导若干个独立核算的分厂，每个分厂是一个独立核算的实体，分厂就是一个会计主体，但每个分厂不是法律主体。

2. 持续经营

持续经营是指在正常的情况下，会计主体将按既定的经营方针和预定的经营目标持续不断地经营下去，企业不会面临破产、进行清算，事业单位、行政单位不会撤销。也就是说，会计核算应当以会计主体的生产经营活动为前提。只有在持续经营这一正常前提下，企业才能有长远打算，在会计上才能按照预计的使用年限计提固定资产折旧，按照受益期摊提各项跨期费用。否则，资产的评估、受益期费用的分配、负债的按期偿还以及所有者权益和经营成果都将无法确认。

在市场经济条件下，由于价值规律和其他经济规律的作用，由于竞争而产生的优胜劣汰，企业存在经营失败的风险，有可能出现资不抵债而被迫宣告破产和进行法律上的重组。如果企业宣告破产而清算，则此前提不再适用，会计处理方法也应做相应改变——按国家关于“企业清算”的规定办理。

3. 会计分期

会计分期是在持续经营的基础上，人为的规定会计信息的提供期限，即把会计主体连续不断的经营活动划分为较短的经营期间，以便定期反映会计主体的经营成果和财务状况，向有关方面提供信息。会计分期是对持续经营的必要补充。

会计核算应当划分会计期间，分期结算账目和编制财务会计报告。会计年度可以是日历年度,也可以是营业年度。前者从1月1日至12月31日为一个会计年度;后者是以每年中经济活动的最低点为会计年度的起点和终点,例如,从4月1日到次年3月31日。此外,大多数会计主体还要按半年度、季度、月份结算账目和编制财务会计报告。我国的会计年度采用的是日历年度。我国《企业会计制度》规定:"会计期间分为年度、半年度、季度和月度。年度、半年度、季度和月度均按公历起讫日期确定。半年度、季度和月度均称为会计中期。"

4. 货币计量

货币计量也是会计核算的基本前提之一,它要求对所有会计核算的对象采用同一种货币作为统一的尺度来予以计量,并把会计主体经营活动和财务状况的数据转化为按统一货币单位反映的会计信息。这一会计前提实际上包含了两层意义:一是以货币作为会计的统一计量单位;二是作为会计计量单位的货币,其币值是稳定不变的。在现实生活中,通货膨胀和通货紧缩都是存在的,它们使货币的购买力发生变动,对币值产生影响,从而使单位货币所包含的价值随着现行价格的波动而发生变化。这时币值不变假设的缺陷就显露出来:资产不能反映其真实价值。这就需要寻求解决这一问题的途径。按照各国会计惯例,当币值波动不大或前后波动能抵消时,会计核算中仍认为币值是稳定的。但在发生恶性通货膨胀时,就采用特殊的会计准则加以处理。但货币计量仍然是会计核算的基本前提。

我国《企业会计制度》规定:"会计核算以人民币为记账本位币。业务收支以人民币以外的货币为主的企业,可以选定其中一种货币作为记账本位币,但编制的财务会计报告应当折算为人民币。境外设立的中国企业向国内报送的财务会计报告,应当折算为人民币。"

货币计量假设也有其局限性。许多经济活动如产品的质量、企业的发展前景、技术的提高、企业人事的变动,也会影响企业的财务状况和经营成果,而这些经济活动却不能用货币来进行计量。因此,企业在财务会计报告中应对这些重要信息加以文字说明。

二、会计计量基础

我国《企业会计制度》规定,企业会计核算应当以权责发生制为基础。行政事业单位(不包括实行企业化管理的事业单位)主要是为了正确反映预算的执行情况,不进行盈亏计算,可采用收付实现制作为会计核算的基础。

权责发生制也称应计制,它是以收入和费用的实际发生和影响作为标准来确认计量当期收入和费用的一种会计处理基础。其主要内容是:凡是当期已经实现的收入和已经发生或应当负担的费用,不论款项是否收付,都应当作为当期的收入和费用;凡是不属于当期的收入和费用,即使款项已在当期收付,也不应当作为当期的收入和费用。因此,企业以权责发生制为会计处理基础能较真实地反映企业的财务状况和经营成果。

收付实现制也称现金制,它是以款项实际收付为标准来确认当期收入和费用的一种会计处理基础。其主要内容是:凡是当期收到的现金记入当期收入,付出的现金记为费用。对于应收、应付、预收、预付等款项均不予调整。

采用权责发生制对经济业务的处理较收付实现制复杂,但它可以使本期的收入和费用合理的配比,从而正确地确定本期损益。下面举例说明权责发生制与收付实现制的区别。

例 1-1 某企业 2009 年 7 月份发生如下经济业务:

(1) 企业于 7 月 10 日销售商品一批,货款 4 000 元已收并存入银行。

(2) 企业于 7 月 12 日销售商品一批,货款 5 000 元当月未收。

(3) 企业于 7 月 13 日收到对方购货单位一笔预付款 9 000 元存入银行,定于下月交货。

(4) 企业于 7 月 15 日预付下半年的保险费 6 000 元。

(5) 企业于 7 月 20 日购买办公用品一批,款项 1 000 元当月未付。

(6) 企业于 7 月 20 日用银行存款支付上月水电费 1 000 元。

对上述的这一系列经济业务的发生,权责发生制和收付实现制的处理方法不尽相同,具体情况如表 1-4 所示。

表 1-4 权责发生制与收付实现制的比较 单位:元

业务序号	权责发生制		收付实现制	
	收入	费用	收入	费用
(1)	4 000		4 000	
(2)	5 000			
(3)			9 000	
(4)		1 000		6 000
(5)		1 000		
(6)				1 000
合计	9 000	2 000	13 000	7 000

三、会计信息质量要求

会计作为一门国际商务通用的商业语言,所提供的信息应当满足投资者、债权人、政府及其有关部门和社会公众的需求。为此,提供的会计信息在质量上必须予以保证。按照企业会计基本准则的规定，会计信息质量要求必须满足可靠性、相关性、可理解性、可比性、实质重于形式、重要性、谨慎性、及时性的要求。

1. 可靠性

可靠性又称真实性，它是指企业应当以实际发生的交易或者事项为依据进行会计确认、计量和报告，如实反映符合确认和计量要求的各项会计要素及其他相关信息，保证会计信息真实可靠、内容完整。换句话说，可靠性要求企业提供的会计信息能如实反映企业的财务状况、经营成果和现金流量，不存在重大偏差和主观偏见，而做到内容真实、数字准确、项目完整、资料可靠。

2. 相关性

相关性是指会计信息应当与财务会计报告使用者的经济决策需要相关，有助于财务会计报告使用者对企业过去、现在或者未来的情况做出评价或者预测。如果会计核算的信息不符合会计信息使用者的要求，即使是客观真实地反映了企业经营的会计信息，也毫无价值。因此，会计的相关性要求企业会计在收集、处理、传递会计信息的过程中，要考虑会计信息的使用者对会计信息需要的不同特点，确保企业内外有关方面对会计信息的相关需要。

3. 可理解性

可理解性是指企业提供的会计信息应当清晰明了，便于财务会计报告使用者理解和使用。企业提供会计信息的目的在于使用，要使用会计信息首先必须了解会计信息的内涵，弄懂会计信息的内容，这就要求企业提供的会计信息应尽可能简明易懂，以便会计信息使用者理解和利用这些会计信息。

4. 可比性

这里的可比性是一个广义的概念，它既包括纵向可比性，也包括横向可比性。

(1) 纵向可比性

纵向可比是指同一企业不同时期发生的相同或者相似的交易或者事项，应当尽可能采用一致的会计政策，不得随意变更。例如企业固定资产折旧的方法，前后期尽量保持一致，不能随意变更，确需变更的，应当在备注里加以说明。

(2) 横向可比性

横向可比是指不同企业发生的相同或者相似的交易或者事项，应当采用国家规定的会计政策，确保会计信息口径一致、相互可比。例如，按权责发生制规定，企业必须将购置的机器设备、厂房、车辆等固定资产的价值在一定经营期内进行分摊，分期计入费用。如果有的企业不实行权责发生制而采用收付实现制，那么不同主体提供的信息就无法比较。

5. 实质重于形式

实质重于形式要求企业应当按照交易或者事项的经济实质进行会计确认、计量和报告，不应仅以交易或者事项的法律形式为依据。如在实际工作中，以融资租赁方式租入的固定资产，虽从法律形式上来讲，企业不拥有其所有权，但是由于租赁合同规定的租赁期接近该资产的有效寿命，租赁期结束时，承租企业有优先购买该项财产的权利，且在承租期内有权支配资产并从中受益，从该项资产的经济实质来看，是企业能控制并利用其创造未来的经济利益的，故在会计核算上应视为承租企业的资产。

6. 重要性

重要性是指企业提供的会计信息应当反映与企业财务状况、经营成果和现金流量等有关的所有重要交易或者事项。

重要性往往与充分披露有关。会计核算对所有会计信息资料都应全面予以反映，对重要的经济业务应单独反映，尤其是对那些影响决策的重要会计信息，更应分项反映，重点说明；对那些次要的会计信息，则可适当简化核算的程序和方法。

7. 谨慎性

谨慎性又称稳健性，它要求企业对交易或者事项进行会计确认、计量和报告应当保持应有的谨慎，不应高估资产或者收益、低估负债或者费用。

通常，人们在处理一件不确定的事项时，往往采取小心谨慎的态度。会计人员也是如此，他们在衡量不确定事项时，宁愿低估资产或者收益也不愿高估它们。在会计核算中，如果对未来不确定的数量有两种估计结果，即使二者发生的可能性相同，会计人员也应充分考虑可能出现的风险，不要高估企业的资产和收益，要对可能发生的负债或费用有充分的预见，使会计核算尽可能建立在较为稳妥的基础上，以提高企业应付风险的能力。如企业对未收回的应收账款必须估计可能发生的坏账，做存货资产计提存货跌价准备等。

8. 及时性

及时性是指企业对于已经发生的交易或者事项，应当及时进行会计确认、计量和报告，不得提前或者延后。

及时性原则可以保证会计信息的时效性，如果会计信息不及时传递出去，则无论多么可靠的会计信息都是不相关的。只有对经济业务及时进行记录、计量、加工整理，才能满足各方面的需要。按照及时性原则的要求：一是要及时收集会计信息；二是要及时对会计信息进行加工处理；三是要及时传递会计信息。

第四节　会计核算的方法

会计方法是用来反映和监督会计对象、完成会计任务的手段。

会计方法包括会计核算方法、会计分析方法、会计预测方法、会计决策方法等。会计核算是会计的基本环节，会计分析、会计预测、会计决策等都是在会计核算的基础上，利用会计核算资料进行的。本节仅阐述会计核算的方法，这是初学会计必须掌握的基础知识。

会计核算方法是对各单位已经发生或完成的经济业务进行连续、系统、全面、综合的核算和监督所采用的方法。它主要包括设置会计科目和账户、复式记账、填制和审核会计凭证、登记账簿、成本计算、财产清查、编制财务会计报表等七种专门方法。

1. 设置会计科目和账户

会计核算的具体内容（会计对象）是复杂多样的，要对复杂多样的内容进行系统的核算和监督，就需要对其进行科学分类。设置会计科目就是为了对会计内容进行分类。所谓会计科目，就是对会计核算的具体内容进行分类的项目。设置了会计科目，就可以在经济业务发生或完成以后，区分其归属的会计科目，有了会计科目，就可以按照会计科目开设账户，分门别类地记录各种经济业务，反映由于各经济业务发生而引起的各会计要素的增减变动情况和结果，为经济管理提供各种类型的会计指标。

2. 复式记账

复式记账是对每一项经济业务，都以相等的金额，在两个或两个以上相互联系的账户中进行记录的专门方法。通过账户的对应关系，可以了解有关经济业务内容的来龙去脉；通过账户的平衡关系，可以检查有关业务的记录是否正确。

3. 填制和审核会计凭证

会计凭证是记录经济业务、明确经济责任的书面证明，也是登记账簿的依据。会计对每一项经济业务，都要取得或填制原始凭证，然后根据审核无误的原始凭证编制记账凭证。只有经过审核无误的会计凭证，才能作为记账的依据。填制和审核会计凭证，不仅为经济管理提供真实可靠的数据资料，也是实行会计监督的一个重要方面。

4. 登记账簿

登记账簿是以会计凭证为依据，在账簿上连续、系统、完整地记录经济业务的专门方法。会计凭证上记录的经济业务是零星分散的，只有将会计凭证记录的经济业务，序时、分类地记入有关簿籍中设置的各个账户，才能提供完整的、系统的资料，这也是编制各种会计报表的依据。

5. 成本计算

成本计算是指在生产经营过程中，按照一定对象归集和分配发生的各种费用支出，以确定该对象的总成本和单位成本的一种专门方法。通过成本计算可以正确确定企业资产价值，正确计算企业经营盈亏。

6. 财产清查

财产清查是通过盘点实物、核对账目，保持账实相符的一种方法。通过财产清查，一方面可以查明各项财产的实存数与账存数是否相符，债权、债务等的账面数与对方账面数是否相符，保证会计资料的准确性；另一方面，可以查明财产物资的使用情况，查明债权、债务等往来款项的结算情况。因此，财产清查对改进资产管理、挖掘设备和物资潜力具有重要作用。

7. 编制财务会计报表

会计报表是根据账簿记录定期编制的，总括反映企业和行政事业单位特定时点（月末、季末、年末）和一定时期（月、季、年）财务状况、经营成果及成本费用等的书面文件。会计报表所提供的会计信息，对投资者、债权人和内部管理者等报表使用者具有重要作用。

会计核算的七种专门方法相互联系、密切配合，构成了完整的会计核算方法体系。在会计核算方法体系中，就其工作程序和工作过程来说，主要是三个环节：填制和审核凭证、登记账簿和编制财务会计报表。在一个会计期间所发生的经济业务，都要通过这3个环节进行会计处理，将大量的经济业务转换为系统的会计信息。其基本内容是：经济业务发生后，经办人员首先必须取得或填制原始凭证，会计人员根据审核无误的原始凭证，按照规定的会计科目，采用复式记账的方法填制记账凭证；其次，根据各种凭证登记账簿，同时运用成本计算方法计算出各成本计算对象的实际总成本和单位成本；最后，通过财产清查对账簿记录加以核实，在保证账实相符的基础上，根据账簿记录，定期编制财务会计报表，提供相应的会计信息。如图1-3所示。

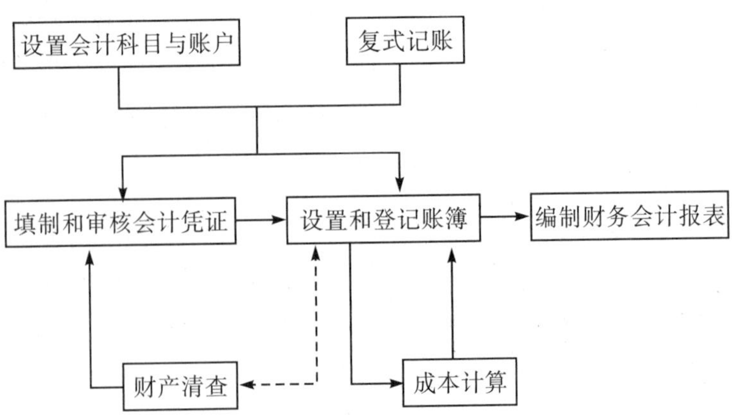

图1-3 会计循环

本章小结

会计是以货币作为主要的计量单位,运用一定的程序和方法,对单位的经济活动进行核算和监督,提供反映会计主体经济活动的信息。会计是伴随着人们的生产实践而产生、发展并不断完善起来的,经济越发展,会计越重要。核算和监督是会计的两个基本职能。会计的对象一般是指单位在再生产过程中可以用货币表现的经济活动,会计的对象具体表现为会计要素,即资产、负债、所有者权益、收入、费用和利润,六大要素之间存在一定的平衡关系,即会计等式。会计核算的基本假设是会计核算的前提条件,包括会计主体、持续经营、会计分期、货币计量。会计作为一门国际商务通用的商业语言,所提供的信息应当满足投资者、债权人、政府及其有关部门和社会公众的需求,会计信息质量要求必须满足可靠性、相关性、可理解性、可比性、实质重于形式、重要性、谨慎性、及时性的要求。会计核算方法是由一系列专门的方法组成,具体包括设置会计科目与账户、复式记账、填制与审核会计凭证、登记账簿、成本计算、财产清查和编制财务会计报表,这七个方法组成完整的方法体系。

习　　题

一、单项选择题

1. 会计是以(　　)为主要计量单位,反映与监督一个单位的经济活动的一种经济管理工作。

A. 实物　　B. 货币　　C. 工时　　D. 劳动耗费

2. 下列项目中,属于会计基本职能的是(　　)。

A. 计划职能、核算职能　　B. 预测职能、监督职能

C. 核算职能、监督职能　　D. 决策职能、监督职能

3. 会计对象是企事业单位的(　　)。

A. 资金运动　　B. 经济活动　　C. 经济资源　　D. 劳动成果

4. 对一个会计主体的生产经营活动从空间上进行界定的会计假设是(　　)。

A. 持续经营　　B. 会计期间　　C. 会计主体　　D. 货币计量

5. 导致产生本期与非本期概念的会计核算基本前提是(　　)。
A. 会计主体　B. 持续经营　C. 会计分期　D. 货币计量
6. 权责发生制所强调的是(　　)。
A. 财务状况的真实性　B. 会计信息的有用性
C. 提供信息的及时性　D. 经营成果计算的正确性

二、多项选择题

1. 下列有关会计的说法中,正确的包括(　　)。
A. 本质上是一种经济管理活动　B. 对经济活动进行核算和监督
C. 以货币为主要计量单位　D. 核算特定主体的经济活动
2. 下列属于会计核算具体内容的有(　　)。
A. 款项和有价证券的收付　B. 财物的收发、增减和使用
C. 债权债务的发生和结算　D. 收入、支出、费用、成本的计算
3. 资金运动的内容包括(　　)。
A. 资金的投入　B. 资金的循环　C. 资金的退出　D. 资金的周转
4. 会计中期包括(　　)。
A. 年度　B. 半年度　C. 季度　D. 月度
5. 对于收入和费用归属期的确认,在会计处理上有(　　)。
A. 权责发生制　B. 永续盘存制　C. 收付实现制　D. 实地盘存制

三、判断题

1. 会计以货币作为唯一的计量单位。(　　)
2. 会计核算的内容为所有的经济活动。(　　)
3. 会计核算以人民币为唯一的记账本位币。(　　)
4. 重要性原则要求会计核算只核算重要的经济事项,对次要的经济事项可以不予核算。(　　)
5. 工业制造业主要强调财务状况的真实性,所以采用权责发生制作为计账基础。(　　)

四、问答题

1. 如何理解会计的含义?
2. 说明会计的基本职能及其特点。
3. 什么是会计对象?工业企业的会计对象有哪些具体内容?
4. 会计六要素是什么?分别具有哪些特征?各要素之间有何联系?
5. 经济业务的发生对会计等式中资产、负债与所有者权益的影响有哪些?以及有哪些类型?
6. 企业会计核算的前提条件有哪些?
7. 会计信息质量要求有哪些?
8. 权责发生制与收付实现制的区别有哪些?

9. 会计核算有哪些专门方法？它们之间有何联系？

五、实务题

资料：某企业 2009 年 7 月发生下列经济业务：

(1) 当月销售产品 4 000 元，货款已收并存入银行。

(2) 用银行存款支付本月水电费 900 元。

(3) 预收销货款 12 000 元，从本月末起分 3 个月各按 1/3 交货。

(4) 预付 7～12 月份的租金 6 000 元。

(5) 当月销售产品 20 000 元，货款尚未收到。

(6) 本月应计提银行借款利息 1 000 元。

分别按权责发生制与收付实现制计算企业当月的收入和费用，填制表1－5。

表 1－5

单位：元

业务号	权责发生制		收付实现制	
	收入	费用	收入	费用
(1)				
(2)				
(3)				
(4)				
(5)				
(6)				
合计				

第二章　会计科目与账户

学习目标

通过本章的学习，了解会计科目的含义和设置原则，识记常用会计科目，掌握会计账户的结构和分类。

知识构图

- 会计科目与账户
  - 会计科目
    - 会计科目的意义和原则
    - 会计科目的内容和级次
  - 账户
    - 会计科目与会计账户的区别
    - 账户的基本结构

第一节　会计科目

一、设置会计科目的意义和原则

1. 设置会计科目的意义

会计核算的内容包括一个会计主体的资产、负债、所有者权益、收入、费用和利润六个会计要素。会计要素是对会计对象的基本分类，仍显得过于粗略，难以满足各有关方面对会计信息的需要。为此还必须对会计要素进行进一步分类，这就是设置会计科目。

会计科目是对会计要素的具体内容进行分类核算的项目。设置会计科目是会计制度设计的重要内容，它使复杂的经济业务规范化、系统化。在实际工作中，会计科目是通过会计制度预先规定的，它是设置账户、登记账簿、编制会计报表所必须遵守的规则和依据，也是正确组织会计核算的一个重要条件。

2. 会计科目设置的原则

会计科目作为反映会计要素的构成及其变化情况，为投资人、债权人、企业经营管理者等提供会计信息的重要手段，在其设置过程中应努力做到科学、合理、适用，具体要满足下列原则：

(1) 合法性原则

为了保证会计信息的可比性，所设置的会计科目应当符合国家统一的会计制度的规定。

(2) 相关性原则

会计科目的设置，应为提供有关各方所需要的会计信息服务，满足对外报告与对内管理的要求。

(3) 实用性原则

企业的组织形式、所处行业、经营内容及业务种类等不同，在会计科目的设置上应有所区别。在合法性的基础上，应根据企业自身特点，设置符合企业需要的会计科目。

(4) 统一性和灵活性相结合原则

所谓统一性，是指在设置会计科目时，应根据提供会计信息的要求，对一些主要会计科目及其核算内容进行统一的规定，以保证会计核算指标在一个部门，一个企业乃至全国范围内的综合汇总和分析利用。所谓灵活性，是指在保证提供统一核算指标的前提下，各单位可以根据本单位的具体情况和经济管理要求，对统一的会计科目做必要的增补和合并。例如，统一规定的会计科目，未设“废品损失”和“停工损失”科目，企业如果需要单独核算废品损失和停工损失，可以增设“废品损失”和“停工损失”科目。

(5) 简明性原则

每一科目，原则上反映一项经济内容，各科目之间不能相互混淆。会计科目的名称应同会计科目的内容一致，力求文字简练，含义明确，通俗易懂。

二、会计科目的内容和级次

为了掌握和运用会计科目，需对会计科目按不同标准进行分类。会计科目作为一个体系，包括科目的内容和科目的级次。科目的内容反映各科目之间的横向联系，科目的级次反映科目内部的纵向联系。

1. 会计科目的内容

根据企业经营管理的需要和资金运动的特点，会计科目按其反映的经济内容可以分为以下五大类(表 2－1)，我国财政部 2006 年颁布的《企业会计准则——应用指南》在附录中规范了企业会计科目的名称和编号，基本上统一了各行业、各种所有制企业的会计科目，常用的会计科目见表 2 - 1。

表 2 - 1 常用会计科目表

编号	会计科目名称	编号	会计科目名称	编号	会计科目名称
一、资产类		1501	持有至到期投资	2211	应付职工薪酬
1001	库存现金	1502	持有至到期投资减值准备	2221	应交税费
1002	银行存款	1503	可供出售金融资产	2231	应付利息
1003	存放中央银行款项	1511	长期股权投资	2232	应付股利
1011	存放同业	1512	长期股权投资减值准备	2241	其他应付款
1012	其他货币资金	1521	投资性房地产	2401	递延收益
1021	结算备付金	1531	长期应收款	2501	长期借款
1031	存出保证金	1601	固定资产	2502	应付债券
1101	交易性金融资产	1602	累计折旧	2701	长期应付款
1121	应收票据	1603	固定资产减值准备	2702	未确认融资费用
1122	应收账款	1604	在建工程	2711	专项应付款
1123	预付账款	1605	工程物资	2801	预计负债
1131	应收股利	1606	固定资产清理	2901	递延所得税负债
1132	应收利息	1701	无形资产	三、所有者权益类	
1221	其他应收款	1702	累计摊销	4001	实收资本
1231	坏账准备	1703	无形资产减值准备	4002	资本公积
1401	材料采购	1711	商誉	4101	盈余公积
1402	在途物资	1801	长期待摊费用	4103	本年利润
1403	原材料	1811	递延所得税资产	4104	利润分配
1404	材料成本差异	1901	待处理财产损溢	四、成本类	
1405	库存商品	二、负债类		5001	生产成本
1406	发出商品	2001	短期借款	5101	制造费用
1408	委托加工物资	2002	存入保证金	5201	劳务成本
1411	周转材料	2201	应付票据	5301	研发支出
1461	融资租赁资产	2202	应付账款	五、损益类	
1471	存货跌价准备	2203	预收账款	6001	主营业务收入

续表 2-1

编号	会计科目名称	编号	会计科目名称	编号	会计科目名称
6011	利息收入	6401	主营业务成本	6603	财务费用
6051	其他业务收入	6402	其他业务成本	6701	资产减值损失
6061	汇兑损益	6403	营业税金及附加	6711	营业外支出
6101	公允价值变动损益	6411	利息支出	6801	所得税费用
6111	投资收益	6601	销售费用	6901	以前年度损益调整
6301	营业外收入	6602	管理费用		

2. 会计科目的级次

会计科目要兼顾各会计信息使用者的需要，对会计科目按其所提供信息的详细程度进行分类，即科目的级次。

一般情况下，会计科目的级次分为以下两类：

(1) 总分类科目(一级科目)：这是对会计要素具体内容进行总括的分类，是提供总括信息的会计科目，如“固定资产”、“现金”、“应付账款”等。

(2) 明细分类科目(细目)：这是对总分类科目的进一步分类，是提供更详细、更具体的会计信息的科目，如“应付账款”总分类科目下按具体单位分设明细科目，具体反映应付哪个单位的货款。

为了适应管理工作的需要，在总分类科目下设的明细分类科目太多时，可在总分类科目与明细分类科目之间增设二级科目(也称子目)。如表 2-2 所示。

表 2-2 会计科目按提供指标详细程度的分类

总分类科目(一级科目)	明细分类科目	
	二级科目(子目)	明细科目(细目)
生产成本	××车间	×产品 ×产品
	××车间	×产品 ×产品
其他应收款	备用金	××部门或个人

第二节 账　　户

一、账户的概念

会计科目是对会计对象的具体内容进行的分类，但它不能反映经济业务发生后引起的各项资产、负债和所有者权益增减变动情况的结果。因此，必须根据会计科目开设相应的账户，以便对各类经济业务进行分类、系统、连续的记录。账户是按照规定的会计科目设置的、具有一定的格式和结构的、用于分类反映会计要素增减变动情况及其结果的一种工具。它由账户名称（以会计科目为名称）和账户结构两部分组成。

会计科目与账户都是对会计对象具体内容的科学分类，两者口径一致，性质相同，会计科目是账户的名称，也是设置账户的依据，账户是会计科目的具体运用。没有会计科目，账户便失去了设置的依据；没有账户，就无法发挥会计科目的作用。两者的区别是：会计科目仅仅是账户的名称，不存在结构；而账户则具有一定的格式和结构，并通过一定的结构反映某项经济内容的增减变动情况。在实际工作中，对会计科目和账户不加严格区别，而是相互通用。

二、账户的基本结构

会计是以货币为主要度量来反映经济活动的，各项经济业务的发生都要引起资产和权益有关项目的变动，从数量方面来看无非就是增加或减少。因此，用于分类记录经济业务的账户，在结构上也相应分为两个基本部分，分别记录资产和权益项目的增加和减少数额。此外，还要反映资产、权益各项目增减变化后的结果，也就是余额。所以，反映资产、权益的增加数、减少数和余额这三部分形成账户的基本结构。最基本的账户格式为三栏式（见表 2－3），其中日期栏反映记账时间，凭证编号栏反映记账依据，摘要栏反映经济业务内容，借或贷栏反映数量变化。

表 2－3　三栏式账户

200 年		凭证编号	摘要	借方	贷方	借或贷	余额
月	日						

在会计教学和研究中，为方便起见，可将上列账户格式简化为“T”字形格式，即只保留账户的基本框架，其余栏目均舍去。如表 2－4 所示。

表 2－4 “T”字形账户

左方	右方

三、账户登记规则

任何一项经济业务的发生都会引起会计要素及其项目的变动，而这种变动不外乎两种情况：增加或减少。既然账户是用来分类记录经济业务的，因而可把账户相应地分为左、右两方，一方用于登记增加额，另一方用于登记减少额。账户名称加上登记增加额和减少额的两方，就构成了账户的基本框架。至于哪一方登记增加，哪一方登记减少，取决于所记录经济业务和所采用的记账方法。

账户中，登记本期增加的金额，称为本期增加发生额；登记本期减少的金额，称为本期减少发生额；增减相抵后的差额，称为余额。余额按照表示的时间不同，分为期初余额和期末余额，其基本关系为：上期期末余额转入本期时，为本期期初余额。

本期增加数也称本期增加发生额，是指一定时期（如月份、季度或年度）内账户所登记的增加金额的合计数。

本期减少数也称本期减少发生额，是指一定时期（如月份、季度或年度）内账户所登记的减少金额的合计数。

期末余额在没有期初余额的情况下，是指本期增加发生额和本期减少发生额相抵后的差额。在有期初余额的情况下，期末余额应为期初余额加上本期增加发生额之和与本期减少发生额相抵后的差额，它反映了四个核算指标之间的数量关系，可以用下列等式表示：

期末余额＝期初余额＋本期增加发生额－本期减少发生额

第三节 会计科目及账户设置技能训练

一、训练目标

通过技能训练，加深对会计科目的分类及名称、账户结构、会计科目和账户的关系等方面的理解，利用公式正确计算账户的期末余额。

二、训练重点与难点

确认会计科目的归属性、会计科目与账户的关系。

三、训练要求

(1) 根据资料(一)逐项判断各项经济业务的科目名称及所属会计要素。

(2) 根据资料(一)试算资产总额是否等于负债与所有者权益总额。

(3) 根据资料(二)按账户结构和期末余额的计算公式，计算表 2-5 空格中的数字，并将计算结果填入空格。

四、训练资料

资料一：资产、权益状况

(1) 存放在出纳处的现金 10 000 元。

(2) 存放在银行里的资金 150 000 元。

(3) 向银行借入为期 3 个月的临时借款 600 000 元。

(4) 库存原材料 390 000 元。

(5) 已完工的商品 100 000 元。

(6) 正在加工中的在产品 50 000 元。

(7) 向银行借入一年期以上的借款 1450 000 元。

(8) 房屋及运输工具 2400 000 元。

(9) 投入资本 2 100 000 元。

(10) 机器设备 750 000 元。

(11) 应收的销货款 150 000 元。

(12) 本年实现的净利润 450 000 元。

(13) 企业对外的长期股权投资 600 000 元。

资料二：某公司部分账户科目的资料如表 2-5 所示。

表 2-5 单位:元

账户名称	期初余额	本期增加额	本期减少额	期末余额
原材料	400 000	100 000	300 000	
应收账款	200 000		500 000	300 000
预付账款	100 000		500 000	600 000
应付账款	50 000	420 000		70 000
固定资产	100 000		70 000	1 400 000
长期借款	200 000	300 000	170 000	
实收资本	1700 000		50 000	1 700 000

本章小结

会计科目就是对会计对象的具体内容进行分类核算的项目。会计科目按其所反映的经济内容可以分为资产类、负债类、所有者权益类、成本类、损益类五大类，按提供指标的详细程度可以分为总分类科目和明细分类科目。账户是以会计科目作为名称，具有一定的格式的记账实体。会计科目和账户在会计学上是两个既有联系又有区别的概念。

习　题

一、单项选择题

1. 下列项目中不属于会计要素的是(　　)。

A. 资产　　B. 负债　　C. 财产　　D. 收入

2. 以下各项中，不属于负债的是(　　)。

A. 应付账款　　B. 应交税费　　C. 预收账款　　D. 预付账款

3. 总分类会计科目一般按(　　)进行设置。

A. 企业管理的需要　　B. 统一会计制度的规定

C. 会计核算的需要
D. 经济业务的种类不同

4. 资产按其流动性可以分为(　　)。
A. 流动资产和非流动资产
B. 有形资产和无形资产
C. 使用中资产和未使用资产
D. 自有资产和租入资产

5. (　　)是对会计要素具体内容进行分类核算的项目。
A. 总分类科目
B. 会计科目
C. 会计账户
D. 明细分类科目

二、多项选择题

1. 下列各项中,属于流动负债的有(　　)。
A. 应付债券　B. 预付账款　C. 应付账款　D. 预收账款

2. 资产具有的特征有(　　)。
A. 资产是过去的交易或事项形成的
B. 资产必须是投资者投入或向债权人借入的
C. 资产是企业拥有或控制的
D. 资产预期能给企业带来经济利益

3. 会计科目设置应遵循的原则有(　　)。
A. 合法性原则
B. 相关性原则
C. 全面性原则
D. 实用性原则

4. 总分类账户与明细分类账户的区别在于(　　)。
A. 反映经济业务内容的详细程度不同
B. 反映的经济业务内容不同
C. 登记账簿的依据不同
D. 作用不同

5. 下列账户中,属于资产类账户的有(　　)。
A. 库存商品　B. 固定资产　C. 预收账款　D. 预付账款

三、判断题

1. 为了满足管理的需要,企业会计账户的设置越全越细越好。　(　　)
2. 账户的期末余额等于本期增减数额之差。　(　　)
3. 会计科目是对会计要素的具体内容做进一步分类核算的项目。　(　　)
4. 明细分类科目可以根据企业内部管理的需要自行设定。　(　　)
5. “预收账款”账户的性质属于资产。　(　　)

四、问答题

1. 什么是会计科目?为什么要设置会计科目?
2. 设置会计科目应遵循哪些原则?
3. 什么是账户?简述账户的结构。

4. 简要说明账户与会计科目之间的关系。

5. 账户中所记录的金额有哪几种？它们之间的关系如何？

五、实务题

资料：A公司2009年5月31日的资产负债表显示资产总计375 000元，负债总计112 000元。该公司2009年6月发生如下经济业务：

(1) 用银行存款购入全新机器一台，价值30 000元；

(2) 投资人投入原材料，价值10 000元；

(3) 用银行存款偿还所欠供应单位账款5 000元；

(4) 收到供应单位所欠账款8 000元，收存银行；

(5) 将一笔长期负债50 000元转为对企业的投资；

(6) 按规定将20 000元资本公积转为实收资本。

要求：计算6月末A公司的资产总额、负债总额和所有者权益总额。

第三章　记 账 方 法

学习目标

通过本章的学习，了解复式记账法的概念，掌握借贷记账法的基本原理，学会运用借贷记账法编制所发生的经济业务中的会计分录并进行试算平衡。

知识构图

- 记账方法
  - 单式记账法
  - 复式记账法
    - 借贷记账法
      - 记账符号
      - 账户结构
      - 记账规则
      - 会计分录
      - 试算平衡
    - 收付记账法
    - 增减记账法

第一节　记账方法概述

为了全面反映会计对象的具体内容，企业应结合经济管理的需要设置会计科目，并根据会计科目开设账户。账户是记录经济业务的工具，要通过账户提供经济管理所需要的会计信息，还需要运用一定的方法将经济业务登记到账簿中，这种在账户中登记经济业务的方法叫做记账方法。记账方法在会计史上经历了由单式记账法发展到复式记账法的过程。

一、单式记账法

单式记账法是指对发生的每一项经济业务，一般只在一个账户中进行登记的记账方法。此法一般只登记库存现金，银行存款的收付款业务以及应收账款、应付账款的结算业务，而不登记实物的增减业务。例如，用银行存款购买材料的业务发生后,只在账户中登记银行存款的减少,而不记录材料的增加。又如,向某企业销售一批产品,货款尚未收到,则只登记应收账款账户,而对主营业务收入的增加情况不予反映。只有当经济业务既涉及库存现金或银行存款,又涉及债权、债务时,才同时在两个相应的账户中进行登记。例如,收到某企业所欠货款存入银行,业务发生后,既要在银行存款账户登记,又要在应收账款账户中登记相关金额。

单式记账法具有以下四个特点:(1) 没有一套完整的账户体系;(2) 不需要对每一项经济业务进行反映和记录;(3) 账户之间的记录没有直接的联系;(4) 账户之间的记录没有平衡的概念。由于账户之间不能形成相互对应的关系,单式记账法不能全面地、系统地反映经济业务的来龙去脉,也不便于检查账户记录的正确性和完整性。

二、复式记账法

复式记账法是指对发生的每一项经济业务,都以相等的金额在相互关联的两个或两个以上账户中进行登记的记账方法。例如,上述用银行存款购买材料业务,如采用复式记账法,则应以相等的金额,一方面在“银行存款”账户中登记银行存款的减少,另一方面在“原材料”账户中登记材料的增加。又如,向某企业销售一批产品,货款尚未收到,按复式记账法,一方面在“应收账款”账户中登记增加,另一方面在“主营业务收入”账户中登记增加,而且两个账户登记的金额相等。

复式记账法具有以下四个特点:(1) 有完整的账户体系;(2) 对每一项经济业务都进行反映和记录;(3) 对每一项经济业务都要在相互关联的两个或两个以上的账户中做记录;(4) 每项经济业务都要以相等的金额进行分类登记,对应账户之间总是保持平衡关系,可以进行试算平衡。可见,复式记账突破了单式记账的局限性,从而使会计记录体现了全面、辩证的观点。因此,复式记账法是一种科学的记账方法,其优点是:反映经济业务的全貌;便于检查经济业务的合理性、合法性;同时可以进行试算平衡,检查账户记录的正确性。

复式记账包括借贷记账法、增减记账法和收付记账法等。其中借贷记账法是一种国际会计语言,是世界各国普遍采用的一种复式记账方法。

第二节　借贷记账法

借贷记账法产生于十三、十四世纪的意大利。它是以“借”、“贷”作为记账符号,对每项经济业务都以相等的金额在两个或两个以上有关账户进行记录的一种复式记账法。

一、记账符号

最初,“借”和“贷”二字的含义是从借贷资本家的角度来解释的。借贷资本家以经营货币的借入和贷出为主要业务,对于借进的款项记在贷主(creditor)名下,表示自身的债务增加;对于贷出的款项,则记在借主(debitor)名下,表示自身债权的增加。这样,“借”、“贷”二字分别表示债权(应收款)、债务(应付款)的变化。随着商品经济的发展,经济活动的内容日趋复杂化,记录的经济业务也不再局限于货币资金的借贷业务,而逐渐扩展到财产物资、经营损益和经营资本等的增减变化。这时,为了求得记账的一致,对于非货币资金借贷业务,也利用“借”、“贷”二字说明经济业务的变化情况。因此,“借”、“贷”二字逐渐失去了原来的字面含义,转化为记账符号,变为会计上的专门术语。它将每一个账户都固定地分为两个相互对立的部分,账户左方称为借方,右方称为贷方,以此来表示账户内容的增减变化。

二、账户结构

在借贷记账法下,会计账户的基本结构是:左方为借方,右方为贷方,至于哪一方面记增加,哪一方面记减少,则要根据账户的性质即账户所反映的经济内容决定。

在“资产=负债+所有者权益”会计等式中,由于资产反映企业资金占用的情况,负债和所有者权益反映企业资金来源的情况,两者反映的是同一个资金的两个对立面,因此,对于资产和负债及所有者权益的变化,必须按相反的方面在账户中记录。一般来说,资产类账户的增加在借方反映,减少在贷方反映;负债和所有者权益类账户的增加在贷方反映,减少在借方反映。另外,企业取得收入和发生的费用,最终会导致所有者权益的变化,按照“资产=负债+所有者权益+收入-费用”这一会计等式,收入的增加可视为所有者权益的增加,费用的增加可视同为所有者权益的减少。所以,损益类账户中收入类账户的增加在贷方反映,减少或转出在借方反映;损益类账户中成本费用类账户的增加在借方反映,减少或转出在贷方反映。

(一)资产类账户的结构

在资产类账户中,借方登记资产的增加额,贷方登记资产的减少额,若有余额,一般在借方,表示期末(期初)资产的实有数额。在一个会计期间内,记入资产账户的借方金额合计数称为“本期借方发生额”,记入资产类账户的贷方合计数称为“本期贷方发生额”。资产类账户的结构如图 3-1 所示。

借方	资产类		贷方
期初余额	××××		
本期增加额	××××	本期减少额	××××
期末余额	××××		

图 3-1　资产类账户的结构

资产类账户的期末余额可以根据下列公式计算：

资产类账户期末借方余额＝期初借方余额＋本期借方发生额合计
－本期贷方发生额合计

（二）负债类账户的结构

由会计恒等式"资产＝负债＋所有者权益"所决定，负债类账户的结构与资产类账户的结构相反，其贷方登记负债的增加额，借方登记负债的减少额，若有余额，一般在贷方，表示期末（期初）负债实有数额。负债类账户的结构如图 3-2 所示。

借方	负债类		贷方
		期初余额	××××
本期减少额	××××	本期增加额	××××
		期末余额	××××

图 3-2　负债类账户的结构

负债类账户的期末余额可以根据下列公式计算：

负债类账户期末贷方余额＝期初贷方余额＋本期贷方发生额合计
－本期借方发生额合计

（三）所有者权益类账户的结构

所有者权益类账户的结构与负债类账户的结构相同，其贷方登记所有者权益的增加额，借方登记所有者权益的减少额，余额一般在贷方，表示期末（期初）所有者权益的实有数额。所有者权益类账户目的结构如图 3-3 所示。

借方	所有者权益类		贷方
		期初余额	××××
本期减少额	××××	本期增加额	××××
		期末余额	××××

图 3-3　所有者权益类账户的结构

所有者权益类账户的期末余额可以根据下列公式计算：

所有者权益类期末贷方余额＝期初贷方余额＋本期贷方发生额合计
－本期借方发生额合计

（四）成本类账户的结构

成本类账户的结构与资产类账户的结构相同，其借方登记成本的增加额，贷方登记成本的减少额或转出额，若有余额，一般在借方，表示期末（期初）在产品的成本。成本类账户的结构如图 3－4 所示。

借方		成本类	贷方
期初余额	××××		
本期增加额	××××	本期减少或转出额	××××
期末余额	××××		

图 3－4　成本类账户的结构

成本类账户的期末余额可以根据下列公式计算：

期末借方余额＝期初借方余额＋本期借方发生额合计
－本期贷方发生额合计

（五）损益类账户的结构

损益类账户包括收入类账户和费用类账户，现分述如下：

1. 收入类账户的结构

收入的增加最终导致所有者权益的增加，所以，收入类账户的结构与所有者权益类账户的结构相似。在收入类账户中，贷方登记增加额，借方在登记减少额的同时还登记转出额，期初、期末一般没有余额。收入类账户的结构如图 3－5 所示。

借方		收入类	贷方
本期减少额或转出额	××××	本期增加额	××××
本期发生额	××××	本期发生额	××××

图 3－5　收入类账户的结构

2. 费用类账户的结构

费用一般是资产转化而来的，在抵减收入之前，可将其理解为资产，所以，费用类账户的结构与所有者权益类账户的结构相反，与资产类账户的结构相似。在费用类账户中，借方登记增加额，贷方在登记减少额的同时还登记转出额，期初、期末一般没有余额。费用类账户的结构如图 3－6 所示。

借方	费用类		贷方
本期增加额	××××	本期减少额或转出额	××××
本期发生额	××××	本期发生额	××××

图 3-6 费用类账户的结构

上述账户的结构可概括为表 3-1。

表 3-1 账户结构

账户	资产类	负债类	所有者权益类	成本类	收入类	费用类
借方	增加	减少	减少	增加	减少	增加
贷方	减少	增加	增加	减少	增加	减少

三、记账规则

借贷记账法的记账规则是“有借必有贷，借贷必相等”。在运用借贷记账法记账时，对每项经济业务，既要记录一个（或几个）会计科目的借方，又必然要以相等的金额记录另一个（或几个）会计科目的贷方，即“有借必有贷”；会计科目借方记录的金额必然等于会计科目贷方记录的金额，即“借贷必相等”。

采用借贷记账法记录经济业务时，首先，根据经济业务的内容，确定应记录哪些账户；其次，确定各账户是记增加还是记减少；最后，根据账户的性质确定各账户记录的借贷方向及金额。

现以某企业 2009 年 1 月份发生的经济业务为例，说明借贷记账法的记账规则。

例 3-1 收回应收账款 40 000 元，存入银行。

这项经济业务，使银行存款增加 40 000 元，同时使企业应收账款减少 40 000 元，它涉及“银行存款”和“应收账款”两个资产类科目。银行存款的增加是资产的增加，应记入“银行存款”的借方；应收账款的减少是资产的减少，应记入“应收账款”的贷方。这项经济业务在账户中登记的结果如图 3-7 所示。

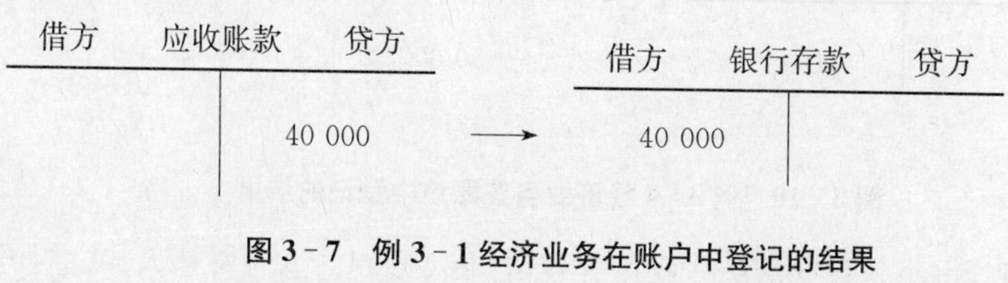

图 3-7 例 3-1 经济业务在账户中登记的结果

例 3-2 从银行取得短期借款 90 000 元，款项存入银行。

这项经济业务，使银行存款增加 90 000 元，同时使企业短期借款增加 90 000

元，它涉及“银行存款”和“短期账款”两个科目。银行存款的增加是资产的增加，应记入“银行存款”的借方；短期借款的增加是负债的增加，应记入“短期借款”的贷方。这项经济业务在账户中登记的结果如图3－8所示。

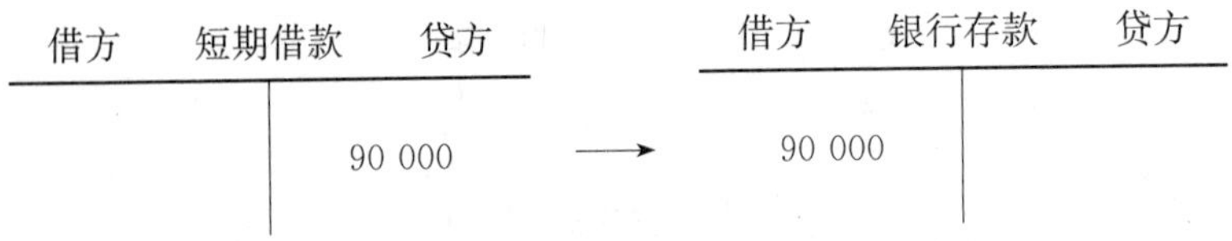

图3－8 例3－2经济业务在账户中登记的结果

例3－3 接受投资者投入80 000元，存入银行。

这项经济业务，使银行存款增加80 000元，同时使企业实收资本增加80 000元，它涉及“银行存款”和“实收资本”两个科目。银行存款的增加是资产的增加，应记入“银行存款”的借方；实收资本的增加是所有者权益的增加，应记入“实收资本”的贷方。这项经济业务在账户中登记的结果如图3－9所示。

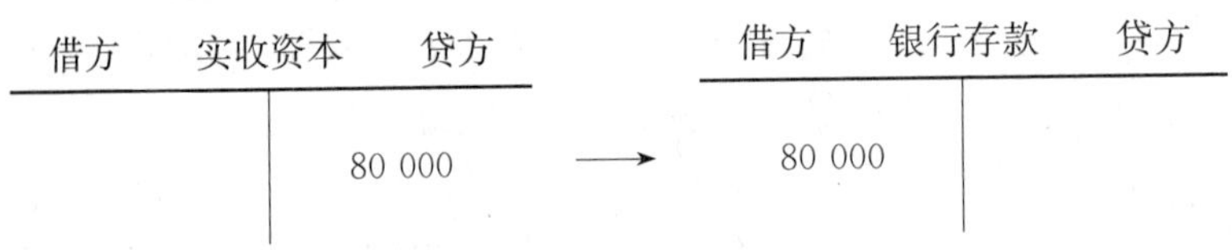

图3－9 例3－3经济业务在账户中登记的结果

例3－4 用银行存款偿还前欠货款50 000元。

这项经济业务，使银行存款减少50 000元，同时使企业应付账款减少50 000元，它涉及“银行存款”和“应付账款”两个负债类科目。应付账款的减少是负债的减少，应记入“应付账款”的借方；银行存款的减少是资产的减少，应记入“银行存款”的贷方。这项经济业务在账户中登记的结果如图3－10所示。

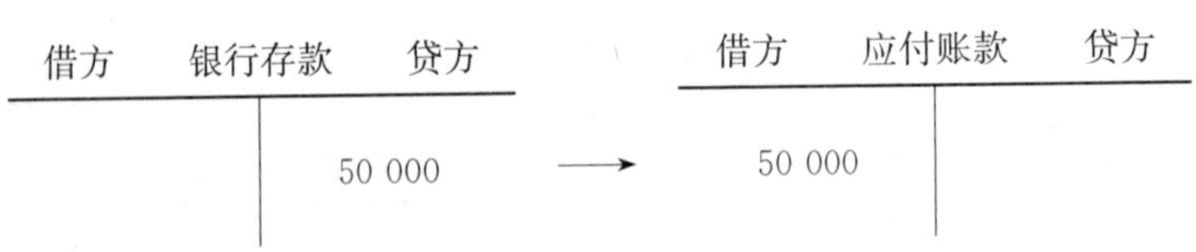

图3－10 例3－4经济业务在账户中登记的结果

例3－5 用银行存款购买一批原材料，价值40 000元，材料已入库。

这项经济业务，使银行存款减少40 000元，同时使企业原材料增加40 000元，它涉及“银行存款”和“原材料”两个资产类科目。原材料的增加是资产的增加，应记入“原材料”的借方；银行存款的减少是资产的减少，应记入“银行存款”的贷方。这项经济业务在账户中登记的结果如图 3－11 所示。

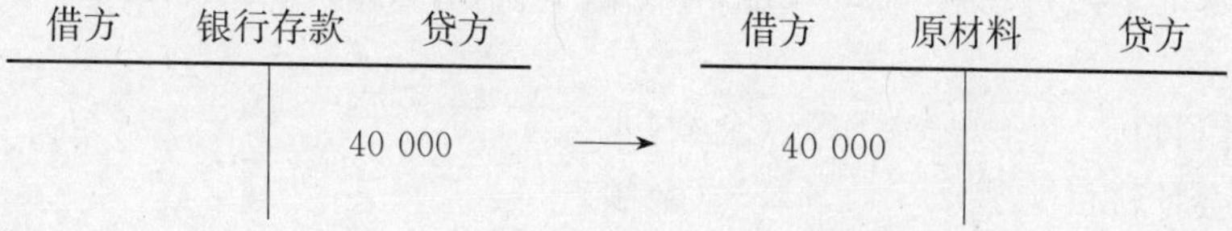

图 3－11　例 3－5 经济业务在账户中登记的结果

例 3－6　从银行取得短期借款 20 000 元，直接归还前欠货款。

这项经济业务，使应付账款减少 20 000 元，同时使企业短期借款增加 20 000 元，它涉及“应付账款”和“短期账款”两个负债类科目。应付账款的减少是负债的减少，应记入“应付账款”的借方；短期借款的增加是负债的增加，应记入“短期借款”的贷方。这项经济业务在账户中登记的结果如图 3－12 所示。

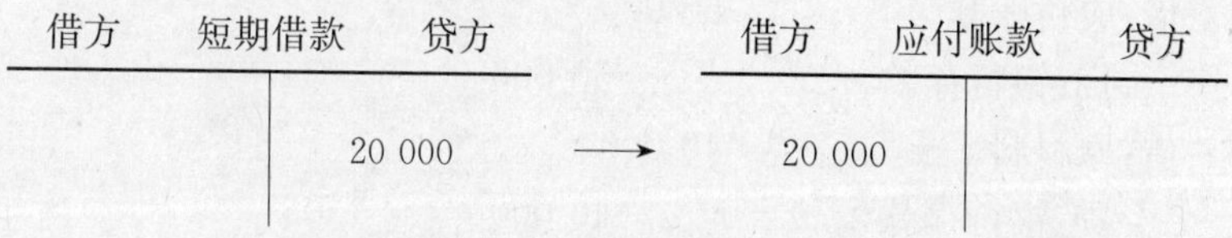

图 3－12　例 3－6 经济业务在账户中登记的结果

四、会计分录

为了保证账户对应关系的正确性，便于正确地记账，在将经济业务记入账户之前，应先根据经济业务所涉及的会计科目及其借贷方向和金额编制会计分录，然后根据分录登记有关账户。

会计分录是指每项经济业务应借、应贷账户的名称以及金额的记录。会计分录简称分录，在实际工作中是根据每项经济业务的原始凭证，通过编制记账凭证来确定的，在会计实践中，分录一般填制在记账凭证上。

会计分录有简单分录和复合分录两种。简单分录是指涉及两个会计科目的会计分录，即“一借一贷”的分录，以上举例都是简单分录。复合分录是指由两个以上会计科目所组成的分录，即“一借多贷”、“多借一贷”或“多借多贷”的分录。由于“多借多贷”分录不能清楚地反映会计科目之间的对应关系，在实际工作中一般不编制“多借多贷”的分录。

编制会计分录，一般应按下列步骤进行：

(1) 根据经济业务的内容，确定应记录哪些会计科目；

(2) 确定各会计科目是记增加还是记减少；

(3) 确定各会计科目记录的借贷方向；

(4) 确定各会计科目记录的金额。

会计分录的书写，具有一定的规范，即上借下贷、借贷错开，金额前不必写出货币符号。

借：会计科目　　　　×××(金额)

　　贷：会计科目　　　　×××(金额)

前面例 3－1 至例 3－6 的会计分录编制如下：

例 3－1　借：银行存款　　40 000

　　　　　　　贷：应收账款　　40 000

例 3－2　借：银行存款　　90 000

　　　　　　　贷：短期借款　　90 000

例 3－3　借：银行存款　　80 000

　　　　　　　贷：实收资本　　80 000

例 3－4　借：应付账款　　50 000

　　　　　　　贷：银行存款　　50 000

例 3－5　借：原材料　　40 000

　　　　　　　贷：银行存款　　40 000

例 3－6　借：应付账款　　20 000

　　　　　　　贷：短期借款　　20 000

五、试算平衡

试算平衡是指根据借贷记账法的记账规则与资产和权益的恒等关系，通过对所有账户的发生额和余额的汇总计算和比较，检查账户记录是否正确的一种方法。借贷记账法的试算平衡方法包括发生额试算平衡法和余额试算平衡法。

1. 发生额试算平衡法

发生额试算平衡法是根据本期所有账户借方发生额合计与贷方发生额合计的恒等关系，检验本期账户发生额记录是否正确的方法。其理论依据是借贷记账法的记账规则。发生额试算平衡公式可表示为：

全部账户本期借方发生额合计＝全部账户贷方发生额合计

2. 余额试算平衡法

余额试算平衡法就是根据本期所有账户借方余额合计与贷方余额合计的恒等关系，检验本期账户记录是否正确的方法。其理论依据是资产和权益的平衡关系。余额试算平衡法又可分为期初余额平衡与期末余额平衡两类。余额试算平衡公式可表示为：

全部账户的借方期初余额合计＝全部账户的贷方期初余额合计

全部账户的借方期末余额合计＝全部账户的贷方期末余额合计

在实际工作中，试算平衡是在月末结算出各账户的本期发生额和期末余额之后，通过编制试算平衡表来进行的。试算平衡表通常是期末结出各账户的本期发生额合计和期末余额后编制的，试算平衡表中一般应设置“期初余额”、“本期发生额”和“期末余额”三大栏，每一栏分设“借方”和“贷方”两小栏，各大栏中的借方合计与贷方合计应该平衡相等。

例 3-7 承前例 3-1 至例 3-6，假设该企业 2009 年 1 月 1 日总分类账期初余额如表 3-2 所示。

表 3-2 会计科目余额 单位：元

资产	金额	负债及所有者权益	金额
银行存款	30 000	短期借款	20 000
应收账款	50 000	应付账款	90 000
原材料	40 000	实收资本	10 000
合　计	120 000	合　计	120 000

将期初余额及 2009 年 1 月发生的经济业务编制的会计分录登账，如图 3-13 所示。

借方　银行存款　贷方

借方	贷方
期初余额：30 000	
(1) 40 000	(4) 50 000
(2) 90 000	(5) 40 000
(3) 80 000	
本期发生额：210 000	本期发生额：90 000
期末余额：150 000	

借方　应收账款　贷方

借方	贷方
期初余额：50 000	
	(1) 40 000
本期发生额：—	本期发生额：40 000
期末余额：10 000	

图 3-13 账户记录

借方　原材料　贷方

借方	贷方
期初余额：40 000	
(5) 40 000	
本期发生额：40 000	本期发生额：—
期末余额：80 000	

借方　短期借款　贷方

借方	贷方
	期初余额：20 000
	(2) 90 000
	(6) 20 000
本期发生额：—	本期发生额：110 000
	期末余额：130 000

借方	应付账款　贷方
	期初余额:90 000
(4) 50 000	
(6) 20 000	
本期发生额:70 000	本期发生额:—
	期末余额:20 000

借方	实收资本　贷方
	期初余额:10 000
	(3) 80 000
本期发生额:—	本期发生额:80 000
	期末余额:90 000

图 3-13　账户记录(续)

根据上述各账户的期初余额、本期借方发生额、本期贷方发生额和期末余额编制的试算平衡表如表 3-3 所示。

表 3-3　试算平衡表

2009 年 12 月 31 日　　单位:元

账户(会计科目)	期初余额		本期发生额		期末余额	
	借方	贷方	借方	贷方	借方	贷方
银行存款	30 000		210 000	90 000	150 000	
应收账款	50 000			40 000	10 000	
原材料	40 000		40 000		80 000	
短期借款		20 000		11 000		130 000
应付账款		90 000	70 000			20 000
实收资本		10 000		80 000		90 000
合计	120 000	120 000	320 000	320 000	240 000	240 000

通过编制试算平衡表,如果试算不平衡,即借方发生额(余额)合计不等于贷方发生额(余额)合计,则账户记录或计算肯定有误;如果试算平衡,即借方发生额(余额)合计等于贷方发生额(余额)合计,可大体上推断账户记录或计算是否正确,但不能绝对肯定记账无误,因为有的错误是不影响借贷平衡关系的。

发生这类不影响借贷平衡关系的错误通常包括以下几个方面:

(1) 一项经济业务在有关账户中全部重记、全部漏记、多记、少记,且金额一致,借贷仍然平衡。

(2) 某项经济业务记错账户,而方向无误,借贷仍然平衡。

(3) 某项经济业务记录的应借、应贷账户相互颠倒,借贷仍然平衡。

(4) 记录某账户的错误金额一多一少,恰好互相抵消,借贷仍然平衡。

由于账户记录可能存在这些不能由试算平衡表来表现的错误,所以,需要对每项会计记录进行日常或定期的复核,以保证账面记录的正确性。

第三节　借贷记账法的技能训练

一、训练目的

通过技能训练,练习会计分录的格式及编制,并通过登记账户编制试算平衡表,检验账户记录的正确性。

二、训练的重点与难点

借贷记账法的账户结构,会计分录和试算平衡表的编制。

三、训练要求

1. 根据资料一所给的初期余额,登记 T 形账户。

2. 根据资料二所给经济业务,编制会计分录,并登记到账户中,结出本期发生额和期末余额。

四、训练资料

某企业总分类账户的月初余额如下:

资料一:某企业 2009 年 9 月 1 日有关账户余额如表 3 - 4 所示。

表 3 - 4　　单位:元

资产		权益	
账户名称	金额	账户名称	金额
库存现金	2 000	短期借款	40 000
银行存款	40 000	应付账款	12 000
应收账款	10 000	应交税费	4 000
其他应收款	4 000	其他应付款	8 000

续表 3-4

资　产		权　益	
账户名称	金额	账户名称	金额
原材料	60 000	实收资本	160 000
生产成本	4 000	资本公积	10 000
库存商品	20 000	盈余公积	6 000
固定资产	100 000		
资产合计	240 000	权益合计	240 000

资料二:2009 年 9 月发生如下经济业务:

1. 从银行提取现金 4 000 元备用。
2. 收到投资者投入资金 100 000 元并存入银行。
3. 用银行存款 4 000 元缴纳应交税费。
4. 购入材料一批已入库,价值 10 000 元,款项尚未支付。
5. 以银行存款偿付前欠购料款 12 000 元。
6. 收到购货单位的前欠货款 10 000 元,并存入银行。
7. 从银行取得借款 40 000 元,存入银行。
8. 以银行存款 20 000 元购买设备一台。
9. 将资本公积 8 000 元转增资本。
10. 采购员预借差旅费 2 000 元,以现金支付。

本章小结

本章首先对记账方法进行界定,分别介绍了单式记账法和复式记账法,在通过对其特点进行比较和归纳后,得出复式记账法是一种更具有科学性的记账方法。在此基础上,介绍了借贷记账法的由来、账户结构、记账规则、对应关系及会计分录和试算平衡。通过本章学习,学生应该对记账方法尤其是借贷记账法的原理有比较全面的了解,为下一章的学习奠定基础。

习 题

一、单项选择题

1. 复式记账要求对每一交易或事项都以(　　)。
   A. 相等的金额同时在一个或一个以上相互联系的账户中进行登记
   B. 相等的金额同时在两个或两个以上相互联系的账户中进行登记
   C. 不等的金额同时在两个或两个以上相互联系的账户中进行登记
   D. 相等的金额在总分类账和两个以上相应的明细账户中进行登记
2. 对某项交易或事项表明其应借、应贷账户及其金额记录称为(　　)。
   A. 会计记录　B. 会计分录　C. 会计账簿　D. 会计报表
3. 某大型企业期初资产总额为 5 000 万元,负债为 1 000 万元,以银行存款 500 万元偿还借款,并以银行存款 500 万元购买固定资产后,该企业资产总额为(　　)万元。
   A. 4 000　B. 3 000　C. 4 500　D. 2 000
4. 资产类账户的借方一般登记(　　)。
   A. 本期增加发生额　B. 本期减少发生额
   C. 本期增加或减少发生额　D. 以上都对
5. 负债类账户的期末余额一般(　　)。
   A. 在借方　B. 在贷方
   C. 在借方,也可以在贷方　D. 为零

二、多项选择题

1. 运用借贷记账法编制会计分录时,可以编制(　　)。
   A. 一借一贷的分录　B. 多借多贷的分录
   C. 多借一贷的分录　D. 一借多贷的分录
2. 下列有关收入类科目的表述中,正确的有(　　)。
   A. 本期的增加发生额记入账户的借方
   B. 本期的增加发生额记入账户的贷方
   C. 期末结账后无余额
   D. 期末有借方余额
3. 关于余额试算平衡表,下列表述中不正确的是(　　)。
   A. 全部账户的期初余额合计等于全部账户的期末余额合计
   B. 全部账户的借方期初余额合计等于全部账户的贷方期初余额合计
   C. 全部账户的借方发生额合计等于全部账户的贷方发生额合计

D. 全部账户的借方期末余额合计等于全部账户的贷方期初余额合计

4. 下列经济业务中,引起资产一增一减的有(　　)。

A. 以银行存款购买设备　　B. 从银行提取现金

C. 以银行存款购买材料　　D. 以银行存款偿还前欠货款

5. 借贷记账法的记账符号“贷”对于下列会计要素表示增加的有(　　)。

A. 资产　　B. 负债　　C. 所有者权益　　D. 收入

三、判断题

1. 账户期末余额的方向,大多与本期增加额登记的方向是一致的。(　　)
2. 通过试算平衡表查得借贷双方金额相等,则说明账户记录是正确的。(　　)
3. 所有资产类账户的余额都在账户的借方。(　　)
4. 负债类账户的余额肯定在账户的贷方。(　　)
5. 所有的错误通过试算平衡表都能检查出来。(　　)

四、问答题

1. 试述复式记账原理及特点。
2. 试述借贷记账法的账户结构及期末余额的计算方法。
3. 借贷记账法下的记账规则是什么?
4. 什么是会计分录?会计分录有哪几种?
5. 借贷记账法下试算平衡方法有哪些?试算平衡能否说明账户记录正确?请举例说明。

五、实务题

资料一:某企业 2009 年 12 月 31 日总分类账户的期末余额如表 3-5 所示。

表 3-5　　单位:元

资　产	金　额	负债及所有者权益	金　额
银行存款	100 000	短期借款	500 000
应收账款	200 000	应付账款	300 000
原材料	500 000	应付股利	100 000
库存商品	800 000	实收资本	2 000 000
固定资产	2 000 000	资本公积	1 000 000
生产成本	400 000	盈余公积	100 000
合　计	4 000 000	合　计	4 000 000

资料二:2010 年 1 月,该企业发生下列经济业务:

(1) 用银行存款 20 000 元购买材料一批。

(2) 向银行借入短期借款 100 000 元,直接归还应付账款。

(3) 将资本公积 500 000 元转增实收资本。

(4) 用盈余公积 80 000 元向投资者分配红利。

(5) 银行将短期借款 300 000 元转作对本企业投资。

(6) 向银行借入短期借款 600 000 元,存入银行。

(7) 投资人投入设备一套,价值 2 000 000 元。

(8) 用银行存款 50 000 元偿付应付股利。

(9) 用银行存款 500 000 元归还个人投资。

要求:(1) 根据上述资料编制各项经济业务的会计分录。

(2) 根据会计分录登记相关账户。

(3) 计算各账户的期末余额。

(4) 编制"发生额及余额试算平衡表",检查账户记录的正确性。

第四章　工业企业主要经济业务的核算

学习目标

通过本章的学习，掌握资金筹集的核算要点，掌握供、产、销三环节的核算要点以及财务成果的核算要点，熟练掌握工业企业经济业务在各阶段的核算方法。

知识构图

工业企业主要经济业务的核算
- 工业企业主要经济业务
- 资金筹集业务的核算
- 供应过程业务的核算
- 生产过程业务的核算
- 销售过程业务的核算
- 财务成果业务的核算

第一节　工业企业主要经济业务

企业的类型很多，而不同类型的企业经济业务的内容和资金的循环特点又有所不同，其中以工业企业最为典型。工业企业的生产经营活动比较复杂，其会计业务具有较强的代表性，因此，本章以工业企业为例说明主要经济业务的核算。

工业企业的生产经营过程包括供应过程、生产过程和销售过程三个阶段，其主要经济业务大部分都发生在这三个阶段中。企业的生产经营资金，按照这三个阶段从货币资金开始，然后依次是储备资金、生产资金、成品资金、结算资金，最后又回到货币资金，依照此过程不断地循环周转。

首先，工业企业要进行正常的生产经营活动必须要拥有一定的资金，资金的筹集渠道主要包括接受投资者投入和向债权人借入。投入资本是企业得以创立的一个基本条件，是企业赖以生存和发展的基础；企业的资金除了所有者投入资本以外，为补充生产周转资金的不足，或购进固定资产等，经常需要向银行或其他金融机构借入资金。投入资金构成了企业的所有者权益,借入资金则形成了企业的负债,这两者都构成了企业的资金来源。

供应过程是生产的准备过程。企业进行生产经营离不开劳动对象和劳动资料,即各种材料、房屋、建筑物和机器设备等。因为劳动资料大多是固定资产,一旦购买可供长期使用,所以,供应过程的日常经济活动主要是采购生产所需的材料。企业动用货币资金买回各种材料,储备材料以供生产之需,将来随着生产的耗费再不断得以补充。这样,企业的生产经营资金就从货币资金转化为储备资金。在这一阶段,采购材料应严格按照企业的生产采购计划进行,以免造成超储积压和生产用料不足,给生产经营造成不良后果。

生产过程是工业企业经营过程的中心环节。它既是产品的制造过程,也是劳动力、劳动对象和劳动资料的消耗过程,即各种成本、费用的发生过程。在这一过程中,企业要投入各种材料,要支付工资,使用厂房、机器设备等劳动资料,要计提折旧费用等。在这一阶段,资金又从储备资金转化为生产资金(产品资金)和成品资金。

销售过程是产品价值的实现过程。在销售过程中,企业要出售所生产的产品,取得销售收入,企业的资金形态又从成品资金转化为结算资金,最后又回到货币资金。至此,企业的一个经营过程暂告结束。然后,企业又从货币资金开始进行下一个循环过程。

工业企业的经营过程就是这样连续不断、周而复始地进行着的。企业从生产经营过程中获得的销售收入,抵偿了它在生产经营过程中的成本、费用以后就是企业的利润。在利润形成过程中,企业还要按义务向国家缴纳所得税。利润总额扣除所得税费用就是企业的净利润,然后再按规定,一部分在投资者之间进行分配,作为投资者的投资报酬,另一部分形成留存收益,供企业扩展生产经营之用。

综上工业企业的主要经济业务,一般是指资金筹集业务、生产准备业务、产品生产业务、产品销售业务和财务成果业务等。资金运动的这一过程可以用图 4 - 1 表示。

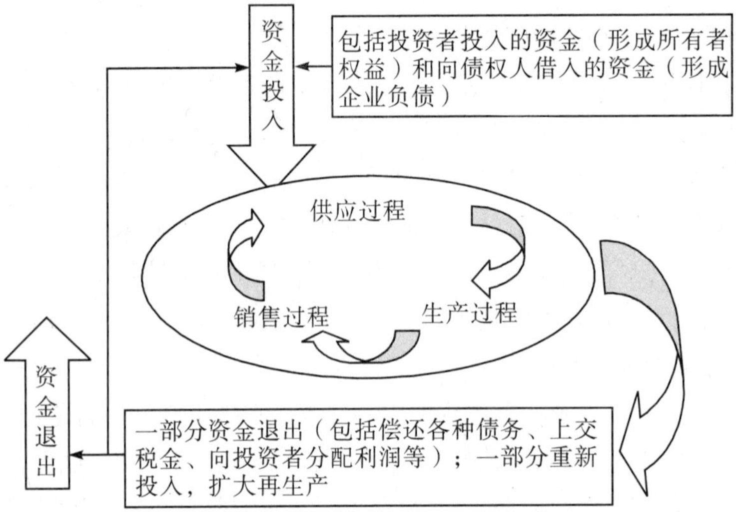

图 4-1　企业资金运动的过程

第二节　资金筹集业务的核算

任何一个企业为了独立进行生产经营活动,都必须通过一定的渠道取得一定数量的经营资金,这些资金在经营活动中用来购买材料、支付工资等各种费用。企业的资金来源一般有两个渠道:一是企业的所有者筹集的资金,即投资者投入的资本金,形成所有者权益;二是企业债权人筹集的资金,属于企业的负债。因此,资金的筹集业务主要是接受投资的业务和借入资金的业务。

一、投入资金的核算

国家批准企业从事生产经营活动的首要条件是拥有一定数量的资本金。资本金是企业在工商行政管理部门注册登记的注册资金,又称注册资本。资本金按其投资主体不同,分为国家资本金、法人资本金、外商资本金和个人资本金;按照投入资金的实物形态不同,分为货币投资、实物投资和无形资产投资等。企业会计核算中的实收资本即为法定资本,应当与注册资本一致,企业不得擅自改变注册资本或抽逃资金(投资者可以依法转让);企业对实际收到的资本金依法享有使用权。投入资金的核算应设置以下主要账户。

(一) 实收资本

实收资本(股份有限公司称之为“股本”)是所有者权益类账户,用以核算和监督投资者按照章程、合同等的规定实际投入企业的资本的增减变动及其结存情况。其贷方登记企业实际收到投资者投入企业各种资产的价值;借方登记按规定程序减少注册资本的数额;期末余额在贷方,表示企业实有的资本(或股本)数额。

该账户可按投资人、投资单位设置明细分类账户,进行明细核算。

企业收到投资时,应按实际投资数额入账。以货币资金投资的,应按实际收到的款项作为投资者的投资入账;以实物形式投资的,按双方认可的约定的价值作为实际投资额入账。

例 4-1 万象公司收到春江公司投资 150 000 元,款项存入银行。

借:银行存款 150 000

　　贷:实收资本—春江公司 150 000

例 4-2 万象公司收到大中公司作为投资投入的全新设备一台,该设备的价值为 60 000 元。

借:固定资产 60 000

　　贷:实收资本—大中公司 60 000

例 4-3 万象公司收到大中公司作为投资投入的八成新设备一台,设备的原价为 80 000 元,该设备双方协议约定的价值为 68 000 元。

借:固定资产 68 000

　　贷:实收资本—大中公司 68 000

例 4-4 万象公司收到昌河公司作为投资投入的专利权,双方约定的价值为 400 000 元。

借:无形资产—专利权 400 000

　　贷:实收资本—昌河公司 400 000

(二) 资本公积

资本公积是指企业收到投资者的超出其在企业注册资本(或股本)中所占份额的投资,以及直接计入所有者权益的利得和损失等;其按照法定程序可转增注册资本;是所有者权益类账户,用以核算和监督资本公积的增减变动及其结存情况。其贷方登记资本公积形成的增加数额;其借方登记资本公积用于转增资本的减少数额;期末余额在贷方,表示企业资本公积的实有数额。

该账户分别设置“资本溢价(或股本溢价)”和“其他资本公积”明细分类账户,进行明细核算。

例 4-5 万象公司按照法定程序将 70 000 元的资本公积转入注册资本。

借：资本公积　　70 000

　贷：实收资本　　70 000

例 4-6 万象公司注册资本为 300 000 元，该企业限定无形资产的入股比例不得超过注册资本的 20%。现收到丁企业作为投资投入的专利权，双方约定的价值为 80 000 元。

借：无形资产—专利权　　80 000

　贷：实收资本—丁企业　　60 000

　　资本公积—资本溢价　　20 000

二、借入资金的核算

在生产经营过程中，企业有时会出现资金不足的现象，为了保持合理的资本结构并保证资金周转的正常需要，需要向银行或其他金融机构等债权人借入各种资金。按归还期限长短，可以分为短期借款和长期借款。短期借款是用来核算从银行或其他金融机构等借入的期限在 1 年以下（含 1 年）的各种借款的账户；长期借款是用来核算从银行或其他金融机构借入的期限在 1 年以上（不含 1 年）的各种借款的账户。此外，企业还可以发行债券以筹集资金，应付债券核算企业为筹集长期使用的资金而实际发行的债券及应付的利息。企业不论以何种形式借入的款项都必须按规定的用途使用，并按照规定的期限还本付息。借入资金的核算应设置以下主要账户。

（一）短期借款

短期借款是负债类账户，用以核算和监督短期借款的取得和归还情况。其贷方登记取得短期借款的本金数额；借方登记归还借款的本金数额；期末余额在贷方，表示期末尚未偿还的短期借款。

该账户可按贷款人、借款种类和币种设置明细分类账户，进行明细核算。

企业短期借款的利息一般采用月末计提的形式进行核算，利息费用借方登记“财务费用”账户，贷方登记“应付利息”账户。

（二）财务费用

财务费用是损益类账户，用以核算和监督企业为筹集生产经营活动所需资金而发生的筹资费用，包括利息支出（减利息收入）、汇兑损失（减汇兑收益）以及相关的手续费等。贷方登记利息收入、汇兑收益及期末结转数；借方登记发生的利息支出、汇兑损失及相关手续费；期末，本账户余额应转入“本年利润”账户，结转后该账户无余额。

该账户可按费用项目设置明细分类账户，进行明细核算。

例 4－7 万象公司 2010 年 7 月 1 日从银行借入款项 50 000 元，期限为 3 个月，年利率为 6%，利息每季结算一次，所借款项存入银行。

(1) 2010 年 7 月 1 日取得短期借款时

借：银行存款　　50 000
　贷：短期借款　　50 000

(2) 7 月 31 日计提短期借款利息时

借：财务费用　　250
　贷：应付利息　　250

7 月份应计提的利息金额＝50 000×6%÷12＝250(元)。利息费用的增加应记入“财务费用”账户的借方，同时，该利息尚未支付，属于负债的增加，应记入“应付利息”账户的贷方，8 月份的利息计提方法与此相同。

(3) 9 月 30 日偿还短期借款及利息时

借：短期借款　　50 000
　应付利息　　500
　财务费用　　250
　贷：银行存款　　50 750

7、8 月份已计提利息 500 元，本月应负担的利息 250 元记入“财务费用”账户。

（三）长期借款

长期借款是负债类账户，用以核算和监督企业长期借款的借入、借款利息的结算和借款本金利息的归还情况。其贷方登记长期借款本息的增加额；借方登记长期借款本息的减少额；期末余额在贷方，表示期末尚未归还的长期借款。

该账户可根据贷款单位和贷款种类，分别按“本金”、“利息调整”设置明细分类账户，进行明细核算。

例 4－8 万象公司为建造一栋办公楼从银行借入 5 000 000 元，期限为两年，年利率为 6%，到期一次还本付息。所借款项已存入银行。则借入时的会计处理如下：

借：银行存款　　5 000 000
　贷：长期借款　　5 000 000

第三节　供应过程业务的核算

工业企业筹集了一定数量的营运资金之后，紧接着就是做好生产准备活动。工业企业供应过程的主要经济业务就是购买生产所需要的各种劳动资料。其主要活动内容一方面是购建厂房、机器、设备等固定资产，另一方面是采购生产产品需要的各种材料。因此，固定资产的购建业务和材料的采购业务就是供应过程业务核算的主要内容。

一、购建固定资产的核算

固定资产是指企业使用期限超过 1 年的建筑物、机械、运输工具以及其他与生产经营有关的设备、工具等。此外，不属于生产经营的主要设备，但单位价值在 2 000元以上，并且使用期限在 2 年以上的物品，也应当作为固定资产。固定资产是企业的劳动手段，也是企业生产经营的主要资产。构建固定资产的核算应设置以下主要账户。

（一）固定资产

固定资产是资产类账户，用以核算和监督企业固定资产原始价值的增减变动及结存情况。其借方登记固定资产原始价值的增加数；贷方登记固定资产原始价值的减少数；期末余额在借方，表示企业固定资产原始价值的实有数额。该账户只核算达到预定使用状态的固定资产。

该账户可按固定资产类别、使用部门和每项固定资产设置明细分类账户，通过设置“固定资产登记簿”和“固定资产卡片”，进行明细核算。

企业购入不需要经过建造过程的固定资产，其增加的原始价值包括实际支付的买价、进口关税等税费、使固定资产达到预定使用状态前所发生的可归属于该项资产的运输费、装卸费、安装费和专业人员服务费等。

（二）应交税费

应交税费是负债类账户，用以核算和监督企业应缴纳的各种税金，包括增值税、消费税、营业税和所得税等。其贷方登记企业已确认的各种应缴纳的税款；借方登记实际缴纳的税款；期末余额在贷方，表示期末应缴而未缴的各种税款。

该账户可按应缴纳的税收种类设置明细分类账户，进行明细核算。

企业在购买固定资产及材料采购环节缴纳的税金主要是增值税。税法规定，凡在我国境内销售货物、进口货物，或提供加工、修理修配劳务的单位和个人，应缴纳增值税。增值税是对增值额计算征收的一种流转税。增值税的纳税人分为一般纳税人和小规模纳税人两种。按照增值税暂行条例规定，一般纳税人企业购入货物或接受应税劳务支付的增值税（即进项税额），可以从销售货物或提供劳务按规定收取的增值税（即销项税额）中抵扣。一般纳税人按17%或13%的税率计算增值税；小规模纳税人按3%计算增值税，并且，不得抵扣进项税额。

一般纳税人应纳增值税的计算公式如下：

应纳税额＝当期销项税额－当期进项税额

销项税额＝销售额×增值税税率

进项税额＝购进货物或劳务价款×增值税税率

同一笔买卖中，销项税额与进项税额是对应的，销售方收取的销项税额，就是购买方支付的进项税额。

企业应在“应交税费”下设置“应交增值税”明细科目，该账户贷方登记企业销售货物或提供劳务应缴纳的销项税额等；借方登记企业购进货物或接受应税劳务支付的进项税额和实际已缴纳的增值税等；期末借方余额，表示企业尚未抵扣的增值税。

该账户一般设置“进项税额”、“已交税金”、“销项税额”和“进项税额转出”等明细分类账户，进行明细分类核算。

例4-9 A企业是一般纳税人，7日，购买一台生产用设备，价款为30 000元，增值税税率为17%，试计算增值税进项税额是多少？

进项税额＝30 000×17%＝5 100（元）

例4-10 万象公司2010年9月1日购入不需要安装的生产设备，价款为100 000元，增值税税率为17%，增值税额为17 000元，价税合计117 000元，款项开出转账支票付讫。

	借方	贷方
借：固定资产	100 000	
应交税费—应交增值税（进项税额）	17 000	
贷：银行存款		117 000

（三）在建工程

在建工程是资产类账户，用以核算和监督企业基建、安装、技术改造等在建工程发生的支出。其借方登记工程成本的增加额；贷方登记工程成本的减少额和工程竣工转出的数额；期末余额在借方，表示企业未完成工程的实际成本。

该账户可按在建工程类别设置明细分类账户，进行明细核算。

例 4-11 万象公司 2010 年 10 月 1 日购入需要安装的机床一台，价款为 1 000 000 元，增值税税率为 17%，运杂费为 5 000 元，共计 1 175 000 元，已用银行存款付讫。该机床在安装中耗用原材料 3 000 元，发生安装人员工资 5 000 元，同时用银行存款支付安装费用 2 000 元。机床安装完工后，验收合格，正式交付使用。

(1) 购入设备时

	借方	贷方
借：在建工程—机床	1 005 000	
应交税费—应交增值税(进项税额)	170 000	
贷：银行存款		1 175 000

(2) 安装过程中领用材料及发生人工耗费时：

	借方	贷方
借：在建工程—机床	8 000	
贷：原材料		3 000
应付职工薪酬		5 000

(3) 发生安装费用时

	借方	贷方
借：在建工程—机床	2 000	
贷：银行存款		2 000

(4) 设备达到预定可使用状态时

	借方	贷方
借：固定资产	1 015 000	
贷：在建工程—机床		1 015 000

二、材料采购业务的核算

材料作为劳动对象，将会随着生产的进行不断被领用和不断被消耗，它可能构成产品的实体，也可能有助于产品的形成；其实物形态将会随着加工而改变；其价值将一次性地全部转移到产品中去，构成产品成本的一个组成部分。

工业企业对材料的采购应有计划地、按时适量地进行，以免造成超储积压和生产用料不足。在材料采购过程中，企业应按规定与供货单位办理结算，支付材料货款，并支付运输费、装卸费等各项采购费用。在此过程中，会计还有一项重要的工作，就是计算材料的采购成本。外购材料的采购成本指买价加上采购费用。采购费用是指在材料采购过程中发生的运杂费、运输途中的合理损耗、入库前的挑选整理费用以及所购材料应负担的其他费用等。因此，材料采购过程中的主要经济业务核算采购及结算业务和材料采购成本的计算。材料采购过程的主要经济业务核算主要设置以下账户：

(一) 原材料

原材料是资产类账户,用以核算和监督企业库存材料的收入、发出及结存的账户。在实际成本计价法下,该账户反映的是企业各种库存材料的实际成本。其借方登记已验收入库材料的实际成本;贷方登记领用发出材料的实际成本;期末余额在借方,表示期末库存材料的实际成本。然而,在计划成本计价法下,该账户反映的是各种库存材料的计划成本,要反映材料的实际成本还需要设置"材料成本差异"账户,来反映实际成本与计划成本之间的差异。本书只介绍实际成本法的核算。

该账户可按材料的保管地点(如仓库等),材料的类别、品种和规格设置明细分类账户,进行明细核算。

企业采购的原材料经验收入库后,才可使用该账户。

例 4-12 万象公司从大发工厂购入甲材料一批,增值税专用发票上注明甲材料数量为 10 千克,单价为 1 500 元,货款为 15 000 元,增值税额为 2 550 元。款项以银行存款付讫,材料已验收入库。

借:原材料—甲材料 15 000

　　应交税费—应交增值税(进项税额) 2 550

　　贷:银行存款 17 550

(二) 在途物资

在途物资是资产类账户,用以核算和监督企业采用实际成本进行日常核算,货款已付尚未验收入库的各种材料(即在途物资)的采购成本。其借方登记购入材料的买价、运杂费、运输途中的合理损耗、入库前的挑选整理费用和应由所购材料负担的其他费用;贷方登记结转入库材料的实际采购成本;期末余额在借方,表示尚未运达企业或者已经运达企业但尚未验收入库的在途材料的采购成本。

该账户可按供应单位和物资品种设置明细分类账户,进行明细核算。

例 4-13 万象公司 7 月 10 日购入 C 材料 100 吨,单价为 50 元,货款为5 000 元,增值税税率为 17%,货款和税款通过银行存款支付,材料尚未验收入库。

借:在途物资—C 材料 5 000

　　应交税费—应交增值税(进项税额) 850

　　贷:银行存款 5 850

承上例,7 月 12 日材料运达企业并验收入库。

借:原材料—C 材料 5 000

　　贷:在途物资—C 材料 5 000

（三）应付账款

应付账款是负债类账户，用以核算和监督企业因购买材料、商品、接受劳务等经营活动而应支付的款项。其贷方登记企业因购买材料、商品、接受劳务等应付而未付的款项；借方登记已偿还的款项；期末余额在贷方，表示尚未偿还的款项。

该账户可按债权人设置明细分类账户，进行明细核算。

例 4－14 A 企业从南方工厂购入 D 材料 100 公斤，单价为 500 元，货款为 50 000 元，增值税税率为 17%，货物到达企业并已验收入库，款项尚未支付。

借：原材料—D 材料　　50 000
　　应交税费—应交增值税(进项税额)　　8 500
　　贷：应付账款—南方工厂　　58 500

企业对于确实无法偿还的应付账款（如因债权人破产等原因而无法支付），应按其账面余额转入“营业外收入”。

例 4－15 某企业与 2010 年 12 月 31 日核实了一笔应付天科公司的账款 60 000 元由于其宣告破产而无法支付，决定予以转销。

借：应付账款—天科公司　　60 000
　　贷：营业外收入　　60 000

（四）预付账款

预付账款是资产类账户，用以核算和监督企业按照合同规定预付的款项。其借方登记企业因购货而预付或补付给供应单位的货款；贷方登记所购货物或接受劳务的金额及退回多付的款项；期末余额在借方，表示企业预付的款项；期末余额在贷方，表示企业尚未补付的款项。

该账户可按供应单位设置明细分类账户，进行明细核算。

预付账款不多的企业，也可不设置“预付账款”账户，而将预付的款项记入“应付账款”的借方，收到货物时，再从“应付账款”账户的贷方转出。但期末编制资产负债表时，应将“预付账款”和“应付账款”分开列示。

例 4－16 2010 年 5 月 3 日，A 企业按购货合同预付给华丰工厂购买乙材料款 20 000 元，款项已通过银行付讫。

借：预付账款—华丰工厂　　20 000
　　贷：银行存款　　20 000

承上例，2010 年 5 月 20 日，收到华丰工厂发来的乙材料，增值税专用发票上的价款为 20 000 元，增值税额为 3 400 元。

借：原材料—乙材料　　20 000

应交税费—应交增值税(进项税额)　　3 400

贷:预付账款—华丰工厂　　23 400

此时,“预付账款—华丰工厂”　的余额为 3 400 元,实质上是企业的负债,性质上相当于应付账款。2010 年 5 月 25 日,开出支票支付购料余款时。

借:预付账款—华丰工厂　　3 400

贷:银行存款　　3 400

预付账款是一个资产类账户,在会计实务中,为了简化核算,可以将它作为双重账户来使用。当它的余额在借方时,表示为企业的债权,属于企业的资产;当它的余额在贷方时,表示企业的债务,属于企业的负债。期末编制报表时,应将债权和债务分开,将预付账款明细账中余额在借方的,汇总到资产负债表左边的“预付账款”项目;将预付账款明细账中余额在贷方的,汇总到资产负债表右边的“应付账款”项目。

例 4-17　A 企业于 2010 年 12 月 15 日以银行存款预付下年度的报刊费12 000 元。

解析:企业预付下年度报刊费用,不属于本期费用,因此,在账务处理上不能直接记入有关费用账户,而应记入有关资产账户反映。待以后分摊时,再转入相关费用账户。摊销期限在一年以内的,记入“预付账款”账户;摊销期限超过一年的,记入“长期待摊费用”账户。

借:预付账款　　12 000

贷:银行存款　　12 000

2011 年度按受益期逐月分摊报刊费用时

借:管理费用　　1 000

贷:预付账款　　1 000

(五) 应付票据

应付票据是负债类账户,用以核算和监督企业因购买材料、商品、接受劳务供应等开出、承兑的商业汇票,包括银行承兑汇票和商业承兑汇票。其贷方登记开出、承兑的商业汇票;借方登记到期付款或转出的商业汇票;期末余额在贷方,表示尚未到期的商业汇票。

该账户可按债权人设置明细分类账户,进行明细核算。此外,企业还应设置“应付票据备查簿”,详细登记每一应付票据的种类、号数、签发日期、票面金额、票面利率、到期日、收款人等资料。票据到期结清时,应在备查簿内逐笔注销。

例 4-18　万象公司从 B 企业购入一批原材料,根据增值税专用发票注明,价款为 100 000 元,增值税税率为 17%,对方代垫运杂费 5 000 元,材料尚未验收入库。公司开出期限为6个月,面值为122 000元的银行承兑汇票抵付账款。

借:在途物资　　105 000

　　应交税费—应交增值税(进项税额)　　17 000

　　贷:应付票据—B企业　　122 000

承上例,6个月后,票据到期,公司以银行存款支付票据款。

借:应付票据—B企业　　122 000

　　贷:银行存款　　122 000

三、材料采购成本的计算

材料采购成本的计算就是将供应过程中所发生的材料买价和有关采购费用,按一定种类的材料进行归类和分配,确定该种材料的实际成本。

(一) 材料采购成本的内容

(1) 买价,即购货发票上所开列的货款金额(一般纳税人企业不包括增值税的进项税额)。

(2) 运杂费,具体包括运输费、装卸费、仓储费和保险费等。

(3) 运输途中的合理损耗。

(4) 入库前的挑选整理费用。

(5) 所购材料应负担的其他费用。

(二) 材料采购成本的计算方法

企业在采购材料时,有时只购买一种材料,为此所发生的采购费用受益对象只有这一种材料,则采购费用与买价合并,直接确认为该种材料的采购成本。

但企业在采购材料时,往往同时购买两种或两种以上的材料,为此所发生的采购费用,受益对象是同时购买的这几种材料,则需要将采购费用选择合理的分配标准(如材料的重量、买价等)进行分配确认。首先计算采购费用分配率,然后根据分配率计算各种材料物资应承担的采购费用。明确了每种材料的采购费用后,与其买价合并即为该种材料物资的采购成本。

$$\text{采购费用分配率}=\frac{\text{采购费用总额}}{\text{各种材料的分配标准之和}}$$

某种材料应分摊的采购费用=采购费用分配率×该种材料的分配标准

例4-19　万象公司从天合公司购入一批材料,其中甲材料3吨,每吨9 000元;乙材料1.2吨,每吨1 000元;增值税进项税额4 794元;甲、乙共同发生的运杂费为2 100元(暂不考虑税款)。款项尚未支付;运杂费已用银行存款支付(运杂费按材料的重量比例进行分配)。材料尚未运达企业。

(1) 企业从天合公司购入的甲、乙两种材料的买价可以直接计入甲、乙的采购成本。

借:在途物资—甲材料 27 000

—乙材料 1 200

应交税费—应交增值税(进项税额) 4 794

贷:应付账款—天合公司 32 994

(2) 购买甲、乙材料共同发生的运杂费按甲、乙材料的重量比例分配如下:

$$费用分配率=\frac{2\ 100}{3+1.2}=500\ (元/吨)$$

甲材料应分摊的运杂费=3×500=1 500 (元)

乙材料应分摊的运杂费=2 100−1 500=600 (元)

支付的运杂费应计入甲、乙材料的采购成本,因此

借:在途物资—甲材料 1 500

—乙材料 600

贷:银行存款 2 100

(3) 10 天后,购买的甲、乙材料到达企业,并验收入库。甲、乙两种材料的采购成本计算如表 4-1 所示。

表 4-1 材料采购成本计算表 单位:元

材料名称	单位	数量	单价	买价	运杂费	总成本	单位成本
甲材料	吨	3	9 000	27 000	1 500	28 500	9 500
乙材料	吨	1.2	1 000	1 200	600	1 800	1 500
合计	—	4.2	—	28 200	2 100	30 300	—

借:原材料—甲材料 28 500

—乙材料 1 800

贷:在途物资—甲材料 28 500

—乙材料 1 800

第四节 生产过程业务的核算

生产过程是工业生产中企业资金循环的中心环节。它既是产品的制造过程,也是劳动力、劳动对象和劳动资料的消耗过程。在生产过程中所发生的各种耗费,

称为生产费用，主要包括耗用各种材料的费用、所使用各种固定资产的折旧费用、支付的工资及其他费用等。这些费用应由生产出来的产品承担，一定种类、一定数量的产品所支出的各种生产费用的总和称为产品成本。企业发生的与当期经营管理活动有关的各种费用如管理费用、财务费用和销售费用，属期间费用，不宜计入产品成本，而应计入当期损益。因此，生产过程的主要核算业务就是核算各项生产费用的耗费和分配，并进行产品成本的计算。

一、生产过程主要经济业务的核算

（一）材料耗费的核算

工业企业不论是自制材料还是外购材料，验收入库后，形成储备物资以备生产领用。材料被领用时，应填制领料单，向仓库办理领料手续，为了更好的控制材料的领用，节约材料费用，应该尽量采用限额领料单。仓库作了必要的登记后，将领料凭证递交给会计部门。会计部门对领料凭证进行计价，并编制发料凭证汇总表，进行材料发出的总分类核算，成本核算人员可根据发料凭证汇总表编制材料费用分配表据以进行成本、费用的明细核算。

发出材料的价值可按领料部门和领料用途分别记入有关账户，凡为生产产品直接领用的材料应记入"生产成本"账户，车间的一般耗用记入"制造费用"账户，管理部门领料应记入"管理费用"账户，等等。材料耗费的核算主要设置以下账户：

1. 生产成本

生产成本是成本类账户，用以核算和监督产品生产过程中所发生的各项生产成本。其借方登记应记入产品生产成本的各项费用，包括直接计入产品生产成本的直接材料费和直接人工费，以及分配记入产品生产成本的制造费用；贷方登记完工入库产品的生产成本；期末余额在借方，表示尚未完工的各种在产产品的实际成本。

该账户可按"基本生产成本"和"辅助生产成本"设置明细分类账户，并按成本核算对象归集费用，进行明细核算。

2. 制造费用

制造费用是成本类账户，用以核算和监督企业生产车间（部门）为生产产品和提供劳务而发生的各项间接费用。其借方登记企业为生产产品和提供劳务而发生的各项间接费用，包括生产车间管理人员的工资等职工薪酬、生产车间计提的固定资产折旧、季节性停工损失、生产车间支付的办公费、水电费和物料消耗等；贷方登记期末应转入"生产成本"账户的、由各种产品负担的制造费用；该账户月末一般没有余额。

该账户可按不同生产车间、部门和费用项目进行明细核算。

3. 管理费用

管理费用是损益类账户，用以核算和监督企业为组织和管理生产经营所发生的各项费用，如行政管理部门职工工资和福利、物料消耗、用于管理的固定资产的折旧费和修理费、办公费、水电费、差旅费和业务招待费等。其借方登记当月发生的各项管理费用；贷方登记期末转入“本年利润”账户的管理费用，结转后该账户一般无余额。该账户可按费用项目进行明细核算。

例 4-20 光明工厂生产车间为生产甲产品从仓库领用 A 材料 9 000 千克，单价为 10 元，价值 90 000 元，为生产乙产品领用 B 材料 300 千克，单价为 100 元，价值 30 000 元，车间一般耗用 C 材料 800 千克，单价为 10 元，价值 8 000 元，厂部管理部门领用 C 材料 60 千克，价值为 600 元。

借：生产成本—甲产品　　90 000
　　　　　　—乙产品　　30 000
　　制造费用　　8 000
　　管理费用　　600
　　贷：原材料—A 材料　　90 000
　　　　　　　—B 材料　　30 000
　　　　　　　—C 材料　　8 600

例 4-21 6 月 3 日，光明工厂经理王刚出差预借差旅费 2 000 元，以现金支付。

解析：企业员工出差通常要预借差旅费，企业一般以库存现金支付，等员工出差回来凭有效单据再报销差旅费，届时多退少补。员工预借差旅费时，由于差旅费用并未实际发生，所以费用并没有增加，不能记入当期损益，而是其他应收款增加。

借：其他应收款—王刚　　2 000
　　贷：库存现金　　2 000

承上例，6 月 10 日，王刚出差回来报销差旅费 1 800 元，余款退回企业。

借：管理费用　　1 800
　　库存现金　　200
　　贷：其他应收款—王刚　　2 000

（二）固定资产消耗的核算

企业固定资产消耗的核算应设置累计折旧账户。

累计折旧是资产类账户，是固定资产的减项账户，用以核算和监督企业固定资产的损耗情况。其贷方登记按月计提的固定资产折旧数额，即折旧的增加；借方登记因出售、报废和毁损的固定资产而相应减少的折旧数额；期末余额在贷方，表示现有固定资产已提取的折旧累计数额。

例 4－22 6月末，光明工厂计提当月固定资产折旧费为5 200元，其中，生产车间使用固定资产应提折旧费为3 000元，企业管理部门使用固定资产应提折旧费为2 200元。做会计分录如下。

借：制造费用　　3 000
　　管理费用　　2 200
　　贷：累计折旧　　5 200

（三）人工耗费的核算

设置"应付职工薪酬"账户核算人工耗费。应付职工薪酬是负债类账户，用以核算和监督企业根据有关规定应付给职工的各种薪酬。其贷方登记已分配计入有关成本费用项目的职工薪酬数额；借方登记实际发放的职工薪酬数额，月末按照一定的分配标准计入有关成本费用账户的应付工资；该账户期末为贷方余额，表示企业应付而未付的职工薪酬。

该账户可按"工资"、"职工福利"、"社会保险费"、"住房公积金"、"工会经费"和"职工教育经费"等设置明细分类账户，进行明细核算。

生产部门工人的各种薪酬是一项生产费用，应当计入产品的"生产成本"；车间技术、管理人员的各种薪酬作为间接费用计入"制造费用"账户，月末分配计入产品成本；厂部行政管理人员的各种薪酬计入"管理费用"账户。

例 4－23 6月末，分配结算本月职工工资为178 000元，其中，生产甲产品的工人工资为100 000元，生产乙产品的工人工资为60 000元，车间管理人员工资为10 000元，企业管理人员工资为8 000元。

借：生产成本—甲产品　　100 000
　　　　　　—乙产品　　60 000
　　制造费用　　10 000
　　管理费用　　8 000
　　贷：应付职工薪酬—工资　　178 000

例 4－24 工厂以银行存款178 000元支付本月份职工工资，并将工资款分别打入职工工资卡。

借：应付职工薪酬—工资　　178 000
　　贷：银行存款　　178 000

例 4－25 月末，按工资总额的14%计提职工福利。其中生产甲产品工人应提福利费为14 000元，生产乙产品的工人应提福利费为8 400元，生产车间管理人员应提福利费为 1 400 元，企业管理人员应提福利费为 1 120 元。

借：生产成本—甲产品　14 000
　　　　　—乙产品　8 400
　　制造费用　1 400
　　管理费用　1 120
　　贷：应付职工薪酬—职工福利　24 920

例 4－26 工厂下设一个职工食堂，企业每月按照每人每月 100 元的标准计算补贴食堂的金额。6 月份企业在岗人数为 102 人，其中：甲产品生产工人有 50 人，乙产品生产工人有 32 人，车间管理人员有 8 人，企业管理人员有 12 人。作会计分录如下：

借：生产成本—甲产品　5 000
　　　　　—乙产品　3 200
　　制造费用　800
　　管理费用　1 200
贷：应付职工薪酬—职工福利　10 200

（四）其他耗费的核算

在生产过程中，除材料、人工、固定资产损耗外，还会发生一些其他耗费，如大额修理费、保险费、租赁费等。这些费用，有的是先支付后发生（如预付全年报刊费），有些则是先发生后支付（如预提大额修理费用），企业应按权责发生制的原则，正确划分各个期间的费用，对于企业应计费用，通常在“其他应付款”账户核算。

其他应付款是负债类账户，用以核算和监督企业除应付票据、应付账款、预收账款、应付职工薪酬、应付利息、应付股利、应交税费、长期应付款等以外的其他各项应付暂收款项。其贷方登记发生的其他各种应付暂收账款项；借方登记支付的其他各种应付暂收款项；期末贷方余额反映企业应付而未付的其他应付款项。

该账户可按其他应付款的项目和对方单位（个人）进行明细核算。

例 4－27 光明工厂设备大修理期限一般为 3 年，预提 6 月份车间固定资产的大修理费为 600 元。

借：制造费用　600
　　贷：其他应付款　600

待实际发生大修理费用时，借记“其他应付款”账户，贷记“银行存款”账户。

例 4－28 6 月份，工厂为生产车间租入厂房一间，租期为 5 个月，以银行存款预付 5 个月的租金共 20 000 元，从本月开始摊销。

借：预付账款　　20 000
　　贷：银行存款　　20 000
借：制造费用　　4 000
　　贷：预付账款　　4 000

例 4-29　开出转账支票一张，支付 6 月份生产车间水电费 5 000 元。管理部门水电费 1 000 元，共计 6 000 元。作会计分录如下：

借：制造费用　　5 000
　　管理费用　　1 000
　　贷：银行存款　　6 000

二、制造费用的结转分配

企业的生产车间，根据生产计划只生产一种产品，为此车间所发生的各项制造费用(以后简称为单耗制造费用)，受益对象只有这一种产品。所以，各项制造费用与该产品所消费的材料、人工等直接费用合并为该种产品的生产成本。

企业生产车间，根据生产计划生产两种或两种以上的产品，为此所发生的各项制造费用(以后简称为共耗制造费用)，受益对象是同时生产的多种产品，制造费用就要选择合理的分配标准(如按生产工人的工资比例、产品生产工时和机械工时等)在受益产品间进行分摊。凡是涉及多种产品共耗的制造费用，首先应当计算制造费用的分配率，然后根据分配率计算出每种产品应承担的制造费用再与其材料费、人工费合并为该产品的生产成本。公式如下：

$$制造费用分配率=\frac{制造费用总额}{各种产品生产工时(或工资等)分配标准之和}$$

某种产品应分摊的制造费用＝该种产品的生产工时(或工资等)分配标准×分配率

例 4-30　6 月末，归集和分配本月发生的制造费用为 32 800 元，以甲、乙产品生产工人的工资作为分配标准分配转入甲、乙产品的生产成本。

制造费用分配率＝32 800÷(100 000＋60 000)＝0.205

甲产品应分配的制造费用＝100 000×0.205＝20 500(元)

乙产品应分配的制造费用＝32 800－20 500＝12 300(元)

借：生产成本—甲产品　　20 500
　　　　　　—乙产品　　12 300
　　贷：制造费用　　32 800

具体制造费用的归集与分配见图 4-2。

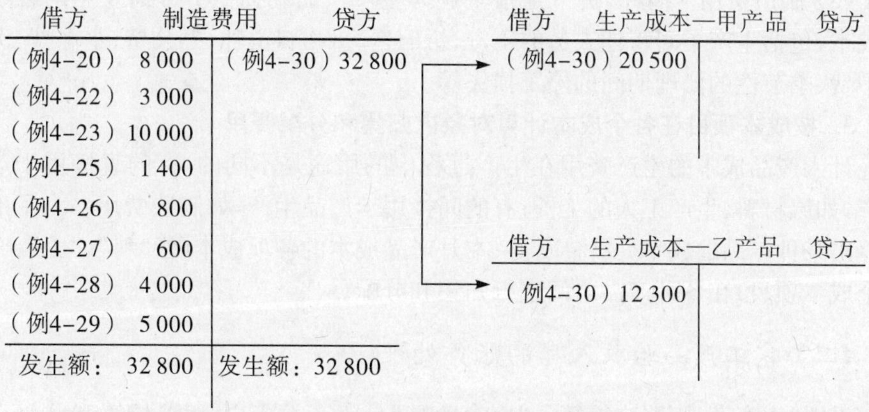

图 4 - 2　制造费用归集与分配

三、完工产品成本的结转

产品生产成本计算，就是将企业生产过程中为制造产品所发生的各种费用，按照所生产产品的品种（即成本计算对象）进行分配和归集，计算各种产品的总成本和单位成本。成本计算是会计核算的主要内容之一。通过成本核算，可以取得产品实际成本资料，分析成本升降原因，寻求节约支出、降低产品成本和提高经济效益的途径。

（一）产品生产成本计算的一般程序

1. 确定成本计算对象

进行成本计算，首先要确定成本计算对象。所谓成本计算对象，就是指生产费用归属的对象。不同类型的企业由于生产和管理要求不同，成本计算对象也不一样，而不同的成本计算对象又决定了不同成本计算的方法。但是，不论采用哪种方法，最终都要按照产品品种算出产品成本。因此，按照产品计算成本，是产品成本计算的最基本方法。

2. 工业企业一般设立的成本项目

会计必须将生产过程中发生的所有生产费用，归集、分配到各种产品上去。按一定对象归集的生产费用就是该对象的生产成本。根据生产特点和管理要求，企业一般可以设立以下几个成本项目：

(1) 直接材料。简称“料”，是指直接用于产品生产并构成产品的实体的原料、外购半成品以及有助于产品形成的辅助材料等。

(2) 直接人工。简称“工”，是指企业在生产产品和提供劳务过程中，直接参加产品生产的工人工资以及其他各种形式的职工薪酬。

(3) 制造费用。简称“费”，是指企业为生产产品和提供劳务而发生的各项间接成本，包括生产车间管理人员的工资、折旧费、机物料消耗、办公费、水电费、劳动保护费、季节性的修理期间的停工损失等。

3. 按成本项目在各个成本计算对象内归集和分配费用

计入产品成本的生产费用在生产过程中的用途是不同的，有的直接用于产品生产，如原材料、生产工人的工资；有的间接用于产品生产，如制造费用。为了准确计算出某种产品的成本，要将应计入本月产品成本的各项成本(指“料”、“工”、“费”三个成本项目)在各种产品之间进行归集和分配。

(二) 完工产品验收入库的账务处理

设置“库存商品”账户核算。“库存商品”是资产类账户，用以核算和监督企业各种产成品的生产成本以及产成品增减变动和结存情况。其借方登记验收入库产成品的生产成本；贷方登记发出产成品的生产成本；期末借方余额表示尚未销售的库存产成品的生产成本。

该账户可按库存商品的种类、品种和规格等进行明细核算。

例 4-31 月末，甲产品 1 000 件、乙产品 500 件全部完工。结转本月完工入库产品的生产成本。假定甲产品、乙产品期初都没有在产品。

(1) 分别按甲产品和乙产品归集本月所发生的成本费用，如图 4-3 所示。

借	生产成本—甲产品	贷
(例4-20)	90 000	(例4-31) 229 500
(例4-23)	100 000	
(例4-25)	14 000	
(例4-26)	5 000	
(例4-30)	20 500	
发生额：	229 500	发生额：229 500

⟺

借方	库存商品—甲产品	贷方
(例4-31) 229 500		
发生额：229 500		

借方	生产成本—乙产品	贷方
(例4-20)	30 000	(例4-31) 113 900
(例4-23)	60 000	
(例4-25)	8 400	
(例4-26)	3 200	
(例4-30)	12 300	
发生额：	113 900	发生额：113 900

⟺

借方	库存商品—乙产品	贷方
(例4-31) 113 900		
发生额：113 900		

图 4-3 生产成本的归集

(2) 根据归集的数据进行账务处理如下：

借：库存商品—甲产品　　229 500

　　　　　—乙产品　　113 900

贷：生产成本—甲产品　　229 500

　　　　　—乙产品　　113 900

实际工作中，通过编制完工产品成本计算表，计算完工产品成本，如表 4-2 所示。

表 4-2　完工产品成本计算表　　单位：元

成本项目	甲产品(1 000 件)		乙产品(500 件)	
	总成本	单位成本	总成本	单位成本
直接材料	90 000	90	30 000	60
直接人工	119 000	119	71 600	143.2
制造费用	20 500	20.5	12 300	24.6
合　计	229 500	229.5	113 900	227.8

审核：赵宝　　会计：李进　　制单：张招

第五节　销售过程业务的核算

销售过程是企业生产经营活动的最后阶段。在销售过程中，企业一方面销售产品，取得收入，办理货款结算，使企业的生产耗费得到补偿；另一方面支付各项销售费用(包装费、广告费、运输费等)，结转产品的销售成本，计算缴纳企业销售活动应负担的税金及附加(增值税、消费税、教育费附加等)。除此以外，企业还会发生一些其他销售业务，如材料销售、无形资产转让等，取得其他业务收入和发生其他业务成本。这时，企业的生产经营资金就从成品资金形态转化为货币资金形态，完成了资金的一次循环。

因此，销售过程核算的主要内容是：准确核算商品销售收入，办理结款项目，按照配比确认主营业务成本、营业税金及附加，以及确认销售费用。

一、主营业务的核算

1. 主营业务收入

主营业务收入是损益类账户，用以核算和监督企业在销售商品、提供劳务等日常活动中所取得的收入。其贷方登记企业销售商品(包括产成品、自制半成品等)

或提供劳务所实现的收入；借方登记发生的销售退回以及期末转入"本年利润"账户的数额；期末本账户结转后无余额。

该账户可按销售商品类别或主营业务种类设置明细分类账户，进行明细核算。

例 4－32 12 月 1 日公司向 A 企业销售甲产品 1 000 件、价款为 200 000 元，销售乙产品 2 000 件，价款为 480 000 元，增值税销项税额共计 115 600 元。收到 A 公司签发的转账支票一张，银行已收存。

借：银行存款　　795 600
　贷：主营业务收入—甲产品　　200 000
　　　　　　　　—乙产品　　480 000
　　应交税费—应交增值税（销项税额）　　115 600

2. 应收账款

应收账款是资产类账户，用以核算和监督企业因销售商品、提供劳务等日常活动应收取的款项。其借方登记应向购货单位或劳务接受方收取的账款；贷方登记收回的应收款；期末借方余额表示企业尚未收回的应收账款。

该账户可按债务人设置明细分类账户，进行明细核算。

例 4－33 12 月 3 日，公司向大江企业出售丙产品 4 台，销售额为 50 000 元，应收增值税销项税额为 8 500 元。另外，公司以银行存款垫付运杂费 1 500 元。大江企业尚未付款。

借：应收账款—大江企业　　60 000
　贷：主营业务收入—丙产品　　50 000
　　应交税费—应交增值税（销项税额）　　8 500
　　银行存款　　1 500

3. 预收账款

预收账款是负债类账户，用以核算和监督企业按照合同规定预收的款项。其贷方登记企业向购货单位预收的账款；借方登记实现销售收入；期末贷方余额表示企业预收的款项。

该账户可按购货单位设置明细分类账户，进行明细核算。

预收账款不多的企业，也可不设置"预收账款"账户，而将预收的款项记入"应收账款"的贷方，发出货物时，再从"应收账款"账户的借方转出。但期末编制资产负债表时，应将"预收账款"和"应收账款"分开列示。

例 4－34 12 月 5 日，公司收到丙工厂预付购买甲产品的货款 80 000 元，已存入银行。8 日，公司向丙工厂销售甲产品 200 000 元，应收增值税销项税额为 34 000元，收到丙工厂签发的面额为 154 000 元、期限为 3 个月的商业承兑汇票一张，以补付余款。

(1) 12 月 5 日,收到预付货款时

借:银行存款 80 000

　贷:预收账款—丙工厂 80 000

(2) 8 日,销售甲产品时

借:预收账款—丙工厂 234 000

　贷:主营业务收入—甲产品 200 000

　　应交税费—应交增值税(销项税额) 34 000

(3) 收到以商业承兑汇票方式补付的余款时

借:应收票据 154 000

　贷:预收账款—丙工厂 154 000

预收账款是一个负债类账户,在会计实务中,为了简化核算,可以将它作为双重账户来使用。当它的余额在贷方时,表示为企业的债务,属于企业的负债;当它的余额在借方时,表示企业的债权,属于企业的资产。期末编制报表时,应将债权和债务分开,将预收账款明细账中余额在贷方的,汇总到资产负债表右边的"预收账款"项目;将预收账款明细账中余额在借方的,汇总到资产负债表左边的"应收账款"项目。

4. 主营业务成本

主营业务成本是损益类账户,用以核算和监督企业因销售商品、提供劳务等日常活动而发生的实际成本。其借方登记从"库存商品"等账户结转已售商品、提供各种劳务的实际成本;贷方登记当月发生销售退回的商品成本和期末转入"本年利润"账户的当期销售产品成本;期末结转后该账户无余额。

该账户应按照商品类别设置明细分类账户。

例 4-35 12 月 31 日,结转本月已售产品成本,甲产品成本为 140 000 元,乙产品成本为 400 000 元,销售丙产品 4 台,生产成本为 7 000 元。

借:主营业务成本—甲产品 140 000

　　　　　　　—乙产品 400 000

　　　　　　　—丙产品 7 000

　贷:库存商品—甲产品 140 000

　　　　　　—乙产品 400 000

　　　　　　—丙产品 7 000

5. 营业税金及附加

营业税金及附加是损益类账户,用以核算和监督企业日常活动应负担的税金及附加。它包括除增值税以外的营业税、消费税、城市维护建设税、资源税和教育费附加等。其借方登记按照规定税率计算出的应由经营业务负担的税金及附加;

贷方登记期末转入"本年利润"账户的数额;期末结转后本账户无余额。增值税直接记入"应交税费"账户,不通过本账户核算。

例 4-36 12 月 31 日,计算应交城市维护建设税 7 000 元、教育费附加为3 000 元。

借:营业税金及附加　　10 000
　　贷:应交税费—应交城市维护建设税　　7 000
　　　　　　　　—应交教育费附加　　3 000

6. 销售费用

销售费用是损益类账户,用以核算和监督企业在销售商品和材料、提供劳务的过程中发生的费用,包括运输费、装卸费、包装费、保险费、展览费和广告费,以及为销售本企业商品而专设的销售机构(含销售网点、售后服务网点等)的职工工资及福利费、业务费等经营费用。其借方登记发生的各种销售费用;贷方登记转入"本年利润"账户的数额;期末结转后该账户无余额。

该账户可按照费用项目进行明细核算。

例 4-37 企业开出转账支票支付销售产品的广告费 900 元,包装费 850 元。

借:销售费用　　1 750
　　贷:银行存款　　1 750

二、其他业务的核算

1. 其他业务收入

其他业务收入是损益类账户,用以核算和监督企业其他业务所取得的收入。其贷方登记企业获得的其他业务收入;借方登记期末结转到"本年利润"账户的已实现的其他业务收入;期末结转以后,该账户应无余额。

该账户应按其他业务的种类设置明细分类账户,进行明细核算。

2. 其他业务成本

其他业务成本是损益类账户,用以核算和监督企业其他业务所发生的各项支出,包括为获得其他业务收入而发生的相关成本、费用以及税金等。该账户借方登记其他业务所发生的各项支出;贷方登记期末结转到"本年利润"账户的其他业务支出数额;期末结转以后,该账户应无余额。

该账户应按其他业务的种类设置明细分类账户,进行明细核算。

例 4-38 12 月 14 日企业对外出售多余的 A 材料 100 斤,售价为 100 000 元,增值税为 17 000 元,款项已存入银行,A 材料的成本为 90 000 元。

借:银行存款　　117 000
　　贷:其他业务收入　　100 000

应交税费—应交增值税(销项税额)　　17 000

借:其他业务成本　　90 000

　贷:原材料—A 材料　　90 000

第六节　财务成果业务的核算

财务成果是指企业在一定会计期间经营活动的成果,即盈利或亏损,也就是企业所实现的利润总额。

一、利润的形成

利润是企业在一定期间所获得的经营成果,即一定时期内企业的全部收入和利得超过全部费用和损失的余额。这个余额若为正数,则为盈利;若为负数,则为亏损。

1. 营业利润

营业利润是企业利润的主要组成部分,其计算公式如下:

营业利润=营业收入-营业成本-销售费用-管理费用-财务费用

-营业税金及附加+公允价值变动收益+投资收益(减投资损失)

公式中,营业收入包括主营业务收入和其他业务收入,营业成本包括主营业务成本和其他业务成本,投资收益(或损失)是指企业以各种方式对外投资所取得的收益或发生的投资损失。

2. 利润总额

企业利润总额由营业利润和营业外收支等组成。

利润总额=营业利润+营业外收入-营业外支出

企业实现的利润,应按规定向国家缴纳所得税,剩余部分为税后净利润。

净利润=利润总额-所得税费用

二、利润的核算

(一) 利润形成的核算

1. 营业外收入

营业外收入是损益类账户,用以核算和监督企业发生的与企业生产经营无直接关系的各项收入。它主要包括非流动资产处置利得、非货币性资产交换利得、债务重组利得、政府补助、盘盈利得、捐赠利得等。其贷方登记企业发生的各项营业外收入，如处罚金收入等；借方登记期末转入“本年利润”账户的数额；期末结转后该账户无余额。

该账户可按照收入项目设置明细分类账户，进行明细核算。

例 4-39 12月26日，收取职工交来的现金1 000元，系职工违反操作规程的罚款。

借：库存现金　　　　1 000

　　贷：营业外收入　　　　1 000

2. 营业外支出

营业外支出是损益类账户，用以核算和监督企业发生的与企业生产经营无直接关系的各项支出。它包括非流动资产处置损失、非货币性资产交换损失、债务重组损失、公益性捐赠支出、非常损失、固定资产盘亏等；贷方登记期末转入“本年利润”账户的数额；期末结转后该账户无余额。

该账户可按支出项目设置明细分类账户，进行明细核算。

例 4-40 12月27日，开出转账支票一张，支付工商行政管理部门罚款50 000元。

借：营业外支出　　　　50 000

　　贷：银行存款　　　　50 000

3. 投资收益

投资收益是损益类账户，用以核算和监督企业对外投资取得的收益或发生的损失。其贷方登记被投资单位宣告发放的现金股利或利润中属于本企业的部分；借方登记被投资单位亏损中属于本企业的部分；期末余额转入“本年利润”账户后应无余额。

该账户应按照投资收益的种类设置明细分类账户，进行明细核算。

4. 本年利润

本年利润是所有者权益类账户，用以核算和监督企业实现的净利润（或发生的净亏损）。其贷方登记期末从“主营业务收入”、“其他业务收入”、“营业外收入”以及“投资收益”（投资净收益）等账户转入的数额；借方登记期末从“主营业务成本”、“营业税金及附加”、“其他业务成本”、“销售费用”、“管理费用”、“财务费用”、“营业外支出”、“所得税费用”以及“投资收益”（投资净损失）等账户转入的数额。期末，企业应将本期的收入和支出相抵后结算出累计余额，贷方余额表示当期的净利润，借方余额表示当期的净亏损。年终终了，应将本年实现的“净利润”全部转入“利润分配”账户的贷方（如为净亏损，作相反的会计分录）。结转后本账户无余额。

例 4-41 12 月 31 日,将本月实现的主营业务收入、其他业务收入和营业外收入转入"本年利润"账户。

借:主营业务收入 930 000
　其他业务收入 100 000
　营业外收入 1 000
　贷:本年利润 1 030 000

例 4-42 12 月 31 日,将本月实现的主营业务成本、营业税金及附加、其他业务成本和营业外支出、管理费用、财务费用、销售费用转入"本年利润"账户。

借:本年利润 698 750
　贷:主营业务成本 547 000
　　营业税金及附加 10 000
　　其他业务成本 90 000
　　营业外支出 50 000
　　销售费用 1 750

5. 所得税费用

所得税费用是损益类账户,用以核算和监督企业确认的应从本期利润中扣除的所得税费用。其借方登记企业按税法规定的应纳所得税额计算确定的当期应缴所得税;贷方登记期末转入"本年利润"账户的所得税;结转后该账户无余额。

例 4-43 12 月 31 日,按本月实现利润总额(假设无纳税调整事项)的 25%计算和结转应交所得税。

(1) 计算应交企业所得税时

本月实现利润总额即"本年利润"账户余额=1030 000-698 750=331 250 (元)

应交企业所得税=331 250×25%=82 812.5 (元)

借:所得税费用 82 812.5
　贷:应交税费—应交所得税 82 812.5

(2) 结转所得税费用时

借:本年利润 82 812.5
　贷:所得税费用 82 812.5

(二) 利润分配的核算

企业的税后净利润,按国家有关规定,应按照下列顺序进行分配。

首先,弥补以前年度尚未弥补的亏损。其次,提取法定盈余公积。按《公司法》规定,公司制企业应按净利润的 10%提取法定盈余公积,作为企业的发展和后备基金。法定盈余公积累积额已达注册资本的 50%,可以不再提取。公司制企业还可以根据股东大会的决议提取任意盈余公积。

最后，向投资者分配利润(或股利)。企业本年实现的净利润在扣除上述项目后，再加上年初未分配利润，形成可供投资者分配的利润。向投资者分配后剩余的部分，为未分配利润。未分配利润可留待以后年度进行分配。

1. 利润分配

利润分配是所有者权益类账户，用以核算和监督企业利润的分配(或亏损的弥补)和历年分配(或弥补)后的积存余额。其借方登记按规定提取的盈余公积、应付现金股利和利润，以及从“本年利润”账户贷方转入的全年累计亏损数额；贷方登记年终从“本年利润”账户借方转入的全年实现的净利润数额，以及以盈余公积金弥补亏损的数额；年终贷方余额表示历年积存的未分配利润，如借方余额，则表示历年积存的未弥补亏损。

该账户应按利润分配的具体项目(提取法定盈余公积、提取任意盈余公积、应付股利、盈余公积补亏、转作股本的股利、未分配利润等)设置明细分类账户，进行明细核算。

企业未分配利润通过“利润分配—未分配利润”明细账户进行核算，年度终了，企业应将全年实现的净利润或发生的净亏损，自“本年利润”账户转入“利润分配—未分配利润”账户，并将“利润分配”账户所属其他明细账户的余额转入“未分配利润”明细账户。结转后，“利润分配—未分配利润”账户如为贷方余额，表示累积未分配的利润数额；如为借方余额，则表示累积未弥补的亏损数额。

例 4－44　12 月 31 日，将税后净利润 248 437.5 元转入利润分配账户。

本月税后净利润，即“本年利润”账户的余额为 248 437.5 元。

借：本年利润　　　　248 437.5

　贷：利润分配—未分配利润　　　　248 437.5

2. 盈余公积

盈余公积是所有者权益类账户，用以核算和监督企业从净利润中提取的盈余公积增减变动和结余情况。其贷方登记从净利润中提取的盈余公积数额；借方登记盈余公积金的使用数额，如转增资本、弥补亏损等；期末贷方余额表示盈余公积结余数额。

该账户可按提取的盈余公积的不同用途设置明细分类账户，如法定盈余公积、任意盈余公积等，进行明细核算。

例 4－45　12 月 31 日，按全年净利润的 10%提取法定盈余公积金。该企业 1～11月实现净利润为 75 493.26 元。

本年累计净利润＝75 493.26＋248 437.5＝323 930.76 (元)

本年应提取法定盈余公积＝323 930.76×10%＝32 393.076 (元)

借:利润分配—提取法定盈余公积　　32 393.076

　贷:盈余公积—法定盈余公积　　32 393.076

3. 应付股利

应付股利是负债类账户,用以核算和监督企业经董事会或股东大会或类似机构决议确定分配的现金股利或利润。其贷方登记根据通过的股利或利润分配方案,应支付的现金股利或利润;借方登记实际支付的股利和利润数;期末贷方余额,表示企业尚未支付的现金股利或利润数。

该账户可按股东或投资者设置明细分类账户,进行明细核算。

例 4-46　12 月 31 日,企业决定向投资者分配利润 300 000 元。

借:利润分配—应付投资者利润　　300 000

　贷:应付股利　　300 000

例 4-47　年终,将"利润分配"账户的其他明细账户余额,转入"未分配利润"明细账户。

借:利润分配—未分配利润　　315 830.58

　贷:利润分配—提取法定盈余公积　　15 830.58

　　　　　　—应付投资者利润　　300 000

第七节　工业企业主要经济业务的核算技能训练

一、训练目标

通过技能训练,掌握工业企业主要经济业务的核算方法。

二、训练重点和难点

资金筹集业务、供应过程业务、生产过程业务、销售过程业务以及财务成果业务会计分录的编制方法。

三、训练要求

根据以下业务,编制会计分录。

四、训练资料

天辉企业 2010 年 12 月份发生如下经济业务:

(1) 1 日,企业收到国家投入货币资金 500 000 元,款项已存入银行;新设备一台,价值 200 000 元。

(2) 5 日,企业因生产经营的需要,从银行借入期限为 6 个月的借款 200 000 元,年利率为 7%。

(3) 10 日,企业从佳佳公司购入 A 材料 5 000 千克,20 元每千克,共计 100 000 元,增值税税率 17%,佳佳公司代垫运杂费 4 000 元,款项共计 121 000 元,款项尚未支付。材料已运达企业,并已验收入库。

(4) 12 日,企业当月材料领用情况如下:

甲产品耗用 A 材料 2 000 千克,单价 20.8 元,金额 41 600 元;车间管理部门耗用 A 材料 100 千克,单价 20.8 元,金额 2 080 元;企业行政管理部门耗用 A 材料 200 千克,单价 20.8 元,金额 4 160 元。

(5) 20 日,企业销售给国云公司甲产品 80 件,每件 3 000 元,货款 240 000 元,随同价款一并收取的增值税为 40 800 元,款项共计 280 800 元,款项收到存入银行。

(6) 31 日,企业分配本月职工工资 100 000 元。其中:生产甲产品的工人工资为 70 000 元,车间管理人员的工资为 10 000 元,企业行政管理人员的工资为20 000 元。

(7) 31 日,企业按职工工资总额的 14%计提职工福利费。

(8) 31 日,企业从银行提取现金 100 000 元备发工资。

(9) 31 日,企业以现金支付本月职工工资。

(10) 31 日,企业计提本月固定资产折旧费 30 000 元。其中:生产车间计提的固定资产折旧费为 20 000 元,企业行政管理部门计提的固定资产折旧费为10 000 元。

(11) 31 日,本月该企业只生产一种甲产品,结转发生的制造费用。

(12) 31 日,本月该企业生产的 100 件甲产品全部完工,结转完工甲产品的实际生产成本。

(13) 31 日,结转已销甲产品的实际成本。

(14) 31 日,结转本月损益。

(15) 31 日,计提本月所得税费用,并予以结转。

(16) 31 日,结转本月净利润。

(17) 31 日,提取法定盈余公积。假设 1~11 月份实现的净利润为300 000 元。

本章小结

本章是在第二章、第三章所述内容的基础上，以工业制造业为例，主要介绍了企业生产经营过程中资金筹集业务、供应过程业务、生产过程业务、销售过程业务、财务成果业务的核算方法和核算举例。为了核算和监督这些经济业务，企业必须按照企业会计准则的要求，结合本企业经济活动的实际需要，对发生的各项经济业务进行会计核算和相应的账务处理。

习　题

一、单项选择题

1. 企业收到投资者投资时，应贷记的账户是（　　）。

A. 盈余公积　　B. 实收资本　　C. 资本公积　　D. 投资收益

2. 用来核算企业购入已入库材料的买价和采购费用，据以确定材料采购成本的账户是（　　）。

A. 原材料　　B. 在途物资

C. 制造费用　　D. 主营业务成本

3. "生产成本"账户的期末余额表示（　　）。

A. 期末产成品成本　　B. 期末在产品成本

C. 期末已售产品成本　　D. 期末原材料成本

4. 预付款项不多的企业，也可不设置"预付账款"账户，将预付的款项记入（　　）账户的借方。

A. 应收账款　　B. 应付账款

C. 其他应收款　　D. 其他应付款

5. 企业盈余公积金按规定应从企业的（　　）中提取。

A. 营业利润　　B. 利润总额

C. 净利润　　D. 税前利润

二、多项选择题

1. 下列费用不计入材料采购成本的有（　　）。

A. 采购人员差旅费　　B. 专设采购机构经费

C. 运输途中的保险费　　D. 入库前的挑选整理费用

2. 月末，不应结转到“生产成本”账户的有(　　)。

A. 财务费用　　B. 管理费用

C. 销售费用　　D. 制造费用

3. 下列支出计入“销售费用”账户借方的是(　　)。

A. 应由销售方负担的销售运费　　B. 广告费

C. 销售部门销售人员的工资　　D. 借款利息

4. 下列账户中，在期末结转利润后，无余额的是(　　)。

A. 应交税费　　B. 营业税金及附加

C. 财务费用　　D. 所得税费用

5. 利润分配的内容一般包括(　　)。

A. 弥补亏损　　B. 计提所得税费用

C. 提取盈余公积　　D. 向投资者分配利润

三、判断题

1. 企业接受固定资产投资，应按固定资产的原始价值作为实际投入资本计入“实收资本”账户的贷方。(　　)

2. 材料验收入库时应贷记“在途物资”账户。(　　)

3. 管理费用应作为期间费用直接计入当期损益，而不计入产品生产成本。(　　)

4. 企业为生产产品而购进材料时向供应单位支付的增值税进项税额，应计入所购材料的采购成本。(　　)

5. 企业销售产品的收入属于主营业务收入。(　　)

四、问答题

1. 工业企业主要有哪些经济业务?

2. 企业资金筹集的途径有哪些?

3. 材料的采购成本由哪些部分构成?

4. 企业产品生产过程的核算主要应设置哪些账户？制造费用如何分配?

5. 企业销售过程应设置哪些账户？如何进行账务处理?

6. 企业利润总额由哪些部分构成?

五、实务题

1. 练习资金筹集业务的核算。

资料：大华公司 2010 年 3 月份发生下列经济业务：

(1) 接受外商投入的货币资金 500 000 元，存入银行。

(2) 接受外单位投入的专利权一项，双方协商的价值为 80 000 元。

(3) 从银行借入期限为 2 年的款项 500 000 元，年利率为 9%，存入银行。

(4) 月末，计提短期借款的利息 4 000 元。

(5) 用银行存款偿还到期的短期借款 100 000 元。

(6) 经有关部门批准将资本公积 50 000 元转增资本。

(7) 收到天马公司投入的 6 成新车床一台，原值为 600 000 元，已提折旧240 000 元，双方确认的价值为 380 000 元。

要求：根据上述资料，编制会计分录。

2. 练习生产准备业务的核算。

资料：大华公司 4 月份发生下列经济业务：

(1) 购入一台不需要安装的机器设备，价款 300 000 元，增值税税率为 17%，发生运杂费 5 000 元。全部款项以银行存款支付。

(2) 开出转账支票预付方庆公司甲材料款 10 000 元。

(3) 购入一台需要安装的设备，价款为 200 000 元，增值税税率为 17%，款项签发银行承兑汇票支付。

(4) 向国鑫工厂购入乙材料 5 000 斤，每斤 4 元，计 20 000 元，增值税税额为 3 400 元，运杂费为 600 元，款项未付，材料尚未到达。

(5) 企业对上述设备安装，领用材料 3 000 元，用现金支付安装公司安装费用 2 000 元。设备安装完毕，交付使用。

(6) 向方庆公司购入甲材料 2 000 斤，每斤 5 元，计 10 000 元，增值税税额为 1 700 元。材料已验收入库。

(7) 签发转账支票一张，用以偿还所欠方庆公司剩余款项。

(8) 向明发工厂购入丙材料 9 000 千克，每千克 6 元；丁材料 5 000 千克，每千克 4 元；戊材料 4 000 千克，每千克 2 元，增值税税率为 17%，运费为 5 400 元，款项签发一张期限为 3 个月的商业承兑汇票支付，材料已验收入库(运费按购入材料的重量比例分配)。

上述乙材料到达并已验收入库。

要求：根据上述资料，编制会计分录。

3. 练习产品生产业务的核算。

资料：大华公司 5 月份发生下列经济业务：

(1) 本月份生产 A 产品领用甲材料 50 000 元，生产 B 产品领用乙材料 36 000 元，车间一般耗用丙材料 10 000 元，管理部门领用丙材料 500 元。

(2) 本月应付职工工资 65 000 元，其中生产 A 产品工人工资 30 000 元，生产 B 产品工人工资 20 000 元，车间管理人员工资 8 000 元，企业管理人员工资7 000 元。

(3) 提取现金 65 000 元，以备发放工资。

(4) 以现金发放本月工资。

(5) 开出转账支票 750 元，购买车间办公用品。

(6) 用银行存款支付 5、6、7 三个月的车间房租 9 000 元，并相应摊销应由本月负担的部分。

(7) 预提应由本月负担的车间固定资产大修理费用 600 元。

(8) 计提本月固定资产折旧费 3 800 元，其中车间固定资产折旧费 2 700 元，企业管理部门固定资产折旧费 1 100 元。

(9) 业务员张强出差预借差旅费 2 000 元，以现金支付。

(10) 月末，按各自工资额的 14%提取福利费。

(11) 根据“制造费用”账户的发生额，按 A、B 两种产品生产工人的工资进行分配，结转制造费用。

(12) 本月 A 产品(1 800 件)、B 产品(1 000 件)全部完工，计算并结转本月完工入库的产品成本。

要求：根据上述资料，编制会计分录。

4. 练习产品销售业务的核算。

资料：祥源工厂 6 月份发生下列经济业务：

(1) 销售给胜利工厂甲产品 500 箱，每箱 100 元，计 50 000 元，增值税税率为 17%，货款尚未收到。

(2) 销售给新华工厂甲产品 50 箱，每箱 100 元，计 5 000 元，增值税税率为 17%，收到对方开来的期限为 6 个月，面额为 5 850 元的银行承兑汇票一张。

(3) 预收天庆公司乙产品货款 40 000 元，存入银行。

(4) 向天庆公司发出 100 件乙产品，单价为 400 元，计 40 000 元，增值税税额为 6 800 元，余款尚未收到。

(5) 结转本月已售甲、乙产品的成本。其中甲产品单位成本为每箱 60 元，乙产品的单位成本为每件 200 元。

(6) 销售给前进工厂不需用 C 材料 200 千克，每千克 100 元，计 20 000 元，增值税销项税额 3 400 元，收到对方签发的转账支票一张，已存入银行。

(7) 结转本月已售 C 材料的成本，单位成本为 80 元。

(8) 用银行存款支付广告费 2 000 元。

(9) 以现金购买管理部门的办公用品 500 元。

(10) 收到天庆公司补付的货款，收存银行。

(11) 用银行存款支付 3 000 元支付违反环保罚款支出。

(12) 计提本月短期借款利息 4 000 元。

(13) 将无法支付的一笔应付账款 8 000 元予以注销。

(14) 计算当月应交城市维护建设税为 1 400 元，教育费附加为 600 元。

要求：根据上述资料，编制会计分录。

5. 练习利润的核算。

资料：根据本章题习题第 4 题，计算该企业的利润总额，并编制结转损益的会计分录。

6. 练习财务成果的核算。

资料：东平公司 12 月份发生下列经济业务：

(1) 以库存现金支付管理部门复印机维修费 100 元。

(2) 销售甲产品 1 000 件，单价为 200 元，计 200 000 元，增值税额为 34 000 元，款项尚未收到。

(3) 取得违约方的罚款收入 7 000 元，存入银行。

(4) 以银行存款 10 000 元对外捐赠。

(5) 被投资单位宣告发放现金股利 12 000 元。

(6) 出售剩余 A 材料 100 件，单价为 80 元，计 8 000 元，增值税税额为 1 360 元，款项收到存入银行。

(7) 采购员李丁出差预借差旅费3 000元,以现金支付。

(8) 以现金支付销售产品运费1 000元。

(9) 以银行存款支付车间电费2 000元,水费300元。

(10) 李丁出差回来,报销差旅费2 800元,余款退回。

(11) 结转本月已售甲产品的成本90 000元。

(12) 结转本月已售A材料的成本5 000元。

(13) 结转本月损益类账户。

(14) 按利润总额的25%计提所得税并予以结转。

(15) 结转本年利润账户余额。

(16) 全年累计实现的净利润为600 000元,按净利润的10%计提法定盈余公积,按净利润的30%计提向投资者分配的利润。

(17) 结转利润分配各明细账户。

要求:根据上述资料,编制会计分录。

第五章　会 计 凭 证

学习目标

通过本章的学习，掌握会计凭证的概念和分类；了解原始凭证的含义和要素，掌握原始凭证的填制和审核要求；了解记账凭证的含义和要素，掌握记账凭证的填制和审核要求；了解会计凭证传递和保管的基本要求。

知识构图

- 会计凭证
  - 会计凭证意义和种类
    - 会计凭证的概念
    - 会计凭证的种类
  - 原始凭证
    - 原始凭证的填制
    - 原始凭证的审核
  - 记账凭证
    - 记账凭证的填制
    - 记账凭证的审核
  - 会计凭证的传递和保管
    - 会计凭证的传递
    - 会计凭证的保管

第一节　会计凭证意义和种类

一、会计凭证的概念和意义

（一）会计凭证的概念

会计凭证是记录经济业务、明确经济责任的书面证明，也是登记账簿的依据。

为了保证会计信息的真实性，会计核算工作必须有根据。任何单位，每发生一笔经济业务，都必须由经办业务的有关人员取得或填制会计凭证。比如，提取现金所开具的现金支票、外购商品所取得的购货发票等，这些都是会计凭证。每一张会计凭证都必须载明经济业务的内容、金额、有关人员的签名和盖章等。为了保证会计凭证的真实准确，所有的会计凭证都必须经过会计机构、会计人员的严格审核，审核无误之后，才能作为登记账簿的依据。

（二）会计凭证的意义

填制和审核会计凭证是会计核算的基本方法之一，也是会计核算的起点，在会计实务中具有十分重要的意义。

1. 会计凭证为会计核算提供原始依据

任何一项经济业务的发生，都必须取得或填制会计凭证，如实反映经济业务发生或完成的情况，为会计核算提供原始依据，从而保证会计核算的真实性与客观性。

2. 会计凭证是登记账簿的依据

审核无误的会计凭证是登记账簿的依据。会计凭证记录了每一笔经济业务的内容和金额，将其归类、整理、汇总之后，即可作为登记账簿的依据。根据会计凭证登记会计账簿，可以起到简化登记账簿的工作。

3. 发挥会计监督作用

会计凭证必须由专人审核，在审核的过程中，可以查明各项经济活动是否合理合法，是否符合国家有关政策、法律、法规和制度规定，是否符合企业的计划和预算，从而发挥会计监督作用。

4. 加强岗位责任制

每一张会计凭证除了记载经济业务内容之外，都必须由相关机构和人员进行签名盖章，表明对该凭证的真实性和合法性负责，明确各自的岗位责任。一旦出现问题，便于查明责任，有利于岗位责任制的加强。

二、会计凭证的种类

会计凭证种类繁多，通常按照填制程序和用途的不同，划分为原始凭证和记账凭证。

（一）原始凭证

原始凭证是在经济业务发生或完成时由经办人员取得或填制的、用来记录或证明经济业务发生或完成情况、明确经济责任的、具有法律效力的书面证明文件。企业所发生的每一项经济业务，都必须取得或填制原始凭证，它是会计核算的原始资料，是填制记账凭证的依据。

原始凭证是经济业务发生或完成情况的证明，凡是不能证明经济业务已经发生或完成的各类单据，如合同、银行对账单等，均不能作为会计核算的原始凭证。

原始凭证多种多样，可以按照不同标准分为不同类别，常见的分类方法如下：

1. 原始凭证按其来源不同，分为自制原始凭证和外来原始凭证

(1) 自制原始凭证

自制原始凭证，是在经济业务发生或完成时，由本单位经办部门和人员自行填制的原始凭证。如领料单、收料单、差旅费报销单、工资结算单等，都是自制原始凭证。领料单的格式如表 5-1 所示。

表 5-1 领料单

领料单位：　　　　　　　　　　年　月　日

<table>
<tr><th rowspan="2">材料编号</th><th rowspan="2">材料名称</th><th rowspan="2">规格</th><th rowspan="2">单位</th><th rowspan="2">请领数量</th><th rowspan="2">实发数量</th><th colspan="2">价　格</th></tr>
<tr><th>单价</th><th>金额(元)</th></tr>
<tr><td></td><td></td><td></td><td></td><td></td><td></td><td></td><td></td></tr>
<tr><td></td><td></td><td></td><td></td><td></td><td></td><td></td><td></td></tr>
<tr><td rowspan="2">用途</td><td rowspan="2"></td><td colspan="3">领料部门</td><td colspan="3">发料部门</td></tr>
<tr><td colspan="2">负责人：</td><td>领料人：</td><td colspan="2">核准人：</td><td>发料人：</td></tr>
</table>

(2) 外来原始凭证

外来原始凭证，是在经济业务发生或完成时，从外部单位或个人直接取得的原始凭证。如购买货物时取得的普通发票或增值税专用发票、银行收付款的结算凭证。增值税专用发票格式如表 5-2 所示。

表 5-2 增值税专用发票

<table>
<tr><td rowspan="2">购货单位</td><td>名称</td><td colspan="3"></td><td>纳税人登记号</td><td colspan="2"></td></tr>
<tr><td>地址、电话</td><td colspan="3"></td><td>开户银行及账号</td><td colspan="2"></td></tr>
<tr><td colspan="2">商品或劳务名称</td><td>计量单位</td><td>数量</td><td>单价</td><td>金额</td><td>税率(%)</td><td>税额</td></tr>
<tr><td colspan="2"></td><td></td><td></td><td></td><td></td><td></td><td></td></tr>
<tr><td colspan="2">合　计</td><td></td><td></td><td></td><td></td><td></td><td></td></tr>
<tr><td colspan="2">价税合计(大写)</td><td colspan="6">万 仟 佰 拾 元 角 分　　¥</td></tr>
<tr><td rowspan="2">销货单位</td><td>名称</td><td colspan="3"></td><td>纳税人登记号</td><td colspan="2"></td></tr>
<tr><td>地址、电话</td><td colspan="3"></td><td>开户银行及账号</td><td colspan="2"></td></tr>
<tr><td>备注</td><td colspan="7"></td></tr>
</table>

收款人：　　　　　　　　　　　　　　　　开票单位(未盖章无效)

2. 原始凭证按填制方法不同,分为一次原始凭证、累计原始凭证、汇总原始凭证和记账编制凭证

(1)一次原始凭证

一次原始凭证,是指反映一项或若干项同类经济业务,填制手续一次完成的原始凭证。外来原始凭证一般都是一次凭证,自制原始凭证中大多数也是一次凭证。如普通发票或增值税专用发票、领料单、收料单等,都属于一次原始凭证。一次原始凭证的特点是填制手续简单、填写一次完成、应用方便灵活,但同类经济业务所需凭证数量较多。

(2)累计原始凭证

累计原始凭证,是指在一定时期内,连续在一张凭证中连续记载若干项同类经济业务的原始凭证。如限额领料单,就是比较典型的累计凭证。累计原始凭证的特点是填制手续不是一次完成,而是随着经济业务的发生分次进行填制,连续登记同类经济业务,并可随时计算出累计数及结余数。累计原始凭证可以简化填制手续,减少凭证张数。限额领料单的格式如表 5-3 所示。

表 5-3 限额领料单

领料部门: 年 月 日 凭证编号:

<table>
<tr><td>材料类别</td><td colspan="2">材料编号</td><td>材料名称规格</td><td>计量单位</td><td>领用限额</td><td>实际领用</td><td>单价</td><td>金额</td><td>备注</td></tr>
<tr><td></td><td colspan="2"></td><td></td><td></td><td></td><td></td><td></td><td></td><td></td></tr>
<tr><td rowspan="2">日期</td><td colspan="2">数量</td><td rowspan="2">领料人签章</td><td rowspan="2">发料人签章</td><td colspan="3">退料</td><td colspan="2" rowspan="2">限额结余</td></tr>
<tr><td>请领</td><td>实发</td><td>数量</td><td>退料人</td><td>收料人</td></tr>
<tr><td></td><td></td><td></td><td></td><td></td><td></td><td></td><td></td><td colspan="2"></td></tr>
<tr><td></td><td></td><td></td><td></td><td></td><td></td><td></td><td></td><td colspan="2"></td></tr>
<tr><td></td><td></td><td></td><td></td><td></td><td></td><td></td><td></td><td colspan="2"></td></tr>
<tr><td></td><td></td><td></td><td></td><td></td><td></td><td></td><td></td><td colspan="2"></td></tr>
<tr><td></td><td></td><td></td><td></td><td></td><td></td><td></td><td></td><td colspan="2"></td></tr>
</table>

供应部门负责人: 生产部门负责人: 仓库保管员:

(3)汇总原始凭证

汇总原始凭证,是指将一定时期内若干份记录同类经济业务的原始凭证进行汇总而重新编制的原始凭证。如发料凭证汇总表、收料凭证汇总表等,都属于汇总凭证。对于一些经常重复发生的业务,编制汇总原始凭证可以集中反映某项经济业务的总括情况,简化了记账凭证手续。发料凭证汇总表格式如表 5-4 所示。

表 5-4　发出材料汇总表

年　月　日至　日

会计科目	领料部门	原材料	燃料	合计
基本生产成本	一车间			
	二车间			
	小计			
辅助生产成本	供电车间			
	锅炉车间			
	小计			
制造费用	一车间			
	二车间			
	小计			
管理费用	行政部门			
合　计				

主管：　　　　审核：　　　　保管：　　　　制表：

(4) 记账编制凭证

记账编制凭证是指会计人员根据账簿记录加以整理后重新编制的原始凭证。如制造费用分配表，就是根据制造费用明细账记录的数字，按费用的用途填制的。记账编制凭证与其他原始凭证的主要区别就在于，其他原始凭证是根据实际发生的经济业务编制的，记账编制凭证则是根据账簿记录加以整理后编制的。

3. 原始凭证按格式不同，分为通用原始凭证和专用原始凭证

(1) 通用原始凭证

通用原始凭证是指由有关部门统一印制，具有统一格式，在一定范围内统一使用的原始凭证。因印制部门不同，通用凭证的使用范围也不同，可以是某一部门、某一地区或全国。如由某地区税务部门统一印制的发票，在该地区通用；由中国人民银行统一印制的结算凭证，如银行承兑汇票，则可以在全国通用。

(2) 专用原始凭证

专用原始凭证是指由一些单位自行印制，具有特定内容和专门用途的原始凭证，如差旅费报销单等。

综上所述，原始凭证的分类如图 5-1 所示。

- 原始凭证
  - 按来源不同
    - 自制原始凭证
    - 外来原始凭证
  - 按填制方法不同
    - 一次原始凭证
    - 累计原始凭证
    - 汇总原始凭证
    - 记账编制凭证
  - 按格式不同
    - 通用原始凭证
    - 专用原始凭证

图 5-1　原始凭证的分类

（二）记账凭证

记账凭证是会计人员根据审核无误的原始凭证编制的，用来确定会计分录，并作为登记账簿直接依据的会计凭证。

原始凭证虽然是经济业务发生或完成时取得的原始资料，但由于原始凭证的来源不同、种类繁多、形式各异，而且原始凭证也不能反映出各项经济业务应记入的账户和借贷方向，如果直接根据原始凭证来登记账簿，效率就会很低且容易发生差错。因此，在登记账簿之前，应根据审核无误的原始凭证编制具有统一格式的记账凭证，明确经济业务应记录的会计科目、方向和金额，再将原始凭证附在记账凭证后面，这样做既可以提高登记账簿的效率及准确性，又有利于对账和查账。

记账凭证也有多种划分方法，常见的分类方法如下：

1. 记账凭证按反映经济业务内容的不同，分为专用记账凭证和通用记账凭证

(1) 专用记账凭证

专用记账凭证，是指专门用来记录某一类经济业务的记账凭证。专用记账凭证根据记录的经济业务是否与现金和银行存款收付业务有关，可以分为收款凭证、付款凭证和转账凭证。

收款凭证是指专门用来记录现金和银行存款收款业务的记账凭证，分为现金收款凭证和银行存款收款凭证。收款凭证是根据现金和银行存款收入业务的原始凭证填制的，是登记现金和银行存款日记账及有关账簿的依据，也是有关人员收讫款项的依据。收款凭证格式如表 5－5 所示。

表 5-5　收款凭证

借方科目：　　　　　　　　年　月　日　　　　　　　收字第　　号

摘要	贷方总账科目	明细科目	过账	金额									
				千	百	十	万	千	百	十	元	角	分
合计													

附件　　张

财务主管：　　　记账：　　　出纳：　　　审核：　　　制单：

付款凭证是指专门用来记录现金和银行存款付款业务的记账凭证，分为现金付款凭证和银行存款付款凭证。付款凭证是根据现金和银行存款支付业务的原始凭证填制的，是登记现金和银行存款日记账及有关账簿的依据，也是有关人员付讫款项的依据。对于库存现金和银行存款之间的收付款业务，在会计实务中为了避免记账重复，应只编制付款凭证，不编制收款凭证。付款凭证格式如表 5-6 所示。

表 5-6　付款凭证

贷方科目：　　　　　　　　年　月　日　　　　　　　付字第　　号

摘要	借方总账科目	明细科目	过账	金额									
				千	百	十	万	千	百	十	元	角	分
合计													

附件　　张

财务主管：　　　记账：　　　出纳：　　　审核：　　　制单：

转账凭证是指专门用来记录现金和银行存款收付业务以外的转账业务的记账凭证。转账凭证是根据有关转账业务的原始凭证填制，是登记有关总账和明细账的依据。转账凭证的格式如表 5－7 所示。

表 5－7 转账凭证

借方科目： 年 月 日 转字第 号

摘要	总账科目	明细科目	过账	借方金额										过账	贷方金额									
				千	百	十	万	千	百	十	元	角	分		千	百	十	万	千	百	十	元	角	分
合计																								

附件 张

财务主管： 记账： 审核： 制单：

在同一项经济业务中，如果既有现金或银行存款的收付业务，又有转账业务时，应该相应的填制收、付款和转账凭证。

（2）通用记账凭证

通用记账凭证也称标准凭证，是指用来记录各类经济业务、具有统一格式的记账凭证。通用记账凭证的特点是用一种格式的凭证记录全部经济业务，不再区分经济业务类别。通用记账凭证一般适用于经济业务量少且凭证使用量少的单位。通用记账凭证的格式如表 5－8 所示。

表 5－8 记账凭证

年 月 日 第 号

摘要	总账科目	明细科目	过账	借方金额										过账	贷方金额									
				千	百	十	万	千	百	十	元	角	分		千	百	十	万	千	百	十	元	角	分
合计																								

附件 张

财务主管： 记账： 出纳： 审核： 制单：

2. 记账凭证按填制方式的不同，分为单式记账凭证和复式记账凭证

(1) 单式记账凭证

单式记账凭证，是指每张凭证上只填制一项经济业务中所涉及的一个会计科目和金额的记账凭证。若一项经济业务涉及几个会计科目，就需要分别填制几张记账凭证。

单式记账凭证的优点是记录科目单一，便于分工记账，同时也便于科目汇总。其缺点是填制凭证张数多，工作量大，同时一张凭证中也不能完整反映一项经济业务的全貌和账户对应关系，且不便于检查会计分录的正确性。

(2) 复式记账凭证

复式记账凭证是把一项经济业务中所涉及的会计科目和金额都集中填列在同一张记账凭证中。

复式记账凭证的优点是可以通过一张凭证了解一项经济业务的来龙去脉和账户对应关系，同时减轻了填制凭证的工作量，也便于检查会计分录的正确性，其缺点是不便于分工记账和科目汇总。

3. 记账凭证按是否经过汇总，分为非汇总记账凭证和汇总记账凭证

(1) 非汇总记账凭证

非汇总记账凭证，是指没有经过汇总的记账凭证，前面所介绍的收款凭证、付款凭证、转账凭证以及通用记账凭证都是非汇总记账凭证。

(2) 汇总记账凭证

汇总记账凭证是根据非汇总记账凭证按一定的方法汇总填制的记账凭证。根据汇总方式的不同，又可分为分类汇总凭证和全部汇总凭证。

分类汇总凭证，是指分别按照收款凭证、付款凭证和转账凭证定期分类汇总，编制汇总收款凭证、汇总付款凭证、汇总转账凭证。

全部汇总凭证，是指把一定时期的全部记账凭证按相同科目汇总在一张记账凭证上而形成的凭证，也称之为科目汇总表。综上所述，记账凭证的分类如图 5-2 所示。

- 记账凭证
  - 按记录经济业务的内容不同分为
    - 通用记账凭证
    - 专用记账凭证
      - 收款凭证
      - 付款凭证
      - 转账凭证
  - 按记账凭证的填制方法不同分为
    - 单式记账凭证
    - 复式记账凭证
  - 按汇总方式不同分为
    - 非汇总凭证
    - 汇总凭证
      - 分类汇总凭证
      - 全部汇总凭证

图 5-2 记账凭证的分类图

第二节 原始凭证的填制和审核

一、原始凭证的基本内容

由于各单位经济业务的多种多样,原始凭证的格式也是种类繁多,形式各异。但是无论哪一种原始凭证都必须能够反映经济业务的发生或完成情况,明确经办人员的责任,因此各类原始凭证的名称和格式尽管不同,但都应该具备一些共同的基本内容,即凭证要素,包括以下几个方面:

(1) 原始凭证的名称;

(2) 填制凭证的日期和编号;

(3) 填制凭证单位名称或填制人姓名;

(4) 经办人员的签名或盖章;

(5) 接受凭证的单位名称;

(6) 经济业务内容(包括经济业务发生的数量、单价和金额等)。

除此之外,有些凭证为了满足其他管理工作的需要,还具备其他一些项目,比如与业务相关的合同号码、结算方式等,以便原始凭证发挥更多的作用。

二、原始凭证的填制

原始凭证是会计核算的原始依据,正确与否直接影响到会计核算的质量。因此,在原始凭证的填制过程中,必须符合以下基本要求:

1. 记录真实

原始凭证要根据实际发生的经济业务进行填制,经济业务发生的日期、内容、数量、金额等项目的填写必须与实际情况相符、真实准确,不得弄虚作假,不得伪造、变造原始凭证。

2. 内容完整

原始凭证中所规定的项目,都必须逐项填写齐全,不得遗漏和省略,经办人员要签名盖章。如原始凭证内容不完整、项目不全,不得作为会计核算的原始书面证明。

3. 手续完备

从外单位取得的原始凭证,必须盖有填制单位的公章;从个人取得的原始凭证,必须有填制人员的签名或签章;自制原始凭证必须有经办部门负责人或其指定人员的签名或盖章。对外开出的原始凭证，必须加盖本单位的公章。

4. 填制及时

会计核算的及时性原则要求原始凭证在经济业务发生或完成时应立即填制，不得提前或拖延，做到不误时、不积压，并按规定程序及时审核、传递，以便及时编制记账凭证、登记账簿，保证会计信息的时效性。

5. 书写规范

原始凭证的填写一般要用蓝、黑墨水，字迹清晰、端正，易于辨认。文字不得使用未经国务院公布的简化字；一式多联的原始凭证需要一次套写清楚，各联字迹必须清晰。另外大小写金额书写要规范，需符合以下要求：

(1) 中文大写金额数字一律用正楷或者行书字体书写。如壹、贰、叁、肆、伍、陆、柒、捌、玖、拾、佰、仟、万、亿、元、角、分、零、整(正)等，不得用一、二(两)、三、四、五、六、七、八、九、十、毛、另(或0)等字样代替，不得自造或简化汉字。

(2) 中文大写金额数字前应标明“人民币”字样，大写金额数字应紧接着“人民币”字样填写，之间不得留有空白；若大写金额数字前未印有“人民币”字样的，应加填“人民币”三字。

(3) 中文大写金额数字到元或者角为止的，在“元”或者“角”字之后应当写“整”字，大写金额数字写到分位的，“分”字后面不写“整”字。

(4) 阿拉伯小写金额数字有“0”时，中文汉字大写金额按以下要求书写：

阿拉伯数字中间有“0”时，中文大写金额要写“零”字，如￥101，汉字大写金额应写成“人民币壹佰零壹圆整”；阿拉伯数字中间连续有几个“0”时，汉字大写金额中可以只写一个“零”字；阿拉伯数字元位是“0”，或者数字中间连续有几个“0”、元位也是“0”，但角位不是“0”时，汉字大写金额可以只写一个“零”字，也可以不写“零”字，例如：￥57 000.60元，可以写成“人民币伍万柒仟元零陆角整”，也可以写成“人民币伍万柒仟元陆角正”。

(5) 阿拉伯小写金额数字填写时不得连笔，另外在书写时应有一定的斜度，即数码的中心斜线与底平线为60度的夹角。另外，阿拉伯数字的高度应占凭证横格高度的1/2为宜，使上方能留出一定空位，以便需要更正时可以再次书写。

(6) 阿拉伯小写金额数字前面，均应填写人民币符号“￥”，人民币符号“￥”与阿拉伯金额数字之间不得留有空白。

6. 编号连续

各种凭证都必须连续编号，以备查考，印制好编号的凭证，在作废时应加盖“作废”戳记，连同存根一起保存，不得撕毁。

7. 不得随意涂改、刮擦、挖补

原始凭证记载的各项内容均不得涂改，随意涂改的原始凭证为无效凭证；原始凭证记载的内容有错误的，应当由出具单位重开或者更正，更正工作由原始凭证出具单位进行，并在更正处加盖出具单位印章，重新开具原始凭证也应由原始凭证开具单位进行；原始凭证金额有错误的，不得在原始凭证上更正，只能由出具单位重开。

三、原始凭证的审核

为确保会计信息质量、发挥会计监督作用，原始凭证在填制完毕后，还必须经过会计机构、会计人员的审核，审核无误的原始凭证才能作为填制记账凭证的依据。审核原始凭证主要从以下几个方面进行：

1. 原始凭证的真实性

审核原始凭证是否根据实际发生的经济业务而取得或填制的，是否如实反映经济业务的发生或完成情况，有无伪造、变造等行为。

2. 原始凭证的合理合法性

审核原始凭证是否符合国家的政策、法律、制度等相关规定，有无违法乱纪行为。审核原始凭证是否符合经济计划、经济效益，有无铺张浪费等不合理的行为。

3. 原始凭证的正确性

审核原始凭证的内容是否完整、手续是否完备、书写是否规范清晰，尤其是对原始凭证中的数量、金额等内容要认真审查，检查填写是否准确、大小写金额是否一致等。

在审核的过程中，会计机构和人员对于不真实、不合法的原始凭证，有权不予受理，并向单位负责人报告，请求查明原因，追究当事人的责任；对于记载不准确的原始凭证应当予以退回，并要求经办人员按照国家统一的会计制度规定进行更正、补充。

第三节　记账凭证的填制和审核

一、记账凭证的基本内容

记账凭证是会计人员根据审核无误的原始凭证编制的，用来确定会计分录，并作为登记账簿直接依据的会计凭证。记账凭证必须具备以下基本内容（也称记账凭证要素）：

（1）记账凭证的名称；

(2) 填制凭证的日期；

(3) 凭证的编号；

(4) 经济业务的内容摘要；

(5) 会计科目名称、金额和记账方向；

(6) 所附原始凭证张数；

(7) 填制人员、稽核人员、记账人员和会计主管人员(收款凭证和付款凭证还应增加出纳人员)的签名或盖章。

二、记账凭证的填制

(一) 记账凭证填制的基本要求

(1) 记账凭证必须根据审核无误的原始凭证或原始凭证汇总表来填制。各种记账凭证可以根据一张原始凭证单独编制，也可以根据若干张原始凭证汇总编制。

(2) 记账凭证填制时应按照相应的格式进行填写，做到内容完整、填写规范、分类准确、连续编号。

(二) 记账凭证填制的具体要求

1. 记账凭证的日期

记账凭证的填写日期，一方面可以表明记账凭证所记载的交易事项应当记入哪一会计期间的账簿；另一方面与所附原始凭证的日期核对，可以判断企业会计信息是否符合及时性的要求。收款凭证和付款凭证的日期应该按照货币资金的实际收付日期填写，与原始凭证的记载日期不一定相同；而转账凭证的日期原则上是按照收到原始凭证的日期来填写，而经济业务实际发生的日期应在摘要栏中注明。

2. 记账凭证的编号

会计人员对一个月的记账凭证应按照顺序连续编号，不得跳号、重号。对于通用记账凭证，可以按照经济业务发生的时间先后顺序进行统一编号，即“第×号”。对于专用记账凭证，可以采用“字号编号法”编号，按照收款凭证、付款凭证、转账凭证的类别分别顺序编号，即“收字第×号”、“付字第×号”、“转字第×号”。其中现金收款凭证和银行存款收款凭证又可编号为“现收字第×号”、“银收字第×号”，现金付款凭证和银行存款付款凭证又可编号为“现付字第×号”、“银付字第×号”。如果一笔经济业务，需要多张记账凭证时，可以采用“分数编号法”。如第 18 笔经济业务为转账业务，需要填制两张记账凭证，则两张凭证分别编号为“转字第 28－1/2”、“转字第 28－2/2”，其中分母“2”表示该业务所使用的记账凭证的总张数，分子“1”、“2”分别表示该凭证在总张数中属于第几张凭证。总之，无论采用哪一种编号方法，都应按月顺序连续编号，即每月都从1号开始编起，顺序编至月末。

3. 记账凭证的摘要栏

摘要栏是对经济业务进行简要说明，便于对会计分录进行正确理解，同时也是登记账簿的重要依据。摘要的填写，要求真实确切，其内容与所附原始凭证的内容必须相符；对于收付款的业务要写明收付款对象的名称、款项内容；对于购买货物的业务，要写明供货单位的名称以及货物品种、数量。

4. 会计分录的填写

会计分录包括会计科目名称、金额和记账方向。首先，会计科目必须使用正确，应填写会计科目的全称，不得简写，需要填写明细科目的，应在"明细科目"栏中填写明细科目的名称。其次，金额的填写必须与原始凭证的金额相符，阿拉伯数字填写要规范，在"合计"行填列合计金额，数字前应填写货币符号。最后，会计科目登记方向要准确，应借、应贷账户的对应关系必须清楚，编制会计分录时要先借后贷，也可以填制一借多贷、一贷多借、多借多贷的会计分录。会计分录填制完成后，如有空行，应当自金额栏最后一笔数字下空行处的右上角至合计数上空行处的左下角划斜线注销。

5. 所附原始凭证的张数

记账凭证必须附有原始凭证，除结账和更正错误的记账凭证可以不附。另外，记账凭证上必须注明所附原始凭证的张数。如果根据一张原始凭证填制几张记账凭证的，可以将该原始凭证附在一张主要的记账凭证后面，在其他记账凭证上应注明"附件×张，见第×号记账凭证"。一张原始凭证所列支出需要两个及两个以上单位共同负担的，应当由保存该原始凭证的单位开具原始凭证分割单给其他应负担的单位。其中，原始凭证分割单必须具备原始凭证的基本内容，包括凭证的名称、填制凭证的日期、填制凭证单位的名称或填制人的姓名、经办人员的签名或盖章、接受凭证单位的名称、经济业务内容、数量、单价、金额和费用的分担情况等。

6. 有关人员的签章

记账凭证填制完毕后，要进行检查与复核。有关人员，均要签名盖章。出纳人员根据收款凭证收款，或根据付款凭证付款时，要在凭证上加盖"收讫"或"付讫"的戳记，以免重复收付，防止差错。

（三）记账凭证的填制举例

例5-1 2010年6月15日，以银行存款5 000元支付销售产品的广告费。根据原始凭证编制记账凭证，如表5-9所示。

表 5-9　记账凭证

2010 年 6 月 15 日　　　　第 20 号

摘要	总账科目	明细科目	过账	借方金额										过账	贷方金额									
				千	百	十	万	千	百	十	元	角	分		千	百	十	万	千	百	十	元	角	分
支付广告费	销售费用	广告费						5	0	0	0	0	0											
支付广告费	银行存款																		5	0	0	0	0	0
合计							¥	5	0	0	0	0	0					¥	5	0	0	0	0	0

附件壹张

财务主管:印　　记账:印　　出纳:印　　审核:印　　制单:印

例 5-2　2010 年 6 月 18 日,销售给东方公司甲产品 200 件,计 200 000 元,销项增值税额为 34 000 元,货款已收存银行。根据原始凭证编制收款凭证,如表 5-10所示。

表 5-10　收款凭证

借方科目:银行存款　　2010 年 6 月 18 日　　银收字第 12 号

摘要	借方总账科目	明细科目	过账	金额									
				千	百	十	万	千	百	十	元	角	分
销售甲产品	主营业务收入	甲产品				2	0	0	0	0	0	0	0
销售计税	应交税费	应交增值税（销项税额）					3	4	0	0	0	0	0
合　计					¥	2	3	4	0	0	0	0	0

附件贰张

财务主管:印　　记账:印　　出纳:印　　审核:印　　制单:印

例 5-3　2010 年 6 月 20 日,以现金 800 元购买办公用品。根据原始凭证编制付款凭证,如表 5-11 所示。

表 5-11 付款凭证

贷方科目:库存现金　　　　2010 年 6 月 20 日　　　　现付字第 22 号

摘要	借方总账科目	明细科目	过账	金额										
				千	百	十	万	千	百	十	元	角	分	
购买办公用品	管理费用	办公用品费用							8	0	0	0	0	附件壹张
合　计								¥	8	0	0	0	0	

财务主管:印　　记账:印　　出纳:印　　审核:印　　制单:印

例 5-4　2010 年 6 月 28 日,为生产甲产品领用 A 材料 500 公斤,单价 20 元,计 10 000 元。根据原始凭证编制转账凭证如表 5-12 所示。

表 5-12 转账凭证

2010 年 6 月 28 日　　　　转字第 25 号

摘要	总账科目	明细科目	过账	借方金额										过账	贷方金额										
				千	百	十	万	千	百	十	元	角	分		千	百	十	万	千	百	十	元	角	分	
生产领料	生产成本	甲产品					1	0	0	0	0	0	0												附件壹张
生产领料	原材料	A 材料																1	0	0	0	0	0	0	
合计						¥	1	0	0	0	0	0	0			¥	1	0	0	0	0	0	0	0	

财务主管:印　　记账:印　　审核:印　　制单:印

三、记账凭证的审核

记账凭证是登记账簿的依据,因此,记账凭证填制完毕后,必须经过有关稽核人员审核无误后,才能登记账簿,以保证会计信息的质量。记账凭证在审核的过程中,除了要对所附原始凭证进行复核外,还应对以下内容进行审核:

(1) 审核记账凭证与所附原始凭证是否一致。需要核对原始凭证的张数是否正确,以及记账凭证所记录的经济业务是否与所附原始凭证记载内容相符。

(2) 审核记账凭证中的会计分录是否正确。需要检查会计分录中使用的会计科目、应记方向和金额是否正确,核算内容是否符合会计制度的规定。

(3) 审核记账凭证中的各项内容是否完整规范。需要检查记账凭证的日期、摘要等内容是否填写齐全，有关人员的签名盖章是否完备，各项内容是否符合书写规范。

在审核过程中，如果发现不符合要求的地方，应要求有关人员采取正确的方法进行更正。只有经过审核无误的记账凭证，才能作为登记账簿的依据。

第四节　会计凭证的传递与保管

一、会计凭证的传递

会计凭证的传递，是指会计凭证从取得或填制、审核、整理、记账、装订直至归档保管为止，在单位内部有关部门和人员之间按照规定的时间、程序进行处理的过程。

正确合理组织会计凭证的传递，有利于及时反映和监督经济业务发生或完成情况，有利于会计机构的分工协作，加强岗位责任制。不同单位的工作性质不同，经济业务内容不同，经营管理要求也不同，可根据具体情况，制定一套适合本单位的凭证传递程序。一般来说，会计凭证的传递主要包括以下两方面内容：

1. 会计凭证的传递路线

各单位应根据自身情况，合理规定会计凭证填制的联数和必须经过的环节，既要保证严密完备，又要简便易行，使得会计凭证经过必要环节进行处理和审核，同时避免在不必要的环节停留，以提高工作效率。

2. 会计凭证的传递时间

各单位应考虑到有关部门和人员办理经济业务事项时对时间的需要，合理安排凭证在各环节的停留时间，不宜过长或过短，对会计凭证的处理不得提前或拖后，必须在规定的报告期完成，不允许跨期，以保证会计核算的及时性。

二、会计凭证的保管

会计凭证的保管，是指会计凭证在登记入账之后的整理、装订、归档和存查工作。会计凭证是重要的会计资料，是会计档案的重要组成部分。对于已经办理好各项业务手续并据以登记入账的记账凭证，各单位应按照规定整理归档并妥善保管，以便日后随时查用。一般来说，会计凭证的保管主要包括以下几个方面的内容：

1. 会计凭证的装订

会计凭证登记入账后，会计人员应定期加以整理装订。会计人员需检查凭证编号是否连续和附件是否齐全，然后将各种记账凭证连同所附的原始凭证按照编号顺序排列，装订成册，加具封面，封面上应注明：单位名称、所属年度和月份、起讫日期、凭证种类、起讫号数以及凭证的总计张数，同时在装订线上加贴封签，并由有关会计人员盖章。会计凭证格式见图 5－3 所示。

企业名称

年　月份　共　册第　册

收款

付款　凭证第　号至第　号共　张

转账　附：原始凭证　张

会计主管：　保管：

图 5－3　会计凭证封面

如果记账凭证所附原始凭证数量过多，可将原始凭证单独装订成册，但需在封面上注明所属记账凭证的日期、种类和编号，同时在有关记账凭证上注明"附件另订"以及原始凭证的名称和编号。对于经济合同、存出保证金收据等重要原始凭证，应另编目录，单独保管，并在有关记账凭证和原始凭证中予以说明，以便核查。

2. 会计凭证的归档

会计凭证由会计部门按照归档要求装订成册之后，由会计部门保管一年。保管期满后，应移交给档案管理部门，保管责任随之转移到档案保管人员身上，档案保管人员原则上应当保持原卷册的封装，不得随意拆封。另外，会计凭证的查阅也应有一定的手续制度，会计凭证原则上不得外借，如其他单位因特殊原因需要使用时，经本单位领导批准之后可以查阅或复制，但必须办理登记手续，登记查阅人或复制人姓名、单位、查阅或复制档案的卷号和内容等，以便备查。

3. 会计凭证的保管期限和销毁

按照我国《会计档案管理办法》的规定，一般会计凭证的保管期限为 15 年，重要的原始凭证，如涉外业务凭证等应永久保存。未到保管期限的会计凭证不得随意销毁；对于保管期满需要销毁的会计凭证，必须编制销毁清册，经本单位领导审核，报上级主管部门批准后，方可销毁。

第五节　记账凭证的填制技能训练

一、训练目标

通过技能训练,能准确地根据原始凭证的内容确定会计分录,正确填制记账凭证,掌握记账凭证填制的基本技能。

二、训练重点和难点

专用记账凭证的填制方法。

三、训练要求

根据资料,选择记账凭证的种类并且进行填写。

四、训练资料

根据第四章第六节中主要经济业务技能训练资料,填写表5－13、表5－14和表5－15。

表5－13

借方科目：　　　　　　　　　年　月　日　　　　　　　　收字第　　号

摘要	借方总账科目	明细科目	过账	金额										
				千	百	十	万	千	百	十	元	角	分	
														附件
														张
合计														

财务主管：　　　　记账：　　　出纳：　　　　审核：　　　　制单：

表 5-14

贷方科目：　　　　　　　　年　月　日　　　　　　　　付字第　　号

摘要	借方总账科目	明细科目	过账	金额									
				千	百	十	万	千	百	十	元	角	分
合计													

附件　张

财务主管：　　记账：　　出纳：　　审核：　　制单：

表 5-15

年　月　日　　　　　　　　转字第　　号

摘要	总账科目	明细科目	过账	借方金额										过账	贷方金额									
				千	百	十	万	千	百	十	元	角	分		千	百	十	万	千	百	十	元	角	分
合计																								

附件　张

财务主管：　　记账　　审核：　　制单：

本章小结

会计凭证是记录经济业务、明确经济责任的书面证明，也是登记账簿的依据。会计凭证种类繁多，通常按照填制程序和用途的不同，划分为原始凭证和记账凭证。原始凭证是在经济业务发生或完成时由经办人员取得或填制的、用来记录或证明经济业务发生或完成情况、明确经济责任的、具有法律效力的书面证明文件。记账凭证是会计人员根据审核无误的原始凭证编制的，用来确定会计分录，并作为登记账簿直接依据的会计凭证。

原始凭证是会计核算的原始依据,正确与否直接影响到会计核算的质量,原始凭证要按照要求进行填写,原始凭证在填制完毕后,还必须经过会计机构、会计人员的审核,审核无误的原始凭证才能作为填制记账凭证的依据。记账凭证必须根据审核无误的原始凭证或原始凭证汇总表来填制,填制时应按照规定格式进行填写,记账凭证是登记账簿的依据,因此,记账凭证填制完毕后,必须经过有关稽核人员审核无误后,才能登记账簿。

会计凭证的传递,是指会计凭证从取得、填制、审核、整理、记账、装订直至归档保管为止,在单位内部有关部门和人员之间按照规定的时间、程序进行处理的过程。主要包括会计凭证的传递路线和会计凭证的传递时间。会计凭证的保管,是指会计凭证在登记入账之后的整理、装订、归档和存查工作。会计凭证是重要的会计资料,是会计档案的重要组成部分。

习　题

一、单项选择题

1. 会计凭证通常按照(　　)不同,划分为原始凭证和记账凭证。
   A. 来源　　B. 填制方法
   C. 填制程序和用途　　D. 经济业务类别
2. 以下属于累计原始凭证的是(　　)。
   A. 增值税专用发票　　B. 购货合同
   C. 限额领料单　　D. 转账凭证
3. 记账凭证按照(　　)不同,划分为单式记账凭证和复式记账凭证。
   A. 来源　　B. 填制方法
   C. 填制程序和用途　　D. 经济业务类别
4. 某企业从银行提取现金的业务应编制(　　)。
   A. 转账凭证　　B. 现金收款凭证
   C. 银行存款收款凭证　　D. 银行存款付款凭证
5. 以下(　　)是登记账簿的直接依据。
   A. 审核无误的原始凭证　　B. 审核无误的记账凭证
   C. 审核无误的科目汇总表　　D. 审核无误的转账凭证

二、多项选择题

1. 原始凭证按其来源不同，分为（　　）。
   A. 自制原始凭证　　B. 一次原始凭证
   C. 累计原始凭证　　D. 外来原始凭证
2. 专用记账凭证根据记录的经济业务是否与现金和银行存款收付业务有关，可以分为（　　）。
   A. 收款凭证　　B. 付款凭证
   C. 通用凭证　　D. 转账凭证
3. 下列项目属于原始凭证的有（　　）。
   A. 购货发票　　B. 限额领料单
   C. 发出材料汇总表　　D. 购货合同
4. 记账凭证的内容包括（　　）。
   A. 填制凭证的日期　　B. 凭证的编号
   C. 经济业务的内容摘要　　D. 会计科目名称、金额和记账方向
5. 记账凭证的审核内容包括（　　）。
   A. 审核记账凭证与所附原始凭证是否一致
   B. 审核记账凭证中的会计分录是否正确
   C. 审核记账凭证中的各项内容是否完整规范
   D. 审核记账凭证中会计科目、应记方向和金额是否正确

三、判断题

1. 审核无误的原始凭证是登记账簿的直接依据。（　　）
2. 原始凭证金额错误的，可以由原出具单位进行更正，并加盖签章。（　　）
3. 企业发生现金和银行存款的支出业务应填写收款凭证。（　　）
4. 会计凭证的传递主要包括会计凭证的传递路线和传递时间两方面内容。（　　）
5. 会计凭证都需要永久保存。（　　）

四、问答题

1. 填制和审核会计凭证的意义有哪些？
2. 原始凭证应具备哪些基本内容？
3. 记账凭证应具备哪些基本内容？
4. 原始凭证的审核，应从哪几个方面进行？
5. 会计凭证的保管包括哪几个方面内容？

五、实务题

根据第四章实务题习题填制表 5－16、表 5－17 及表 5－18。

表 5－16

借方科目：　　　　　　　　年　月　日　　　　　　　　收字第　　号

摘要	借方总账科目	明细科目	过账	金额									
				千	百	十	万	千	百	十	元	角	分
合计													

附件　张

财务主管：　　记账：　　出纳：　　审核：　　制单：

表 5－17

贷方科目：　　　　　　　　年　月　日　　　　　　　　付字第　　号

摘要	借方总账科目	明细科目	过账	金额									
				千	百	十	万	千	百	十	元	角	分
合计													

附件　张

财务主管：　　记账：　　出纳：　　审核：　　制单：

表 5－18

年　月　日　　　　　　　　转字第　　号

摘要	总账科目	明细科目	过账	借方金额										过账	贷方金额									
				千	百	十	万	千	百	十	元	角	分		千	百	十	万	千	百	十	元	角	分
合计																								

附件　张

财务主管：　　记账：　　出纳：　　审核：　　制单：

第六章　会计账簿

学习目标

通过本章的学习，理解账簿的概念、意义和种类，掌握日记账、总分类账和明细分类账的设置与登记，把握登记账簿的规则和错账更正的方法，了解对账和结账的方法及账簿保管的基本要求。

知识构图

会计账簿
- 账簿的意义与种类
- 账簿的设置和登记
- 账簿登记和使用的规则
- 对账和结账
- 账簿的更换与保管

第一节　账簿的意义与种类

一、账簿的概念

填制和审核会计凭证，虽然已将发生的各项经济业务记录在会计凭证上，但是会计凭证数量繁多、信息分散，每张会计凭证只能反映一项经济业务的情况，不能连续、系统、全面地反映一个单位在一定时期内的经济活动的全貌，无法满足经营管理的需要。因此，有必要设置账簿，以便把分散在会计凭证上的大量会计资料加以分类、整理，登记到有关账簿中去，形成系统的会计信息资料。

会计账簿（简称账簿），是由一定格式的、相互联系的账页组成的，以会计凭证为依据，序时、分类、全面地记录和反映各项经济业务的会计簿籍。从形式看，账簿是若干账页的集合；从内容看，账簿又对各项经济业务进行了序时的、科学的分类并加以记录和反映。

二、账簿的意义

设置和登记账簿是会计核算的一种专门方法，也是会计核算工作的一个重要环节，它对加强经济核算，提高经营管理水平有着重要的意义。

1. 设置和登记账簿可以为经营管理提供系统的、全面的会计信息

通过设置和登记账簿，可以对经济业务进行序时和分类核算，将分散的核算资料加以系统化，全面、系统地提供有关企业成本费用、财务状况和经营成果等方面的总括和明细的核算资料，为企业经营管理提供系统的、全面的会计信息。

2. 设置和登记账簿可以为编制会计报表提供资料来源

账簿记录的资料是企业编制会计报表的主要依据，企业会计报表中的大部分项目、指标的数据来源于各种账簿的记录。例如，损益类账簿资料是企业会计期末编制损益表的依据。因此，合理设置和正确登记账簿是编制会计报表的保证。

3. 设置和登记账簿可以为考核经营成果和进行经济监督提供依据

通过登记账簿，保证企业正确地计算收入、费用、利润等指标，严格考核企业财务预算和计划完成情况以及企业的经营成果，促使企业加强经济核算，提高经济效益。账簿中积累的档案资料，也是日后会计检查的依据，通过会计检查，可以明确经济责任，对经济业务的合法性、合理性和会计资料的真实性进行评价。

三、账簿的种类

账簿有很多种类，不同的账簿，其用途、形式、内容、登记方法都各不相同。为了正确地设置和运用各种账簿，有必要按不同的标准对账簿进行分类。

（一）账簿按用途分类

账簿按用途分类，一般可以分为序时账簿、分类账簿和备查账簿三类。

1. 序时账簿

序时账簿又称日记账，是按照经济业务发生或完成时间的先后顺序逐日逐笔进行记录的账簿。序时账簿按其记录经济业务的内容不同又可分为普通日记账和特种日记账两种。

(1) 普通日记账。普通日记账又称通用日记账，是用来登记全部经济业务发生或完成情况的日记账。它的特点是将每日发生的全部经济业务，按其发生的先后顺序，根据原始凭证在账簿中逐笔编制会计分录，也可称为分录日记账。在会计实务中，由于经济业务的复杂多样性，采用一本账簿逐日逐笔序时记录全部经济业务，显然比较困难，也不利于分工记账，因此现在已很少采用。

(2) 特种日记账。特种日记账是专门用来登记某一类经济业务发生或完成情况的日记账。它的特点是对某一类重要的、发生频繁的经济业务，按其发生的先后顺序，根据记账凭证登记在账簿中。例如，对企业中库存现金和银行存款的收付业务，各单位必须设置库存现金日记账和银行存款日记账，以便对现金和银行存款加强管理。

2. 分类账簿

分类账簿又称分类账，是对全部经济业务按照总分类账户和明细分类账户进行分类登记的账簿。分类账簿按其反映经济内容的详细程度不同，分为总分类账簿和明细分类账簿。

（1）总分类账簿。总分类账簿也称总分类账，简称总账，是按照总分类账户进行分类登记经济业务的账簿，它是用来核算经济业务的总括内容的账簿。如“银行存款”总账、“应收账款”总账、“原材料”总账等。

（2）明细分类账簿。明细分类账簿也称明细分类账，简称明细账，是按照明细分类账户进行分类登记经济业务的账簿，它是用来核算经济业务的明细内容的账簿。如“应收账款”总账下设的“华美公司”明细账、“原材料”总账下设的“甲材料”明细账等。

3. 备查账簿

备查账簿又叫辅助账簿或备查簿，是对某些在日记账和分类账中未能记载或记载不全的经济业务进行补充登记的账簿。该种账簿可以对某些经济业务的内容提供必要的参考资料，它没有固定的格式，各单位可根据实际需要来设置。如“租入固定资产备查簿”、“应收票据备查簿”、“受托加工材料备查簿”等。

（二）账簿按外表形式分类

账簿按其外表形式分类，一般可以分为订本式账簿、活页式账簿和卡片式账簿三类。

1. 订本式账簿

订本式账簿简称订本账，是在账簿启用前就将若干印有专门格式并连续编号的账页固定装订成册的账簿。其优点是可以避免账页散失，防止随意抽换。其缺点是不能根据记账需要增减账页，不便于分工记账。订本式账簿一般适用于具有统驭性、重要性的账簿，如总分类账、库存现金日记账和银行存款日记账等。

2. 活页式账簿

活页式账簿简称活页账，是把若干零散的具有专门格式的账页放置在活页账夹中而不固定的账簿。其优点是可以根据不同需要随时增减空白账页，便于分工记账，提高工作效率。其缺点是账页容易散失和被人抽换。为了保证账簿资料的安全完整，在使用时应注意顺序编号，在使用完毕不再继续登记时，应装订成册并妥善保管。

活页式账簿一般适用于明细分类账，如原材料明细账、生产成本明细账等。

3. 卡片式账簿

卡片式账簿简称卡片账，是由许多零散的具有专门账页格式的硬纸卡片组成的账簿。卡片式账簿与活页式账簿的优缺点基本相同。卡片式账簿在使用之前不加装订，可根据需要随时增加卡片数量。为了防止账页散失和被人抽换，应顺序编号，并由有关人员在卡片上签章，平时将卡片存放于卡片箱中由专人保管。在使用完毕更换新账后应予以封扎，妥善保管。卡片式账簿一般适用于账页需要随着物资使用或存放地点的转移而重新排列的明细账，如固定资产明细分类账。

（三）账簿按账页格式分类

账簿按其账页格式分类，一般可以分为三栏式账簿、多栏式账簿和数量金额式账簿等。

1. 三栏式账簿

三栏式账簿是将账页中登记金额的部分分为借方、贷方和余额三栏的账簿。它适用于只提供价值核算信息，不需要提供数量核算信息的账簿，如总分类账、日记账和债权债务明细分类账等。

2. 数量金额式账簿

数量金额式账簿是在账页中分设借方、贷方、余额（或者收入、发出和结存）三大栏，并在每一大栏内分设数量、单价、金额三小栏的账簿。它适用于既需要提供价值信息，又需要提供实物数量信息的账簿，如原材料和库存商品等明细分类账。

3. 多栏式账簿

多栏式账簿是在账页中的借方和贷方的某一方或两方下面分设若干栏目，详细反映借、贷金额的组成情况的账簿。它适用于核算项目较多且管理上要求提供各核算项目详细信息的账簿，如成本、费用、收入和利润等明细分类账。

账簿的分类如图 6－1 所示。

- 账簿的分类
  - 按账簿用途分类
    - 序时账簿
      - 普通日记账
      - 特种日记账
    - 分类账簿
      - 总分类账簿
      - 明细分类账簿
    - 备查账簿
  - 按账簿外表形式分类
    - 订本式账簿
    - 活页式账簿
    - 卡片式账簿
  - 按账页格式分类
    - 三栏式账簿
    - 多栏式账簿
    - 数量金额式账簿

图 6－1　账簿的分类

第二节 账簿的设置和登记

一、账簿设置的原则与基本内容

（一）账簿设置的原则

为了能够全面、系统地反映经济活动情况，任何单位都应根据经营活动的特点和经营管理上的需要设置一定种类和数量的账簿。一般来说，在设置账簿时应遵循以下三个原则。

（1）满足需要。设置的账簿要保证能全面、系统地核算和监督本单位的经济活动情况，为满足经营管理和编制会计报表的需要而提供系统、完整的核算资料。

（2）组织严密。设置的账簿应形成严密的账簿组织体系，要避免重复设置账户和漏设必要的账户。账簿中各指标之间应保持内在联系和勾稽关系，起到相互制约的作用。

（3）简便实用。账簿的设置要结合本单位经营活动的特点进行设计，力求简便实用，不宜过多或过少，账页格式要简单明了，避免繁琐复杂。

（二）账簿的基本内容

由于账簿种类较多，格式不同，所记录的经济业务内容也不尽一致。但各种主要账簿都应具备以下基本内容：

1. 封面。标明账簿名称和记账单位名称。

2. 扉页。填列账簿启用的日期和截止日期、页数、册次；经管人员一览表和签章；账户目录等。扉页中的“账簿启用和经管人员一览表”如表 6－1 所示；账户目录的格式与内容如表 6－2 所示。

账户目录是由记账人员在账簿中开设账页户头后，按顺序将每个账户的名称和页数进行登记，以便于查阅账簿中登记的内容。如果是活页账簿，在账簿启用时无法确定页数，可先将账户名称填写好，待年终装订归档时，再填写页数。

表 6-1　账簿启用和经管人员一览表

账簿名称：　　　　　　　　　　单位名称：

账簿编号：　　　　　　　　　　账簿册数：

账簿页数：　　　　　　　　　　启用日期：

会计主管(签章)：　　　　　　　记账人员(签章)：

转交日期			移交人		接管日期			接管人		会计主管	
年	月	日	姓名	签章	年	月	日	姓名	签章	姓名	签章

表 6-2　账户目录(科目索引)

科目编号	账户名称	起讫页码	科目编号	账户名称	起讫页码

3. 账页。账页是账簿中用来记录经济业务的载体，其格式因记录经济业务的内容不同而有所不同，但账页都应载明下列基本内容：

(1) 账户名称(包括总账科目、二级科目或明细科目)；

(2) 登账日期栏；

(3) 凭证种类和号数栏；

(4) 摘要栏(记录经济业务内容的简要说明)；

(5) 金额栏(包括借方金额、贷方金额、余额方向及余额，用来记录经济业务的增减变动及结余情况)；

(6) 总页次和分户页次。

二、日记账的设置与登记方法

(一) 特种日记账的设置与登记方法

特种日记账是专门用来登记某一类经济业务发生或完成情况的日记账。一切经济单位都应设置库存现金日记账和银行存款日记账，用于序时核算现金和银行存款的收入、付出和结存情况，借以加强对货币资金的管理。

1. 库存现金日记账的设置与登记

库存现金日记账是由出纳人员根据审核无误的现金收款凭证、现金付款凭证及从银行提取现金业务的银行存款付款凭证,按经济业务发生时间的先后顺序逐日逐笔进行登记的一种特种日记账。其账页格式有三栏式和多栏式两种,但最常用的是三栏式库存现金日记账。三栏式库存现金日记账的格式和内容如表 6-3 所示。

表 6-3 库存现金日记账(三栏式)

2010年		凭证		摘要	对方科目	收入	支出	结余
月	日	字	号					
1	1			上年结余				500
	2	现付	1	付购买材料运费	在途物资		200	
	2	银付	1	提取现金备发工资	银行存款	8 000		
	2	现付	2	李华预借差旅费	其他应收款		1 000	
	2	现收	1	王平报销差旅费交回余款	其他应收款	160		
	2			本日合计		8160	1200	7460
	31			本日合计		5320	4670	1350
	31			本月合计		95800	94950	1350

三栏式库存现金日记账的登记方法如下:

(1) 日期栏:系指记账凭证的日期,应与现金实际收付的日期一致;

(2) 凭证字号栏:系指登记入账的收款凭证、付款凭证的种类和编号,如"现金收(付)款凭证"简写为"现收(付)"、"银行存款付款凭证"简写为"银付"。凭证字号栏还应登记凭证的编号数,以便于查账和核对;

(3) 摘要栏:记录对经济业务内容的简要说明;

(4) 对方科目栏:记录与现金对应的会计科目,以表明现金收入的来源和支出的用途。如从银行提取现金,其来源科目(即对应科目)为"银行存款",其作用在于了解经济业务的来龙去脉;

(5) 收入、支出和结余栏:指现金实际收入、支出和结余的金额。每日终了,应分别计算现金收入和支出的合计数,结出余额。其计算公式如下:

本日余额=昨日余额+本日收入金额合计数-本日支出金额合计数

同时将余额与出纳员的库存现金核对,即通常所说的"日清"。如账款不符应查明原因,并记录备案。月终,同样要计算现金收入、支出和结余的合计数,通常称为"月结"。

为了便于反映每一笔现金收支的来龙去脉，便于分析和汇总对应科目的金额，库存现金日记账也可以采用多栏式的格式，其格式如表 6－4 所示。

表 6－4 库存现金日记账(多栏式)

<table>
<tr><th colspan="2">年</th><th colspan="2">凭证</th><th rowspan="3">摘要</th><th colspan="4">收入</th><th colspan="4">支出</th><th rowspan="3">余额</th></tr>
<tr><th rowspan="2">月</th><th rowspan="2">日</th><th rowspan="2">字</th><th rowspan="2">号</th><th colspan="3">贷方科目</th><th rowspan="2">合计</th><th colspan="3">借方科目</th><th rowspan="2">合计</th></tr>
<tr><th></th><th></th><th></th><th></th><th></th><th></th></tr>
<tr><td></td><td></td><td></td><td></td><td></td><td></td><td></td><td></td><td></td><td></td><td></td><td></td><td></td><td></td></tr>
<tr><td></td><td></td><td></td><td></td><td></td><td></td><td></td><td></td><td></td><td></td><td></td><td></td><td></td><td></td></tr>
<tr><td></td><td></td><td></td><td></td><td></td><td></td><td></td><td></td><td></td><td></td><td></td><td></td><td></td><td></td></tr>
</table>

如果会计科目较多，多栏式库存现金日记账就会造成账页过宽，登记时容易串行或串栏，为避免这种错误的发生和便于账簿的保管，通常将多栏式库存现金日记账按收入、支出一分为二，分设收入和支出两本日记账。其格式分别如表 6－5 和表 6－6 所示。

表 6－5 库存现金收入日记账(多栏式)

<table>
<tr><th colspan="2">年</th><th colspan="2">凭证</th><th rowspan="2">摘要</th><th colspan="6">应贷科目</th><th rowspan="2">支出合计</th><th rowspan="2">结余</th></tr>
<tr><th>月</th><th>日</th><th>字</th><th>号</th><th></th><th></th><th></th><th></th><th></th><th>收入合计</th></tr>
<tr><td></td><td></td><td></td><td></td><td></td><td></td><td></td><td></td><td></td><td></td><td></td><td></td><td></td></tr>
<tr><td></td><td></td><td></td><td></td><td></td><td></td><td></td><td></td><td></td><td></td><td></td><td></td><td></td></tr>
<tr><td></td><td></td><td></td><td></td><td></td><td></td><td></td><td></td><td></td><td></td><td></td><td></td><td></td></tr>
</table>

表 6－6 库存现金支出日记账(多栏式)

<table>
<tr><th colspan="2">年</th><th colspan="2">凭证</th><th rowspan="2">摘要</th><th colspan="6">应借科目</th></tr>
<tr><th>月</th><th>日</th><th>字</th><th>号</th><th></th><th></th><th></th><th></th><th></th><th>支出合计</th></tr>
<tr><td></td><td></td><td></td><td></td><td></td><td></td><td></td><td></td><td></td><td></td><td></td></tr>
<tr><td></td><td></td><td></td><td></td><td></td><td></td><td></td><td></td><td></td><td></td><td></td></tr>
<tr><td></td><td></td><td></td><td></td><td></td><td></td><td></td><td></td><td></td><td></td><td></td></tr>
</table>

多栏式库存现金收入日记账和多栏式库存现金支出日记账的登记方法如下：

(1) 逐日逐笔登记现金收入日记账和现金支出日记账；

(2) 每日终了，将现金支出日记账支出合计数过入现金收入日记账中的支出合计栏；

（3）每日终了，按下列公式结出现金收入日记账的余额。

本日余额＝昨日余额＋本日收入金额合计数－本日支出金额合计数

2. 银行存款日记账的设置与登记

银行存款日记账是由出纳人员根据审核无误的银行存款收款凭证、银行存款付款凭证和将现金存入银行业务的现金付款凭证，按经济业务发生时间的先后顺序逐日逐笔进行登记的一种特种日记账。其账页格式有三栏式和多栏式两种，但最常用的是三栏式银行存款日记账。银行存款日记账的格式与库存现金日记账的格式类似，如表 6－7、表 6－8、表 6－9、表 6－10 所示。

表 6－7　银行存款日记账（三栏式）

年		凭证		摘要	结算凭证		对方科目	收入	支出	结余
月	日	字	号		种类	编号				

表 6－8　银行存款日记账（多栏式）

年		凭证		摘要	收入				支出				余额
月	日	字	号		贷方科目			合计	借方科目			合计	

表 6－9　银行存款收入日记账（多栏式）

年		凭证		摘要	应贷科目						支出合计	结余
月	日	字	号							收入合计		

表 6-10　银行存款支出日记账(多栏式)

年		凭证		摘要	应借科目					
月	日	字	号							支出合计

银行存款日记账的登记方法与库存现金日记账的登记方法基本相同,这里不再赘述。

(二) 普通日记账的设置与登记方法

普通日记账是用来登记全部经济业务发生或完成情况的日记账。设置普通日记账的企业,一般不再使用记账凭证,而是在经济业务发生后,根据原始凭证或汇总原始凭证,登记普通日记账。其账页格式有两栏式和多栏式两种,但最常用的是两栏式普通日记账。两栏式普通日记账格式如表 6-11 所示。

表 6-11　普通日记账(两栏式)

年		原始凭证	摘要	会计科目	借方金额	贷方金额	过账
月	日						

普通日记账是按每天发生业务的顺序逐笔记录,然后再根据其记录逐日逐笔输入各有关分类账。凡已在分类账中登记过的数额均要在相应的过账栏内划"√"符号,以免重记和漏记。

普通日记账也可设置多栏式格式,即在日记账中分设专栏,把经常重复发生的经济业务,如现金、银行存款、应收账款、库存商品等进行分栏登记,并将同类业务的发生额在专栏里汇总,然后一次过入分类账,就可以大大减少这类业务逐笔记账的工作。多栏式普通日记账的格式如表 6-12 所示。

表 6-12 普通日记账(多栏式)

年		摘要	库存现金		银行存款		应收账款		库存商品		其他			过账
月	日		借方	贷方	借方	贷方	借方	贷方	借方	贷方	会计科目	借方	贷方	

三、分类账的设置与登记方法

(一)总分类账的设置与登记方法

总分类账是按照总分类账户进行分类登记全部经济业务的账簿,它能全面、总括地反映经济业务的情况,并为编制会计报表提供总括核算资料,因而任何单位都必须设置总分类账。其格式一般有三栏式和多栏式两种。

1. 三栏式总分类账的设置

三栏式总分类账在账页中设有借方、贷方和余额三个金额栏,其格式和内容如表 6-13 所示。

表 6-13 总分类账(三栏式)

会计科目:短期借款

2010 年		凭证		摘要	借方	贷方	借或贷	余额
月	日	字	号					
4	1			期初余额			贷	100 000
	6	银付	1	归还银行借款	60 000		贷	40 000
	18	银收	1	向银行借款		20 000	贷	60 000
	30			本月合计	80 000	50 000	贷	70 000

根据实际需要,在三栏式总分类账中还可以增设“对方科目”栏,以反映每笔经济业务的账户对应关系,直接从总分类账中了解经济业务的来龙去脉。其格式如表 6-14 所示。

表 6-14　总分类账(三栏式)

会计科目：

年		凭证		摘要	对方科目	借方	贷方	借或贷	余额
月	日	字	号						

2. 多栏式总分类账的设置

多栏式总分类账是将所有的一级科目设在一张表中，根据记账凭证逐日逐笔进行登记。这种格式的总分类账是把序时账簿和总分类账簿结合在一起的联合账簿，通常称为日记总账，它具有序时账簿和总分类账簿的双重作用。采用多栏式总分类账，不仅可以减少记账的工作量，提高工作效率，而且能较全面地反映经济业务的来龙去脉，便于分析经济活动情况。但是，若会计科目较多时，难免造成账页过宽、不便于登记和查阅的问题。因此这种格式一般适用于经济业务比较简单，会计科目较少的小单位。其格式如表 6-15 所示。

表 6-15　多栏式总分类账(日记总账)

年		凭证		摘要	发生额	会计科目		会计科目		……	会计科目	
月	日	字	号			借方	贷方	借方	贷方	……	借方	贷方
				本期发生额合计								
				期末余额								

3. 总分类账的登记

总分类账可以直接根据各种记账凭证逐笔登记，也可以将一定时期的各种记账凭证先定期汇总编制成科目汇总表或汇总记账凭证，再据以登记总分类账。月末，要结出各总分类账户的本期发生额合计数和期末余额。总分类账的登记方法，取决于所采用的会计核算形式，有关内容详见第九章会计核算形式。

(二) 明细分类账的设置与登记方法

明细分类账是按照明细分类账户进行分类登记经济业务的账簿，是对总分类账的补充说明，为编制会计报表提供详细核算资料。明细分类账的格式通常有三栏式、多栏式和数量金额式等格式。

1. 三栏式明细分类账的设置与登记

三栏式明细分类账在账页中设有借方、贷方和余额三个金额栏，不设数量栏。这种格式适用于那些只需要进行金额核算的债权、债务结算等账户的明细核算，如“应收账款”、“应付账款”等账户的明细分类核算。其格式与三栏式总分类账格式基本相同，如表 6-16 所示。

表 6-16 应收账款 明细分类账(三栏式)

明细科目：

年		凭证		摘要	借方	贷方	借或贷	余额
月	日	字	号					

三栏式明细分类账由会计人员根据审核无误的记账凭证，按经济业务发生时间的先后顺序逐日逐笔进行登记。

2. 数量金额式明细分类账的设置与登记

数量金额式明细账在账页中分设收入、发出和结存三大栏，并在每一大栏内分设数量、单价、金额三小栏。这种格式适用于既要进行金额核算，又要进行实物数量核算的各种财产物资的明细核算，如“原材料”、“库存商品”等账户的明细账分类核算。其格式和内容如表 6-17 所示。

表 6-17 原材料明细分类账(数量金额式)

材料名称：A 材料　　　　计量单位：千克

2010 年		凭证		摘要	收入			发出			结存		
月	日	字	号		数量	单价	金额	数量	单价	金额	数量	单价	金额
5	1			期初余额							100	20	2 000
	6	转	9	购入	300	20	6 000				400	20	8 000
	15	转	17	发出				200	20	4 000	200	20	4 000
	31			本月发生额及余额	600	20	12 000	360	20	7 200	340	20	6 800

数量金额式明细分类账由会计人员根据审核无误的记账凭证和原始凭证，按经济业务发生时间的先后顺序逐日逐笔进行登记或定期汇总登记。

3. 多栏式明细分类账的设置与登记

多栏式明细分类账，是根据经济业务的特点和管理需要，在一张账页内按某一总账科目所属明细科目或明细项目分设若干专栏，用以在同一张账页上集中反映某一总账科目所属各有关明细科目或明细项目的核算资料。

多栏式明细账按照登记的经济业务不同，其账页格式又可分为借方多栏、贷方多栏和借方贷方均多栏三种格式。

(1) 借方多栏式明细分类账的设置

借方多栏式明细分类账在账页中设有借方、贷方和余额三个金额栏，并在借方按照明细科目或明细项目分设若干栏目。这种格式适用于借方需要设置多个明细科目或明细项目的成本费用类账户的明细核算，如“生产成本”、“制造费用”、“管理费用”等账户的明细账分类核算。其格式如表 6－18 所示。

表 6－18　生产成本明细分类账(借方多栏式)

明细科目：

年		凭证		摘要	借方(项目)				贷方	余额
月	日	字	号		原材料	工资及福利费	制造费用	合计		

(2) 贷方多栏式明细分类账的设置

贷方多栏式明细分类账在账页中设有借方、贷方和余额三个金额栏，并在贷方按照明细科目或明细项目分设若干栏目。这种格式适用于贷方需要设置多个明细科目或明细项目的收入类账户的明细核算，如“主营业务收入”、“营业外收入”等账户的明细账分类核算。其格式如表6－19所示。

表 6－19　主营业务收入明细分类账(贷方多栏式)

明细科目：甲产品

2010 年		凭证		摘要	借方	贷　方(项目)			余额
月	日	字	号			产品销售收入	加工收入	合计	
7	5	银收	4	销售产品		20 000		20 000	20 000
	12	转	10	销售产品		30 000		30 000	50 000
	18	转	15	对外加工			8 000	8 000	58 000
	25	银付	26	销售退货		5 000		5 000	53 000
	31	转	38	转入“本年利润”账户	53 000				0
	31			本期发生额及余额	53 000	45 000	8 000	53 000	0

(3) 借方贷方均多栏式明细分类账的设置

借方贷方均多栏式明细分类账的账页中设有借方、贷方和余额三个金额栏，并同时在借方和贷方按照明细科目或明细项目分设若干栏目。这种格式适用于借方贷方均需要设置多个明细科目或明细项目的账户的明细核算，如"本年利润"、"应交税费——应交增值税"等账户的明细账分类核算。其格式如表 6-20 所示。

表 6-20 本年利润明细分类账(借方贷方均多栏式)

年		凭证		摘要	借方(项目)				贷方(项目)				借或贷	余额
月	日	字	号		主营业务成本	管理费用	……	合计	主营业务收入	营业外收入	……	合计		

(4) 多栏式明细分类账的登记

多栏式明细分类账是由会计人员根据审核无误的记账凭证或原始凭证逐笔登记的。

对于借方多栏式明细分类账，由于只在借方设多栏，平时在借方登记费用、成本的发生额，贷方登记月末将借方发生额一次转出的数额，所以平时如果发生贷方发生额，应该用红数字在借方多栏中登记。

对于贷方多栏式明细分类账，由于只在贷方设多栏，平时在贷方登记收入的发生额，借方登记月末将贷方发生额一次转出的数额，所以平时如果发生借方发生额，应该用红数字在贷方多栏中登记。

四、总分类账和明细分类账的关系及其平行登记

(一) 总分类账与明细分类账的关系

总分类账是按照总分类账户进行分类登记经济业务的账簿，提供总括性的会计信息；明细分类账是按照明细分类账户进行分类登记经济业务的账簿，提供具体而详细的会计信息。这就表明，总分类账与其所属的明细分类账之间既具有内在联系，又有明显的区别。

1. 总分类账与明细分类账的内在联系

(1) 两者所反映的经济业务的内容相同。如“原材料”总账账户与其所属的“甲材料”、“乙材料”等明细账户都是用来反映材料的收发及结存业务的。

(2) 两者登账的依据相同。登记总分类账及其所属的明细分类账的记账凭证或原始凭证是相同的。

2. 总分类账与明细分类账的区别

(1) 两者反映经济业务内容的详细程度不同。总分类账反映总账科目核算内容增减变化的总括情况，提供总括资料；明细分类账反映明细科目核算内容增减变化的详细情况，提供具体资料。

(2) 两者的作用不同。总分类账统驭和控制明细分类账，即总分类账控制着明细分类账的核算内容和数据，明细分类账则对总分类账起着补充和说明的作用。

2. 总分类账与明细分类账的平行登记

为了使总分类账与其所属的明细分类账之间能起到统驭、控制和补充说明的作用，便于账户之间的核对，确保核算资料的正确、完整，总分类账和明细分类账的登记必须采用平行登记的方法。所谓平行登记法是指经济业务发生后，根据会计凭证，一方面要登记有关总分类账户，另一方面要登记该总分类账户所属的有关明细分类账户的一种登记方法。采用平行登记法，应注意以下几个要点：

(1) 依据相同。登记总分类账及其所属的明细分类账所依据的记账凭证或原始凭证是相同的。

(2) 期间相同。登记总分类账及其所属的明细分类账应在同一会计期间内完成。

(3) 方向相同。这里所指的方向相同，是指事项的变动方向相同，而并非指完全相同的记账方向。一般情况下，总分类账及其所属的明细分类账都按借方、贷方和余额设专栏登记。这时，在总分类账及其所属的明细分类账中的记账方向是相同的，如债权、债务结算账户(总分类账与明细分类账都是三栏式)。但是，如果总分类账采用三栏式而其所属的明细分类账采用多栏式格式时，在这种情况下，对于某项需要冲减有关项目金额的事项，在明细分类账中只能用红字记入其相反的记账方向，而与总分类账中的记账方向不一致。

(4) 金额相等。记入总分类账的金额与记入其所属各明细分类账的金额必须相等。但是，这种金额相等只表明其数量相等，而不一定都是借方发生额相等和贷方发生额相等的关系。

（二）总分类账与明细分类账的核对

按照平行登记法登记总分类账和明细分类账后，就可以根据总分类账与其所属的明细分类账之间的数量关系，编制总分类账户与明细分类账户本期发生额及余额对照表，用以检查总分类账与其所属的明细分类账记录的正确性。

下面以某企业应付账款的核算为例，说明总分类账与其所属的明细分类账平行登记的方法。

例 6－1 某企业 2010 年 6 月 1 日"应付账款"总分类账及其所属的明细分类账的余额如下：

应付账款　　8 000 元

　—方兴公司　　6 500 元

　—山南公司　　1 500 元

本月发生下列经济业务：

(1) 6 月 5 日，向方兴公司购进原材料 1 000 千克，单价 3 元，计 3 000 元，增值税 510 元，合计 3 510 元，款项尚未支付，材料已验收入库。

(2) 6 月 12 日，向山南公司购进原材料 400 千克，单价 5 元，计 2 000 元，增值税 340 元，合计 2 340 元，款项尚未支付，材料已验收入库。

(3) 6 月 26 日，以银行存款偿还前欠方兴公司货款 6 000 元，山南公司货款1 500 元。

总分类账与明细分类账平行登记的步骤如下：

第一步，将上列三笔经济业务编制会计分录。

(1) 借：原材料　　3 000

　　应交税费—应交增值税(进项税额)　　510

　贷：应付账款—方兴公司　　3 510

(2) 借：原材料　　2 000

　　应交税费—应交增值税(进项税额)　　340

　贷：应付账款—山南公司　　2 340

(3) 借：应付账款—方兴公司　　6 000

　　　　　—山南公司　　1 500

　贷：银行存款　　7 500

第二步，将月初余额、本期发生额平行登记在"应付账款"的总分类账户及其所属明细分类账户中，如表 6－21、表 6－22、表 6－23 所示。

表 6 - 21　总分类账

会计科目:应付账款　　　　单位:元

2010 年		凭证		摘要	借方	贷方	借或贷	余额
月	日	字	号					
6	1			月初余额			贷	8 000
	5	转	6	购货欠款		3 510	贷	11 510
	12	转	10	购货欠款		2 340	贷	13 850
	26	付	15	归还欠款	7 500		贷	6 350
	30			本月发生额及余额	7 500	5 850	贷	6 350

表 6 - 22　应付账款明细分类账

户名:方兴公司　　　　单位:元

2010 年		凭证		摘要	借方	贷方	借或贷	余额
月	日	字	号					
6	1			月初余额			贷	6 500
	5	转	6	购货欠款		3 510	贷	10 010
	26	付	15	归还欠款	6 000		贷	4 010
	30			本月发生额及余额	6 000	3 510	贷	4 010

表 6 - 23　应付账款明细分类账

户名:山南公司　　　　单位:元

2010 年		凭证		摘要	借方	贷方	借或贷	余额
月	日	字	号					
6	1			月初余额			贷	1 500
	12	转	10	购货欠款		2 340	贷	3 840
	26	付	15	归还欠款	1 500		贷	2 340
	30			本月发生额及余额	1 500	2 340	贷	2 340

第三步,编制总分类账户与明细分类账户本期发生额及余额对照表,如表 6 - 24所示。

表 6-24　总分类账户与明细分类账户发生额及余额对照表

2010 年 6 月 30 日　　单位:元

账户名称	月初余额		本期发生额		月末余额	
	借方	贷方	借方	贷方	借方	贷方
方兴公司明细账		6 500	6 000	3 510		4 010
山南公司明细账		1 500	1 500	2 340		2 340
总分类账		8 000	7 500	5 850		6 350

表中数据表明,总分类账户与其所属的明细分类账户登记的结果相等。如果数据不符,则说明记账出现差错,应进一步找出原因进行更正,以保证会计资料的准确性。

第三节　账簿登记和使用的规则

一、账簿启用的规则

账簿是储存数据资料的重要会计档案。为了保证账簿记录的合法性和资料的完整性,明确经济责任,会计人员在启用新的账簿时,应当在账簿封面上写明单位名称和账簿名称,在账簿扉页上填写"账簿启用和经管人员一览表",详细记载:单位名称、账簿编号、账簿册数、账簿页数、启用日期、加盖单位公章、经管人员(包括企业负责人、主管会计、复核和记账人员等)均应登记姓名并加盖印章。

记账人员调离岗位时,必须与接管人员办理交接手续;在"账簿启用和经管人员一览表"的交接记录栏内填写交接日期、交接人员和监交人员姓名,并由交接双方签字并盖章。一般会计人员办理交接手续,由会计机构负责人监交。会计机构负责人办理交接手续,由单位负责人监交。"账簿启用和经管人员一览表"的格式如表 6-1 所示。

二、账簿登记的规则

登记账簿时,一般应遵循以下规则,以确保账簿所提供的会计信息符合会计信息的质量要求。

1. 必须以审核无误的会计凭证为依据登记账簿

为了保证账簿记录的客观、公正,记账时,必须以审核无误的会计凭证为依据。

会计人员将审核无误的会计凭证中的内容登记到账簿中的行为，称之为过账。过账时，应将会计凭证日期、编号、业务内容摘要、金额和其他有关资料逐项记入账内。登记完毕后，记账人员要在记账凭证上签名或者盖章，并注明过账的符号（如打“√”等），以免发生重记、漏记。

2. 按照规定及时登记账簿

各种账簿应当隔多长时间登记一次，没有统一规定。但是一般的原则是：总分类账簿要按照单位所采用的会计核算形式根据记账凭证、科目汇总表或汇总记账凭证定期登记；各种明细分类账簿要根据原始凭证、原始凭证汇总表和记账凭证每天进行登记，也可以定期（三天或五天）登记一次。但是现金日记账和银行存款日记账，应当根据办理完毕的收付款凭证序时逐日逐笔进行登记。

3. 账簿中的文字和数字必须工整、规范、清晰

为了保证账簿中的记录清晰，易于使用，记账时账簿中的文字和数字必须工整、规范、清晰，不得潦草、模糊。账簿中的文字和数字都应紧靠行格底线书写，一般应占格距的二分之一，以便留有改错的空间。

4. 必须用蓝黑墨水或碳素墨水钢笔登记账簿

账簿除制度规定允许使用红色墨水登记的情况外，登记账簿要用蓝黑墨水书写，不得用圆珠笔（银行的复写账簿除外）或铅笔书写。红色墨水用于以下几种情况：

（1）根据红字冲账的记账凭证，冲销错误记录；

（2）在不设“借”或“贷”等栏的多栏式账页中，登记减少数；

（3）在三栏式账户的余额栏前，如未印明余额方向，在余额栏内登记负数余额；

（4）会计期末结账划线、注销账簿中的空行或空页和更正账簿记录错误可以用红色墨水划线。

（5）根据国家统一会计制度的规定可以用红字书写的其他会计记录。

5. 必须顺序、逐页、逐行登记账簿

各种账簿要按行次、页次顺序连续登记，不得跳行、隔页。如果发生跳行、隔页，应将空行、空页划红线注销，或注明“此行空白”或“此页空白”字样，并由会计人员和会计机构负责人在更正处盖章。

6. 每页账面记录完毕时，应办理转页手续

每一账页登记完毕结转下页时，应当结出本页合计数和余额，写在本页最后一行和下页第一行有关栏内，并在摘要栏注明“过次页”和“承前页”字样。

7. 在账页上注明账户余额方向

为了明确账户余额方向，应在账页的“借或贷”栏目内注明“借”或“贷”字样，表明账户余额为借方或贷方；余额为零的账户，应在“借或贷”栏目内注明“平”字，并在余额栏内用"0"表示。

8. 应按规定的方法更正错误记录

账簿记录发生错误，应按照规定的方法更改，不允许用涂改、挖补、刮擦、药水清除字迹等手段更正错误，也不能重抄，必须按照规定的方法进行更正。

9. 期末各种账簿均应结账

各种账簿期末时都应计算出每个账户的本期发生额和期末余额并进行结账。将期末余额转入下期该账户，作为各账户的期初余额。年初开始使用新账簿时，也应将上年末各账户余额转入新年度的账户期初余额栏内，并在摘要栏注明"上年结转"或"年初余额"字样。

三、更正错账的规则

账簿登记要求正确、及时、完整，使提供的信息便于为各信息使用者使用，如果账簿记录发生错误，不能挖、擦、涂、补或用药水消除字迹，应按照规定的方法进行更正。常用的错账更正方法有三种，分别是划线更正法、红字更正法和补充登记法。三种方法适用于不同错误的更正，分别介绍如下：

（一）划线更正法

划线更正法是对账簿记录中的错误文字或数字，用红线划掉，表示注销，然后把正确内容写在错误记录的正上方，并加盖记账人员印章的一种方法。

划线更正法适用于期末结账前发现账簿记录中文字或数字有错误而记账凭证没有错误的更正。具体的更正方法是：先在错误的文字或数字上划一条单红线注销，使原来的字迹仍可清晰辨认；然后在划线上方空白处用蓝字或黑字填写上正确的文字或数字，并由记账人员在更正处签章，以明确责任。但应注意，更正错误数字时，应将整笔数字划掉，不能只划掉其中一个或几个写错的数字。

例 6-2 记账人员在登记"应付账款"总账时，将贷方的 6 835.72 误写为 6 885.72。正确的更正方法是：将错误的数字 6 885.72 全部用红线注销，然后在其上方空白处用蓝字或黑字填写上正确的数字 6 835.72，并由记账人员在更正处签章。如图 6-2 所示。

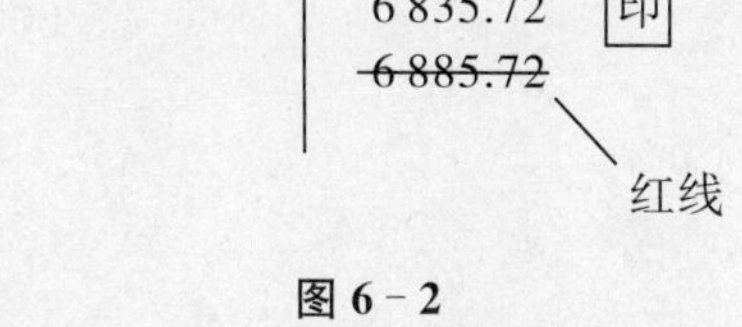

图 6-2

(二) 红字更正法

红字更正法是指由于记账凭证错误而使账簿记录发生错误，用红字金额冲销原有错误的科目和金额的记账凭证，并据以更正账簿记录的一种方法，又称为红字冲销法。

红字更正法适用于期末结账前发现由于记账凭证上的会计科目错误或金额多计而造成的账簿记录错误的更正。对于凭证中的会计科目或金额错误，可分别采用两种不同方法进行更正。

1. 红字全额冲销法。它适用于记账后发现记账凭证中应借、应贷会计科目或记账方向有错误而导致登账错误的更正。具体的更正方法是：先填制一张与原错误的记账凭证内容完全相同的红字金额记账凭证，在凭证"摘要"栏注明"注销×月×日×号凭证"字样，并据以用红字金额登记入账，在账簿的"摘要"栏注明"冲销×月×日错账"，"凭证"栏写上凭证的"字、号"，以冲销原错误记录；然后再填制一张正确的蓝字或黑字金额记账凭证，在摘要栏注明"订正×月×日×号凭证"字样，并据此记账凭证用蓝字或黑字登记入账，在账簿的"凭证"栏写入该凭证的"字、号"，在"摘要"栏注明"更正×月×日错账"。

例6-3 计提本月车间固定资产折旧5 000元，已编制记账凭证并已登记入账，原会计分录为：

借：制造费用　　　　5 000

　　贷：应付账款　　　　5 000

更正的过程如下：

(1) 先填制一张与原错误记账凭证内容完全相同的红字金额记账凭证，以冲销原错误的记账凭证，并据以用红字登记入账。会计分录如下：

借：制造费用　　　　[5 000]

　　贷：应付账款　　　　[5 000]

注：[　　]内数字表示红字，下同。

(2) 再用蓝字或黑字填写一张内容正确的记账凭证，并据以登记入账。会计分录如下：

借：制造费用　　　　5 000

　　贷：累计折旧　　　　5 000

以上有关账户记录如图 6－3 所示。

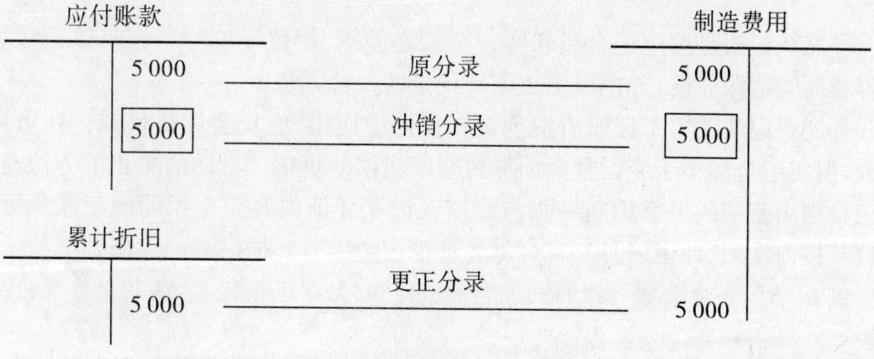

图 6－3

2. 红字差额冲销法。主要适用于记账后发现记账凭证中应借、应贷会计科目或记账方向都正确，但实记金额大于应记金额而导致登账错误的更正。具体的更正方法是：将多记金额用红字填制一张与原错误记账凭证内容完全相同的记账凭证，在“摘要”栏内注明“冲销×月×日×号凭证多记金额”，并据以用红字登记入账。

例 6－4 用银行存款 4 500 元支付产品销售广告费，已填制记账凭证并据以登记入账。原会计分录为：

借：销售费用　　　　　　　　　　5 400

　贷：银行存款　　　　　　　　　　5 400

更正方法如下：填制一张红字金额为 900 元的记账凭证，以冲销多记金额 900 元，在摘要栏内注明“冲销×月×日×号凭证多记金额”，并据以用红字登记入账。会计分录如下：

借：销售费用　　　　　　　　　　900

　贷：银行存款　　　　　　　　　　900

以上有关账户的记录如图 6－4 所示。

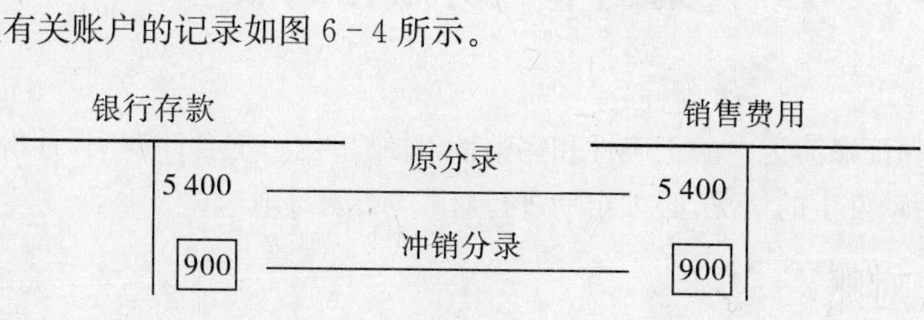

图 6－4

（三）补充登记法

补充登记法是按应记金额和实记金额之差额，用蓝字填写一张与原记账凭证内容相同的记账凭证，并据以更正账簿记录的一种方法。

补充登记法适用于记账后发现记账凭证中应借、应贷会计科目或记账方向都正确，但实记金额小于应记金额而导致登账错误的更正。具体的更正的方法是：将少记金额用蓝字或黑字填制一张与原错误记账凭证内容完全相同的记账凭证，在“摘要”栏内注明“补记×月×日×号凭证少记金额”，并据以登记入账。

例 6－5 企业向银行取得短期借款 40 000 元存入银行，已编制记账凭证并据以登记入账。原会计分录为：

借：银行存款　　　　4 000

　　贷：短期借款　　　　4 000

更正的过程为：用蓝字或黑字填制一张金额为 36 000 元的记账凭证，以补充少记金额，并据以登记入账。会计分录如下：

借：银行存款　　　　36 000

　　贷：短期借款　　　　36 000

以上账户的记录如图 6－5 所示。

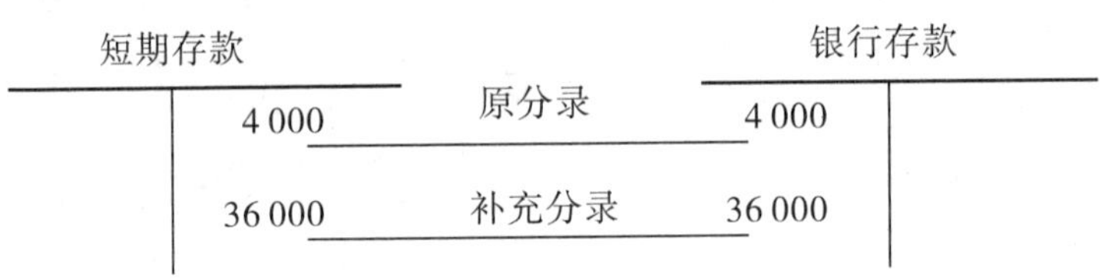

图 6－5

第四节　对账和结账

为了保证账簿记录的正确性和完整性，总结单位一定会计期间（月份、季度、年度）经济活动发生的情况，必须定期进行对账与结账工作。

一、对账

对账就是核对账目，即定期地将各种账簿记录与有关资料进行核对，做到账证相符、账账相符和账实相符，以确保账簿核算资料真实和正确的会计工作。在会计实务中，由于自然或人为的原因，难免会发生各种各样的差错或账实不符的情况。为了保证账簿资料的真实性、正确性，为编制会计报表提供真实可靠的数据资料，必须做好对账工作。对账的内容主要有以下三个方面：

（一）账证核对

账证核对是指将各种账簿记录（包括总分类账、明细分类账、日记账）与有关会计凭证（包括记账凭证与所附的原始凭证）进行核对。账证核对工作主要在日常登记账簿时进行，便于错账能及时得到改正。会计期末，可根据需要进行复核，若出现账簿记录有误，则应重新与会计凭证核对，以保证账证相符。

具体核对内容有：检查各账户是否为记账凭证中所列示的会计科目；账户中经济业务内容摘要、凭证字号、记账方向、金额与记账凭证中相应内容是否一致。

（二）账账核对

账账核对是指将各种账簿记录之间的有关数据进行核对。账账核对工作一般在结账前进行，主要内容包括以下几项：

1. 总分类账的核对

核对全部总分类账户的本期借方发生额合计数与本期贷方发生额合计数是否相符，全部总分类账户期末借方余额合计数与期末贷方余额合计数是否相符。

2. 总分类账与其所属的明细分类账的核对

核对总分类账户的余额与其所属的各明细分类账户的余额合计数是否相符，方向是否一致。

3. 总分类账与日记账的核对

总分类账与日记账的核对，是将总分类账中的“库存现金”、“银行存款”账户的借方、贷方发生额合计数及期末余额与同期“库存现金日记账”、“银行存款日记账”的借方、贷方发生额合计数及期末余额分别核对是否相符。

4. 不同部门财产物资明细分类账的核对

核对会计部门各种财产物资明细分类账的期末余额与财产物资保管部门和使用部门的有关财产物资明细分类账的期末余额是否相符。

（三）账实核对

账实核对是指各种财产物资、债权债务等的账面余额与其实际结存数之间进行核对。账实核对是在账账核对的基础上进行的，其目的是保证账实相符。具体内容包括：

（1）核对库存现金日记账的账面余额与库存现金实存数是否相符。

(2) 核对银行存款日记账的记录和账面余额与银行对账单的记录和余额是否相符。

(3) 核对各种财产物资明细账的账面余额与各种财产物资的实存数是否相符。

(4) 核对各种债权债务明细账的账面余额与有关结算单位或个人的账目是否相符。

在实际工作中,账实核对一般是通过财产清查进行的,有关内容将在第七章财产清查中进行详细介绍。

二、结账

结账是指在把一定时期(月份、季度、年度)内发生的经济业务全部登记入账的基础上,于会计期末按照规定的方法结算账目,结出本期发生额合计数及期末余额,并将其余额结转至下期或新账的过程。为了总结一定时期内的经济活动情况,以便根据账簿记录编制会计报表,各单位必须在会计期末进行结账。

(一) 结账的主要程序

(1) 将本期内发生的经济业务全部登记入账,并保证其正确性;

(2) 实行权责发生制的企业,应按照权责发生制的要求,调整有关账项,合理确定本期应计的收入和应计的费用;

(3) 结转有关账项,如将损益类账户转入"本年利润"账户,将"制造费用"账户转入"生产成本"账户等;

(4) 结算出资产、负债和所有者权益账户的本期发生额和余额,并结转下期。

(二) 结账的方法

结账工作是在月份、季度和年度终了时进行的,因此有月结、季结和年结。一般采用划线结账法,月结、季结划通栏单红线,年结划通栏双红线,表示封账。

1. 月结

月结时,应考虑各账户的特点分别采用不同的方法。

(1) 对不需按月结计本期发生额的债权、债务和财产物资等明细账,每次记账以后,都要随时结出余额,每月最后一笔余额即为月末余额。月末结账时,只需要在最后一笔经济业务记录之下通栏划单红线,不需要再结计一次余额。

(2) 库存现金、银行存款日记账和需要按月结计发生额的收入、费用等明细账,每月结账时,要在最后一笔经济业务记录下面通栏划单红线,并在其下一行结出本月发生额和余额,在摘要栏内注明"本月合计"字样,再在其下面通栏划单红线。

(3) 需要结计本年累计发生额的某些账户，每月结账时，应在“本月合计”行下结出自年初起至本月末止的累计发生额，登记在月份发生额下面，在摘要栏内注明“本年累计”字样，并在下面通栏划单红线。注意：十二月末的“本年累计”就是全年累计发生额，全年累计发生额下通栏划双红线。

2. 季结

季末将计算出的本季度三个月的发生额合计数，记录在月结数的下一行内，在摘要栏注明“本季合计”字样，并在下面通栏划单红线。

3. 年结

月末已结计出本年累计发生额的账户，十二月末的“本年累计”就是全年累计发生额，在下面通栏划双红线，表示封账。平时只需结计本月合计的账户，年终结账时，要在十二月末“本月合计”行下结出全年发生额合计及年末余额，在摘要栏内注明“本年合计”字样，并在合计数下通栏划双红线，表示封账。

年终结账后，有余额的账户，要将其余额结转下年，并在摘要栏注明“结转下年”字样，在下一会计年度新建有关账户的第一行余额栏内填写上年结转的余额，并在摘要栏注明“上年结转”字样。

第五节　账簿的更换与保管

一、账簿的更换

账簿的更换是指在年度结账后，将本年度旧账更换为下年度新账。一般来说，在新的会计年度，总分类账、库存现金日记账、银行存款日记账和大部分明细分类账应每年更换一次；有些财产物资明细账和债权债务明细账，由于材料品种、规格繁杂，往来单位较多，更换新账，重抄一遍，工作量较大，因此，可以跨年度使用，不必每年更换一次；固定资产明细账或固定资产卡片，由于固定资产变动情况很少，不必每年更换，可连续使用；各种备查账簿也可以连续使用。

更换新账时，要注明各账户的年份，在第一行日期栏内写明 1 月 1 日，在摘要栏注明“上年结转”字样，将旧账各账户的余额直接抄入新账各账户的余额栏内，并注明余额的借贷方向，在此基础上登记新年度的会计事项。过入新账的有关账户余额的结转事项，不需要编制记账凭证。

二、账簿的保管

账簿在更换新账后，除跨年使用的账簿外，其他账簿应按时整理归入会计档案保管。账簿管理分为日常管理和归档保管两部分。

（一）账簿的日常管理

（1）各种账簿要分工明确，指定专人管理，账簿经管人员既要负责记账、对账、结账等工作，又要负责保证账簿安全。

（2）账簿未经领导和会计负责人或者有关人员批准，非经管人员不能随意翻阅查看账簿。

（3）账簿除需要与外单位核对外，一般不能携带外出，对携带外出的账簿，一般应由经管人员或会计主管人指定专人负责，账簿不能随意交于其他人员管理，以保证账簿安全和防止任意涂改账簿等问题发生。

（二）账簿的归档保管

年度终了更换并启用新账后，对更换下来的旧账要整理装订，造册归档，按照统一规定进行管理。

1. 归档前的装订整理

（1）账簿装订前，首先按账簿启用和经管人员一览表的使用页数核对账户是否相符，账页是否齐全，序号排列是否连续；然后，按账簿封面、账簿启用和经管人员一览表、账户目录和排序整理好的账页顺序装订。

（2）活页账簿的装订，将账页填写齐全，去除空白页和账夹，并加具封底封面，装订成册；多栏式活页账、三栏式活页账、数量金额式活页账等不得混装，应按同类业务、同类账页装订在一起；在账簿的封面上填写账簿的种类，编上卷号，由会计主管人员、装订人或经办人签章。

（3）装订后的账簿应牢固、平整，不得有折角、缺角、错页、掉页、加空白纸的现象；账簿的封口要严密，封口处要加盖印章；封面应齐全、平整，并注明所属年度及账簿名称和编号。

2. 归档后的管理

年度结账后，更换下来的账簿，交由会计机构按照要求造册归档，将全部归档保管账簿的名称、册数、页码、经管人、保管期限等填入“会计账簿归档登记表”，其格式如表 6－25 所示。归档后的账簿可暂由本单位会计机构保管 1 年，期满后应移交本单位档案机构保管。

表 6-25　会计账簿归档登记表

账簿名称	册数	页数	经管人	保管期限	备注

各单位保存的账簿归档后不得借出，如有特殊需要，经本单位负责人批准，可以提供查阅或者复制，并办理登记手续，查阅或者复制会计账簿的人员，严禁在会计账簿上涂画、拆封和抽换。

各种账簿同会计凭证和会计报表一样，都是重要的经济档案，必须按照制度统一规定的保存年限妥善保管，不得丢失和任意销毁。根据《会计档案管理办法》的规定，总分类账簿、明细分类账簿、辅助账簿、日记账均应保存 15 年，其中，库存现金日记账、银行存款日记账要保存 25 年；固定资本卡片在固定资产清理报废后保存 5 年；涉及外事和对私改造的账簿应永久保存。

账簿保管期满，由本单位档案机构会同会计机构提出销毁意见，编制账簿销毁清册，经单位负责人签署意见后，可以进行销毁。销毁账簿时，应当由档案机构和会计机构共同派员监销。销毁后，监销人员应当在账簿销毁清册上签名盖章，并将监销情况报告本单位负责人。

第六节　登记账簿的技能训练

一、训练目标

通过技能训练，使学生掌握日记账、总分类账和明细分类账的设置与登记方法，培养学生设置和熟练登记各种账簿的能力。

二、训练重点与难点

库存现金日记账和银行存款日记账的设置与登记；总分类账与明细分类账的平行登记。

三、训练要求

(1) 根据技能训练资料(一)开设“库存现金日记账”、“银行存款日记账”、有关总分类账户和明细分类账户，并登记期初余额；

(2) 根据技能训练资料(二)中有关现金、银行存款收付业务的记账凭证登记“库存现金日记账”和“银行存款日记账”；

(3) 根据技能训练资料(二)中的有关记账凭证登记有关总分类账及其所属的明细分类账，并结出本期发生额合计数及期末余额。

四、训练资料

(一) 某企业2010年6月1日总分类账户的期初余额如表6-26所示。

表6-26

账户名称	借方金额	账户名称	贷方金额
库存现金	1 200	短期借款	100 000
银行存款	180 000	应付账款	45 600
应收账款	52 500	实收资本	754 000
原材料	97 300	盈余公积	123 400
库存商品	136 000	利润分配	56 000
固定资产	684 000	累计折旧	72 000
合计	1 151 000	合计	1 151 000

(二) 第五章第五节“记账凭证的填制技能训练”填制的记账凭证。

本章小结

账簿是由一定格式的、相互联系的账页组成的，以会计凭证为依据，序时、分类、全面地记录和反映各项经济业务的会计簿籍。设置和登记账簿是会计核算的一种专门方法，也是会计核算工作的一个重要环节，它对加强经济核算，提高经营管理水平有着重要的意义。

账簿按用途分类，可以分为序时账簿、分类账簿和备查账簿；按其外表形式分类，可以分为订本式账簿、活页式账簿和卡片式账簿；按其账页格式分类，可以分为三栏式账簿、多栏式账簿和数量金额式账簿等。总分类账与明细分类账既有内在联系，又有区别。登记总分类账与明细分类账必须采用平行登记法。登记账簿时，必须遵循账簿启用规则、账簿登记规则和错账更正的规则。

为了保证会计资料的可靠性，会计人员还应做好对账工作，对账的内容包括：账证核对、账账核对和账实核对。在会计期末会计人员应按规定进行结账，并按规定对账簿进行更换和保管。

习　题

一、单项选择题

1. 将现金存入银行时，登记银行存款日记账的依据是(　　)。

A. 现金收款凭证　　B. 银行存款收款凭证

C. 现金付款凭证　　D. 银行存款付款凭证

2. “生产成本”明细分类账应采用的格式是(　　)。

A. 三栏式　　B. 借方多栏式

C. 数量金额式　　D. 贷方多栏式

3. 总分类账的外表形式应该采用(　　)。

A. 活页式　　B. 卡片式

C. 订本式　　D. 活页式或卡片式

4. 下面所列的凭证中，不能作为登记总分类账的依据的是(　　)。

A. 记账凭证　　B. 原始凭证

C. 科目汇总表　　D. 汇总记账凭证

5. 记账后，发现记账凭证中的会计科目正确，但所记金额小于应记金额，更正错账可采用(　　)。

A. 划线更正法　　B. 补充登记法

C. 红字更正法　　D. 平行登记法

二、多项选择题

1. 登记总分类账的依据有(　　)。

A. 记账凭证　　B. 原始凭证

C. 科目汇总表　　D. 汇总记账凭证

2. 下列可以采用三栏式账簿的有(　　)。

A. 总账　　B. 应付账款明细账

C. 原材料明细账　　D. 库存现金日记账

3. 总分类账与其所属的明细分类账平行登记的规则为(　　)。

A. 时间相同　　B. 依据相同

C. 方向一致　　D. 金额相等

4. 任何会计主体都必须设置的账簿有(　　)。

A. 特种日记账　　B. 总分类账

C. 备查账簿　　D. 明细分类账

5. 登记库存现金日记账的依据有(　　)。

A. 现金收款凭证　　B. 银行存款收款凭证

C. 现金付款凭证　　D. 银行存款付款凭证

三、判断题

1. 特种日记账专指库存现金日记账和银行存款日记账。(　　)
2. 银行存款是登记银行存款日记账借方的唯一依据。(　　)
3. "本年利润"账户的明细分类核算适用借方贷方多栏式明细分类账。(　　)
4. 总分类账与其所属的明细分类账的登记必须在同一时点进行。(　　)
5. 记账以后,如发现记账凭证中应借、应贷的会计科目有误,应用红字更正法更正。(　　)

四、问答题

1. 什么是账簿?设置和登记账簿有何意义?
2. 简述账簿的分类及其内容。
3. 什么是账簿的平行登记?其要点有哪些?
4. 划线更正法适用于什么样的情况?如何利用它来更正错账?
5. 红字更正法适用于哪些情况?如何利用它来更正错账?
6. 补充登记法适用于什么样的情况?如何利用它来更正错账?
7. 什么是对账?对账工作包括哪些内容?
8. 什么是结账?结账工作包括哪些内容?

五、实务题

1. 练习银行存款日记账的登记。

资料:某公司银行存款日记账的上年结余 50 000 元,2010 年 1 月 1 日有关的记账凭证标明的会计分录如下:

(1) 借:银行存款　　100 000
　　贷:短期借款　　100 000

(2) 借:材料采购　　40 000
　　贷:银行存款　　40 000

(3) 借:银行存款　　80 000
　　贷:应收账款　　80 000

(4) 借:银行存款　　5 000
　　贷:库存现金　　5 000

(5) 借:银行存款　　　　105 300

　　贷:主营业务收入　　　　90 000

　　　　应交税费—应交增值税(销项税额)　　　　15 300

要求:根据上列记账凭证,逐笔登记银行存款日记账。

2. 练习总分类账与明细分类账的平行登记。

资料:某公司 2010 年 3 月 1 日“原材料”总分类账及其所属的明细分类账的余额如下:

原材料　　　　70 000 元

　　—A 材料　　　　50 000 元(1 000 千克×50 千克/元)

　　—B 材料　　　　20 000 元(500 千克×40 千克/元)

本月发生下列经济业务:

(1) 3 月 6 日,向方兴公司购进 A 材料 150 千克,单价 50 元,计 7 500 元,增值税 1 275 元,合计 8 775 元,款项尚未支付,材料已验收入库。

(2) 3 月 11 日,向山南公司购进 B 材料 200 千克,单价 40 元,计 8 000 元,增值税 1 360 元,合计 9 360 元,款项已用银行存款支付,材料已验收入库。

(3) 3 月 17 日,仓库发出 A 材料 1 050 千克,单价 50 元,计 52 500 元;发出 B 材料 550 千克,单价 40 元,计 22 000 元,均用于产品生产。

要求:(1) 根据以上经济业务编制会计分录;

(2) 根据所编制的会计分录登记“原材料”总分类账及其所属的明细分类账。

3. 练习错账的更正方法。

资料:某公司在将账簿记录余会计凭证核对时,发现下列错误:

(1) 结转本月已销售产品的成本 86 000 元。原编记账凭证的会计分录为:

借:主营业务成本　　　　86 000

　　贷:库存商品　　　　86 000

在根据记账凭证记账时,误将“库存商品”科目的贷方登记为 68 000 元。

(2) 以银行存款 500 元支付公司行政管理部门的办公费用。原编记账凭证的会计分录为:

借:管理费用　　　　500

　　贷:库存现金　　　　500

该记账凭证已登记入账。

(3) 结转本月完工产品的实际成本 34 000 元。原编记账凭证的会计分录为:

借:库存商品　　　　43 000

　　贷:生产成本　　　　43 000

该记账凭证已登记入账。

(4) 以银行存款 8 500 元偿还前欠星河公司的货款。原编记账凭证的会计分录为:

借:应付账款　　　　5 800

　　贷:银行存款　　　　5 800

该记账凭证已登记入账。

要求:采用适当的方法更正错账。

第七章　财 产 清 查

学习目标

通过本章的学习，掌握财产清查的概念；了解财产清查的意义；掌握财产清查的种类；掌握财产物资的盘存制度；掌握财产清查的具体方法；掌握财产清查结果的账务处理。

知识构图

- 财产清查
  - 财产清查的意义和种类
    - 财产清查的意义
    - 财产清查的种类
  - 财产物资的盘存制度及方法
    - 财产物资的盘存制度
    - 财产物资的清查方法
  - 财产清查结果的账务处理
    - 财产清查结果的处理程序
    - 财产清查结果的账务处理

第一节　财产清查的意义和种类

一、财产清查的意义

财产清查是指通过对货币资金、实物资产和债权债务的盘点和核对，确定其实存数，查明账存实存是否相符的一种专门的会计核算方法。

会计信息的真实性是最基本的要求，是会计工作的使命。但是会计凭证和账簿记录的正确性并不足以说明各项财产物资实际结存情况的正确。在实际工作中，由于种种原因，往往会出现某些财产物资实存数与账存数不相符的现象，这不仅影响会计核算的质量，也会给企业带来不应有的损失。一般来说，账实不符包括以下几种情况：

(1) 财产物资在保管过程中发生的自然损耗，如蒸发、霉变、干耗等；

(2) 在收发财产物资时，由于计量、计算、检验不准确而发生的品种、数量、质量上的差错；

(3) 在凭证账簿记录中，出现的漏记、错记或计算上的错误；

(4) 由于管理不善或人员失职而造成财产物资的损坏、变质、丢失、短缺等；

(5) 自然灾害造成的非常损失；

(6) 由于凭证传递时间不同形成的未达账项，引起的账账、账实不符；

(7) 其他原因。

从中可以看到，很多原因都可能造成账实不符，而财产清查的意义也尤显突出，主要体现在以下几个方面：

1. 提高会计信息质量

通过财产清查，可以确定各项财产物资的实存数，将其与账存数相对比，查明各项财产物资的账实是否相符，确定各项财产的盘盈、盘亏情况，并及时调整账簿记录，做到账实相符，从而保证会计账簿记录的真实性，为编制会计报表做好准备。

2. 提高财产物资的使用效果

在财产清查中，查明各种财产物资的储存和使用情况，储存不足的应当及时补足，多余积压的应当及时处理，从而准确反映各项财产物资的使用情况，以促进各项财产物资的有效使用，充分发挥财产物资的潜力，提高财产物资的使用效果。

3. 健全财产物资的管理制度

通过财产清查，可以发现企业财产物资管理中所存在的问题以及各项责任制度的遵守情况，促使企业不断完善财产物资管理制度，增强有关人员的责任感，保证财产物资的安全完整。

二、财产清查的种类

(一) 按照清查的对象和范围分为全面清查和局部清查

1. 全面清查

全面清查是指对本单位所有财产物资进行的全面盘点和核对。由于全面清查具有范围广、时间长、工作量大、参与部门多等特点，一般在下列情况下进行：

(1) 年终决算之前；

(2) 开展清产核算或资产评估前；

(3) 企业撤销、合并、破产清算，或改变隶属关系前；

(4) 中外合资、国内合资前；

(5) 企业股份制改革之前；

(6) 单位主要负责人调离工作岗位前。

2. 局部清查

局部清查是指根据需要对部分财产物资进行的盘点和核对。局部清查具有范围小、时间短、工作量小、参与部门少等特点，一般是针对流动性较大的财产和重要财产来进行清查。

一般情况下，对于现金，应由出纳人员在当日业务终了后清点核对，做到日清月结；对于银行存款，应由出纳员每月同银行核对一次；对于债权债务，每年至少与对方核对两到三次；对于流动性较大的材料物资，除年度清查外，年内还要有计划的轮流盘点或重点抽查；对于贵重的财产物资，应每月清查盘点一次。

（二）按照清查的时间分为定期清查和不定期清查

1. 定期清查

定期清查是指按照管理制度的规定或预先计划安排的时间对财产物资、债权债务进行的清查。例如，每日结账时，要对现金进行账实核对；每月结账时，要对银行存款日记账进行对账等。定期清查的范围和对象不定，可以是全面清查，也可以是局部清查。

2. 不定期清查

不定期清查是指事先无计划安排，而是根据实际需要所进行的临时性清查。不定期清查多为局部清查。如更换出纳员时，对现金、银行存款进行的清查；更换仓库保管员时，对其所保管的材料物资进行的清查；发生自然灾害意外事故时，对损失财产的清查等。

三、财产清查前的准备工作

财产清查是一项复杂而又细致的工作，其涉及内容广、人员多，因此在财产清查之前，应做好充分的准备工作。财产清查前的准备工作一般包括以下内容：

1. 成立财产清查组织

财产清查前应成立财产清查领导小组以及由会计、业务、仓库等有关部门人员组成的清查小组，负责财产清查计划的制定、组织和实施。

2. 财产清查的业务准备

会计部门应在财产清查之前将所有的经济业务登记入账，并结出余额，为账实核对提供正确的账簿资料。

财产物资保管部门应在财产清查前将各项实物堆放整齐，整理清楚，挂上标签，标明品种、规格和结存数量，以便进行实地盘点。

财产清查小组应组织有关部门准备好所需要使用的各种计量器具，并严格校验，同时印制好财产清查中需要使用的各种登记表册。

第二节　财产物资的盘存制度及方法

一、财产物资的盘存制度

财产清查的重要环节是确定财产物资的账面结存数量，以便进行账实核对，而确定财产物资账面结存数量的核算方法通常有永续盘存制和实地盘存制。

（一）永续盘存制

永续盘存制也称账面盘存制，是根据账簿记录，计算期末财产物资账面结存数量的一种方法。采用这种方法时，对于平时财产物资的增加数、减少数，都要根据会计凭证在有关账簿中连续登记，并且随时根据账簿记录结出账面结存数量。即

账面期末结存数＝账面期初结存数＋本期增加数－本期减少数

永续盘存制的优点是可以连续登记财产物资的收入和发出情况，随时结出账面结存数，随时了解财产物资的变动情况，有利于加强单位对财产物资的管理。其缺点是对财产物资的明细分类核算工作量大，需要耗用较多的人力和物力；另外，采用这种方法时，账簿中财产物资增减及结存情况的变动，都是根据会计凭证登记的，如果记录不当，可能会发生账实不符的情况，因此，采用永续盘存制时，要对各项财产物资进行定期或不定期的盘点，以便查明账实是否相符。

（二）实地盘存制

实地盘存制是指平时根据会计凭证，在账簿中只登记各项财产物资的增加数，不登记减少数，期末通过对财产物资的实地盘点来确定其实存数，从而计算出本期减少数的一种核算方法，即

本期减少数＝账面期初结存数＋本期增加数－期末实际结存数

期末实际结存数＝期末结存数量×单价

实地盘存制的优点是不需要每天对财产物资的发出和结存数量做详细记录，大大简化了日常核算工作。其缺点是不能随时反映财产物资的收入、发出和结存数量；同时各项财产物资的减少数是由期末倒推计算出来的，使得减少数中的成分复杂，除了正常耗用或销售的以外，容易掩盖物资管理中自然和人为的损失，不利于企业财产物资的管理。

二、财产清查的具体方法

（一）实物财产的清查方法

实物财产的清查主要是指对各种存货和固定资产等实物形态财产的清查。对实物进行清查时，需要将财产物资进行实地盘点，将其结果与账簿记录进行核对，以便查明证实是否相符。由于实物财产的形态、体积、重量、存放方式的不同，因而需要采用不同的清查方法，通常包括实地盘点法和技术推算法两种方法。

1. 实地盘点法

实地盘点法是指通过对财产物资进行逐一清点或用计量器具确定实存数量的一种方法。这种方法简单实用，适用范围广，数字可靠度高。

2. 技术推算盘点法

技术推算盘点法是通过量方、计尺等方法，结合有关数据，推算出财产物资实存数量的一种方法。这种方法适用于量大、笨重、分散，不便于逐一清点或过磅，而单位价值较低的实物的清查。这种清查方法的计量结果不是十分准确，允许有一定的误差。

实物盘点后，应将盘点的结果，如实地记载在"盘存单"上，为了明确经济责任，盘点人员和实物保管人员均应在"盘存单"上签章。盘存单是记录实物盘点结果的书面文件，也是反映财产物资在盘点日期实有数的原始凭证。盘存单的一般格式如表 7 - 1 所示。

表 7 - 1　盘存单

单位名称：　　　　盘点时间：　　　　编号：

财产类别：　　　　存放地点：

编号	名称	计量单位	数量	单价	金额	备注

盘点人签章：　　　　保管人签章：

在"盘存单"填制完毕后，应将其内容与有关账簿记录进行核对，然后将核对结果填入"实存账存对比表"，通过分析确定实存数和账存数的差异。"实存账存对比表"是调整账簿记录的原始凭证，同时也是分析账实不符的原因和划清经济责任的书面证明。实存账存对比表的格式如表 7－2 所示。

表 7－2　实存账存对比表

单位名称：　　　　　　　　　　年　月　日　　　　　　　　　　金额单位：

编号	类别及名称	计量单位	单价	实存		账存		对比结果				备注
								盘盈		盘亏		
				数量	金额	数量	金额	数量	金额	数量	金额	

单位负责人签章：＿＿＿＿＿　　　　　　　　填表人签章：＿＿＿＿＿

(二) 货币资金的清查方法

1. 库存现金的清查

库存现金的清查是由财产清查人员会同现金出纳人员共同负责，通过实地盘点的方法，确定库存现金的实存数，再与现金日记账的账面余额进行核对，以查明库存现金是否账实相符。

盘点前，出纳人员应先将现金收、付凭证全部登记入账，并结出余额。盘点时，出纳人员必须在场，一方面逐一清点现金实有数，与现金日记账的余额进行核对，查明账实是否相符；另一方面还要检查有无违反现金管理制度的情况，如有无坐支现金、“白条”抵库、超过银行核定限额等现象。

库存现金盘点结束后，应根据盘点结果，及时填制“库存现金盘点报告表”，并由检查人员和出纳人员共同签章。“库存现金盘点报告表”既是盘存单，又是实存账存对比表，是非常重要的原始凭证。“库存现金盘点报告表”的格式如表 7－3 所示。

实际工作中，现金收支业务较为频繁，容易出错，因此出纳人员应每日进行库存现金的清查，做到日清月结，由出纳人员在每日工作结束之后，将当日库存现金实际盘点数额与现金日记账当日账面结存数额进行核对，确保每日账实相符。

表 7-3　库存现金盘点报告表

单位：　　　　　　　　　　　　年　月　日

币别	实存金额	账存金额	对比结果		备注
			盘盈	盘亏	

盘点人签章：__________　　　　　　　　出纳员签章：__________

2. 银行存款的清查

银行存款的清查是将企业的银行存款日记账与从开户银行取得的对账单逐笔进行核对，查明银行存款的实有数额。

在核对双方账目之前，存款单位应将本单位所发生的经济业务全部登记入账，并且对账簿记录进行检查，确保账簿记录完整准确。然后将开户银行转来的对账单与本单位的银行存款日记账逐笔进行核对。通过核对，如果发现双方余额不相等的情况，通常有两种原因：一是双方在登记账簿时出现错记或漏记；二是存在"未达账项"。

所谓未达账项，是指对同一笔经济业务，企业和银行由于结算手续或凭证传递时间的不一致，而导致一方已经入账，而另一方尚未入账的会计事项。未达账项大致有以下四种情况：

(1) 企业已经收款入账，而银行尚未收款入账；

(2) 企业已经付款入账，而银行尚未付款入账；

(3) 银行已经收款入账，而企业尚未收款入账；

(4) 银行已经付款入账，而企业尚未付款入账。

以上任何一种情况出现，都会造成企业"银行存款日记账"和开户银行"对账单"余额不符的现象。因此，在进行银行存款清查时，要注意查明是否有未达账项存在。如果发现存在未达账项，则应编制"银行存款余额调节表"，通过此表调节后再次检验双方余额是否一致。

"银行存款余额调节表"的编制方法，是在双方账面余额基础上，各自加上对方已收而本单位未收的款项，减去对方已付而本单位未付的款项。其计算公式如下：

企业银行存款日记账余额＋银行已收企业未收的款项－银行已付企业未付的款项＝银行对账单余额＋企业已收银行未收的款项－企业已付银行未付的款项

现举例说明银行存款余额调节表的编制方法：

例 7-1 某企业 2010 年 9 月 30 日银行存款日记账账面余额 67 600 元，开户银行送来的对账单所列存款余额 71 100 元，经核对发现下列未达账项：

(1) 9 月 27 日，企业收到购货单位转账支票 16 000 元，企业已记账，但支票尚未送银行，银行尚未记账。

(2) 9 月 28 日，企业开出现金支票支付职工差旅费 1 500 元，企业已记账，但持票人尚未到银行取款，银行尚未记账；

(3) 9 月 29 日，银行代企业收到甲公司款项 21 000 元，银行已收存，但企业尚未收到收款通知，企业尚未记账；

(4) 9 月 30 日，银行代企业支付本月水电费 3 000 元，银行已划账，但企业尚未收到付款通知，企业尚未记账。

根据上述未达账项编制银行存款余额调节表，见表 7-4。

表 7-4 银行存款余额调节表

2010 年 9 月 30 日　　单位：元

项　目	金　额	项　目	金　额
企业银行存款日记账余额	67 600	银行对账单余额	71 100
加：银行已收款，企业未收款	21 000	加：企业已收款，银行未收款	16 000
减：银行已付款，企业未付款	3 000	减：企业已付款，银行未付款	1 500
调节后的存款余额	85 600	调节后的存款余额	85 600

经过调节后，企业银行存款日记账余额与银行对账单余额相等，一般可以说明双方账簿记录没有差错。如果调节后双方余额仍不一致，则说明双方账簿记录有误，应进一步核对账目，查明原因。调节后的余额表明企业银行存款的实有数，对于企业尚未入账的未达账项，不能将调节表作为原始凭证进行账务处理，企业应在收到有关凭证后，再登记入账。

（三）往来款项的清查方法

往来款项主要包括各种应收、应付、预收、预付款项。往来款项的清查一般采用与对方进行账目核对的方法进行。清查之前，企业应检查本单位各种往来款项的账面记录，确保完整准确，然后按对方单位逐户编制一式两联的对账单，送交对方单位进行核对。对方单位如核对相符，应在回单联上盖章退回发出单位；如发现数字不符，应在回单联上注明不符原因，并另附一份对账单一并退回发出单位，以便进一步核对。发出单位收到对方的回单联后，对错误的账目应及时查明原因，并按规定的手续和方法加以更正。最后根据清查情况，编制“往来款项清查报告单”，其一般格式见表 7－5。

表 7－5　往来款项清查报告单

×××企业　　　　　　　　　　年　月　日

明细分类账户		清查结果		不符的原因分析				
单位名称	金额	相符	不相符	未达账项	拖付款项	争执款项	无法收回	其他

第三节　财产清查结果的账务处理

一、财产清查结果的处理程序

财产清查结果的处理程序一般包括以下三个，分别作以介绍。

（一）查明账实不符原因，按照规定进行处理

企业在财产清查过程中，一般会出现盘盈、盘亏或毁损等问题，对于账实不符的情况，应认真查明造成不符的原因，区别不同的性质，以明确经济责任。同时，按照规定制定处理方案，及时上报有关部门审批处理。

（二）总结经验教训，建立健全管理制度

财产清查后，应认真及时地进行总结。对于财产物资保管方面做得好的部门和个人，应进行奖励，并将其做法宣传推广；对于财产物资保管中存在的问题，要找出原因，不断改进。企业应建立健全财产物资的保管制度，保证财产物资的安全、完整。

（三）调整账簿记录，保证账实相符

对于财产清查中出现的盘盈、盘亏、毁损情况，需要进行账务处理，调整账簿记录，保证账实相符。调整一般分为两步：在审批之前，根据财产清查中取得的原始凭证，如实存账存对比表等，编制记账凭证，并据以登记账簿，实现账面数和实存数相一致，并反映出待处理财产物资的损溢情况；在审批之后，根据上级的处理意见，

编制记账凭证，据以登记入账，对待处理财产物资进行账务处理。

二、财产清查结果的账务处理

（一）账户设置

为了对财产清查结果进行处理，企业应设置“待处理财产损溢”账户。该账户属于资产类，用来核算财产清查中各项财产物资盘盈、盘亏和毁损及其处理情况，其借方登记待处理财产的盘亏或毁损的金额和批准转销的盘盈金额；贷方登记待处理财产的盘盈金额和批准转销的盘亏或毁损的金额。期末如为借方余额表示企业尚未处理的各种财产的净损失，如为贷方余额表示企业尚未处理的各种财产的净溢余。清查结果处理完毕后，该账户无余额。该账户应设置“待处理流动资产损溢”和“待处理固定资产损溢”两个明细账户。“待处理财产损溢”账户的结构如图7-1所示。

待处理财产损溢	
(1)待处理财产的盘亏或毁损金额 (2)批准转销的盘盈金额	(1)待处理财产的盘盈金额 (2)批准转销的盘亏或毁损金额
尚未处理的财产净损失	尚未处理的财产净溢余

图7-1　待处理财产损溢结构图

（二）库存现金清查结果的处理

在库存现金清查中，如发现账实不符，应通过“待处理财产损溢”账户进行核算。按管理权限报经批准后，分别处理。如现金短缺，属于责任人或保险公司赔偿的部分，记入“其他应收款”账户；无法查明原因的，记入“管理费用”账户。如现金溢余，属于应支付给有关单位或人员的，记入“其他应付款”账户；无法查明原因的，记入“营业外收入”账户。

例7-2　某企业在现金清查中发现库存现金短款160元。

在批准前，编制会计分录如下：

借：待处理财产损溢—待处理流动资产损溢　　160

　　贷：库存现金　　160

经核查，上述现金短款中有100元属于出纳员李某的责任，应由其赔偿，其余60元原因不明，经批准转作管理费用处理，编制会计分录如下：

借：其他应收款—李某　　100

　　管理费用　　60

　　贷：待处理财产损溢—待处理流动资产损溢　　160

例 7-3 某企业在现金清查中发现库存现金长款 90 元。

在批准前，编制会计分录如下：

借：库存现金　　90

　贷：待处理财产损溢—待处理流动资产损溢　　90

经核查，上述现金长款中有 40 元属于应支付给周某个人的款项，其余 50 元原因不明，经批准转作营业外收入处理，编制会计分录如下：

借：待处理财产损溢—待处理流动资产损溢　　90

　贷：其他应付款—周某　　40

　　营业外收入　　50

（三）存货清查结果的处理

存货清查包括各种原材料、产成品、商品等的清查，出现账实不符的原因很多，根据不同情况做出账务处理。如存货盘亏，属于责任人或保险公司赔偿的部分，记入"其他应收款"账户；扣除责任人或保险公司赔款和材料价值后，属于一般经营损失的，记入"管理费用"账户，属于非常损失的，记入"营业外支出"账户。如存货盘盈，经批准后，冲减管理费用，记入"管理费用"贷方。

例 7-4 某企业在财产清查中发现甲材料实存数比账存数少了 2 300 元。

在批准前，编制会计分录如下：

借：待处理财产损溢—待处理流动资产损溢　　2 300

　贷：原材料—甲材料　　2 300

经核查，上述盘亏原材料中 500 元是保管员王某过失造成，应由其赔偿，转作其他应收款；其中 1 200 元是自然灾害造成的损失，转作营业外支出；其中 200 元是管理不善造成的，转作管理费用；残料办理入库 400 元，编制会计分录如下：

借：其他应收款—王某　　500

　营业外支出　　1 200

　管理费用　　200

　原材料—甲材料　　400

　贷：待处理财产损溢—待处理流动资产损溢　　2 300

例 7-5 某企业在财产清查中发现乙材料实存数比账存数多了 600 元。

在批准前，编制会计分录如下：

借：原材料—乙材料　　600

　贷：待处理财产损溢—待处理流动资产损溢　　600

经核查，上述盘盈材料是由于计量误差导致，批准冲减管理费用，编制会计分录如下：

借:待处理财产损溢—待处理流动资产损溢　　600
　　贷:管理费用　　600

(四) 固定资产清查结果的处理

在财产清查中,如固定资产盘亏,属于责任人或保险公司赔偿的部分,记入"其他应收款"账户;属于自然灾害所造成的固定资产净值损失,在扣除所得赔款和残值的部分,记入"营业外支出"账户。如固定资产盘盈,作为前期差错处理,经批准通过"以前年度损益调整"账户予以调整。

例 7-6　某企业在财产清查中发现盘亏设备一台,原值 8 000 元,已提折旧3 000 元。

在批准前,编制会计分录如下(不考虑税金):

借:待处理财产损溢—待处理固定资产损溢　　5 000
　　累计折旧　　3 000
　　贷:固定资产　　8 000

经核查,上述设备是由自然灾害造成,保险公司同意赔偿 3 500 元,其余部分经批准转作营业外支出,编制会计分录如下:

借:其他应收款—保险公司　　3 500
　　营业外支出　　1 500
　　贷:待处理财产损溢—待处理固定资产损溢　　5 000

(五) 往来款项清查结果的处理

在财产清查中,对于无法收回的应收款项和无法支付的应付款项,不通过"待处理财产损溢"科目进行核算。

对于确实无法收回的应收款项,确定为坏账的,应当冲减已计提的坏账准备。对于确实无法支付的应付账款,应按账面余额记入营业外收入,借记本科目,贷记"营业外收入"科目。

例 7-7　某企业应收甲公司的 5 000 元,因对方公司破产而无法收回。经批准,确认坏账损失。编制会计分录如下:

借:坏账准备　　5 000
　　贷:应收账款—甲公司　　5 000

例 7-8　某企业应付乙公司的 3 000 元,因某种原因无须支付,应予以转销。编制会计分录如下:

借:应付账款—乙公司　　3 000
　　贷:营业外收入　　3 000

第四节　财产清查的核算技能训练

一、训练目标

通过技能训练，掌握银行存款余额调节表的编制和财产清查结果的账务处理。

二、训练重点和难点

银行存款余额调节表的编制，财产清查结果的账务处理。

三、训练要求

根据资料，编制银行存款余额调节表，进行财产清查结果的账务处理。

四、训练资料

1. 某企业2010年11月30日银行存款日记账账面余额49 200元，开户银行送来的对账单所列存款余额52 700元，经核对发现下列未达账项：

(1) 银行代企业收货款8 000元，银行已收存，但企业尚未收到收款通知，企业尚未记账；

(2) 银行代企业支付本月水电费1 000元，银行已划账，但企业尚未收到付款通知，企业尚未记账；

(3) 企业收到购货单位转账支票5 000元，企业已记账，但支票尚未送银行，银行尚未记账；

(4) 企业开出转账支票1 500元，企业已记账，但持票人尚未到银行办理转账，银行尚未记账。

填写银行存款余额调节表7－6。

表7－6　银行存款余额调节表

项　目	金　额	项　目	金　额
企业银行存款日记账余额		银行存款对账单余额	
加：银行已收款，企业未收款		加：企业已收款，银行未收款	
减：银行已付款，企业未付款		减：企业已付款，银行未付款	
调节后的存款余额		调节后的存款余额	

2. 根据下列资料，进行财产清查结果的账务处理。

(1) 现金清查中，发现长款现金 300 元，经查有 160 属于应支付给李某个人的款项，其余 140 元原因不明，经批准转作营业外收入处理。

(2) 盘亏库存商品 B 产品由于意外事故毁损 20 件，单位成本为每件 150 元。经批准，产品损失除由保险公司赔偿 5 000 元外，其余的列作营业外支出。

(3) 盘盈甲材料 25 千克，共计 2 500 元，经查系材料收发过程中计量误差原因导致，经批准后冲减管理费用。

(4) 盘亏账外机器设备一台，经评估原价 10 000 元，七成新，经查由自然灾害造成得到保险公司赔偿 2 000 元，其余经批准列作营业外支出。

本章小结

财产清查是指通过对货币资金、实物资产和债权债务的盘点和核对，确定其实存数，查明账存实存是否相符的一种专门的会计核算方法。财产清查按照清查的对象和范围分为全面清查和局部清查；按照清查的时间分为定期清查和不定期清查。

确定财产物资账面结存数量的核算方法通常有永续盘存制和实地盘存制。实物财产的清查通常包括实地盘点法和技术推算法两种方法。库存现金的清查是通过实地盘点的方法确定库存现金的实存数，再与现金日记账的账面余额进行核对。银行存款的清查是将企业的银行存款日记账与从开户银行取得的对账单逐笔进行核对。往来款项的清查一般采用与对方进行账目核对的方法进行。

对于在财产清查中出现的盘盈、盘亏情况，运用“待处理财产损溢”账户，按照审批程序进行账务处理。

习　题

一、单项选择题

1. 财产清查的目的是为了保证(　　)。

A. 账证相符　　　　B. 账账相符

C. 账实相符　　D. 账表相符

2. 财产清查按照清查的对象和范围分为(　　)。

A. 定期清查和不定期清查　　B. 全面清查和局部清查

C. 定期清查和局部清查　　D. 全面清查和不定期清查

3. “盘存单”应由(　　)签章后方能生效。

A. 参加盘点人员和出纳人员　　B. 参加盘点人员和实物保管人员

C. 参加盘点人员和会计人员　　D. 参加盘点人员和会计机构负责人

4. 银行存款的清查方法是(　　)。

A. 实地盘点　　B. 技术推算盘点

C. 与开户行核对账目　　D. 函证核对

5. 未达账项产生的原因是(　　)。

A. 银行记账有错误　　B. 企业记账有错误

C. 银行和企业双方对账时间不一　　D. 银行和企业双方记账时间不一致

二、多项选择题

1. 财产清查按照清查的时间分为(　　)。

A. 全面清查　　B. 定期清查

C. 局部清查　　D. 不定期清查

2. 下列情况下,应当进行全面清查的包括(　　)。

A. 年终决算前　　B. 单位主要负责人调离时

C. 更换出纳人员时　　D. 更换仓库保管员时

3. 下列项目适用于实地盘点法进行清查的有(　　)。

A. 库存商品　　B. 银行存款

C. 库存现金　　D. 应收账款

4. 下列项目适用于账目核对法进行清查的有(　　)。

A. 库存商品　　B. 银行存款

C. 库存现金　　D. 应收账款

5. “待处理财产损溢”账户借方登记(　　)。

A. 发生的待处理财产盘盈数　　B. 发生的待处理财产盘亏数

C. 批准转销的盘盈数　　D. 批准转销的盘亏数

三、判断题

1. 局部清查的特点有范围小、时间短、工作量小、参与部门少。(　　)

2. 银行存款余额调节表可以作为调整账簿记录的原始凭证。(　　)

3. 实存账存对比表可以作为调整账簿记录的原始凭证。(　　)

4. 财产清查中出现的账实不符,一律运用“待处理财产损溢”账户进行账务处理。(　　)

5. 非常损失的存货盘亏,记入“管理费用”账户。(　　)

四、问答题

1. 什么是财产清查,财产清查的意义有哪些?
2. 财产清查之前一般需要做什么准备工作?
3. 比较永续盘存制和实地盘存制的优缺点。
4. 什么是未达账项,通常分为哪几种情况?
5. 简述对现金和银行存款分别采用何种清查方法。

五、实务题

1. 某企业2010年6月30日银行存款日记账账面余额83 500元,开户银行送来的对账单所列存款余额87 600元,经核对发现下列未达账项:

(1) 银行代企业收货款9 000元,银行已收存,但企业尚未收到收款通知,企业尚未记账;

(2) 银行代企业支付本月水电费2 000元,银行已划账,但企业尚未收到付款通知,企业尚未记账;

(3) 企业收到购货单位转账支票4 000元,企业已记账,但支票尚未送银行,银行尚未记账;

(4) 企业开出转账支票1 100元,企业已记账,但持票人尚未到银行办理转账,银行尚未记账。

要求:根据上述资料,编制银行存款余额调节表7-7。

表7-7

项　目	金　额	项　目	金　额
企业银行存款日记账余额		银行存款对账单余额	
加:银行已收款,企业未收款		加:企业已收款,银行未收款	
减:银行已付款,企业未付款		减:企业已付款,银行未付款	
调节后的存款余额		调节后的存款余额	

2. 根据下列资料,进行财产清查结果的账务处理。

(1) 现金清查中短缺现金300元,经查为出纳员的责任,经批准责令其赔偿,赔款尚未收到。

(2) 盘盈甲产品5件,单价800元,价值4 000元。经批准后转销产成品盘盈。

(3) A材料账面余额为200千克,单价每千克20元,共计4 000元,实存数为3 840公斤,盘盈8千克,经查系材料收发过程中计量误差原因导致,经批准后冲减管理费用。

(4) 企业发生火灾事故,仓库所存乙产品20件全部报废,单位成本为每件350元,清理后收回残料800元入库。经批准,乙产品损失除由保险公司赔偿5 000元外,其余的列作营业外支出。

(5) 盘亏账外机器设备一台,经评估原价9 000元,八成新,经查由自然灾害造成,经批准列作营业外支出。

第八章　财务报表

学习目标

会编制财务报表是会计核算方法运用的最终目的。通过本章的学习，了解财务报表的意义、分类、内容和编制要求，掌握资产负债表和利润表的基本结构和编制方法，熟悉现金流量表的主要内容。

知识构图

财务报表
- 资产负债表
- 利润表
- 现金流量表
- 所有者权益变动表
- 附注

第一节　财务报表的作用、种类和编制要求

一、财务报表的意义

财务报表是根据企业日常会计核算资料定期编制、对外提供的综合反映企业某一特定日期财务状况和某一会计期间经营成果、现金流量的总结性书面文件。列报，是指反映交易和事项在报表中的列示和在附注中的披露。

为了满足企业的各种内部和外部信息需要者，包括企业的管理者、投资者、债权人、政府机构以及其他与企业有利害关系的单位或个人，企业必须将日常核算中比较分散的会计资料进行归类、整理和汇总，按照一定的表格形式编制财务会计报告。因此，编制财务会计报告有着重要的意义：

(1) 财务报表为企业评价经营业绩加强和改善经营管理提供必要的信息资料。各企业的经营管理者，需要经常不断的了解、分析和考核本企业的财务状况、经营成果以及成本费用等情况，评价本企业的经营管理工作，进行经营决策。这些

工作都需要会计报表提供的信息才能进行。

(2) 财务报表为企业的投资者了解企业的财务状况、经营成果,进行投资决策提供重要的信息资料。企业的外部投资者包括国家、法人、个人和外商等,投资者关心投资报酬和风险,因此投资前要了解企业的财务状况和经营情况,以便做出正确的投资决策。投资后,投资者也需要了解企业的经营成果、资金支付报酬的能力等。会计报表是投资者获取这些信息的主要渠道。

(3) 财务报表为企业的债权人提供企业的资金运转能力、偿债能力和支付能力等信息。商业信贷和商业信用形成的债权人需要了解企业的偿债和支付利息的能力,会计报表可以为他们提供企业的资金运转情况、偿债能力和支付能力等信息资料,供债权人作出信贷和赊销的决策。

(4) 财务报表为财政、工商、税务等国家经济管理部门进行宏观调控和管理提供重要信息。这些行政管理部门履行国家管理企业的职能,负责检查企业的资金使用情况、成本计算情况、利润的形成和分配情况以及税金的计算和缴纳情况,检查企业财经法纪的遵守情况。会计报表是财政、工商、税务各部门对企业实施管理和监督的重要资料。

(5) 财务报表为审计机关检查、监督企业的生产经营活动是否合法合规提供必要的信息。审计工作一般是从会计报表审计开始的,所以无论是企业内部审计机构和外部审计部门检查、监督企业的生产经营活动都需要会计报表提供的信息。

(6) 财务报表为国家经济管理部门进行宏观调控和管理提供信息。会计报表可以反映出某一行业、部门、地区等经济活动情况,这些信息是国家经济管理部门调控国民经济运行的重要决策依据。

二、财务报表的分类

财务报表可以根据需要,按照不同的标准分类。

1. 中期财务报表和年度财务报表

按财务报表编报期间的不同,可以分为中期财务报表和年度财务报表。中期财务报表是以短于一个完整会计年度的报告期间为基础编制的财务报表,包括月报、季报和半年报等。中期财务报表包括资产负债表、利润表、现金流量表和附注。与年度财务报表相比,中期财务报表中的附注披露可适当简略。年度财务报表是年度终了编报的,全面反映年度财务状况、经营成果以及现金流量的会计报表。

2. 动态财务报表和静态财务报表

按财务报表反映的内容,可以分为动态财务报表和静态财务报表。动态财务报表是指反映一定时期内资金耗费和资金收回情况的报表,如利润表和现金流量表。静态报表是综合反映企业在某一特定日期终了时,经济指标处于相对静止状态的报表，如资产负债表。

3. 个别财务报表和合并财务报表

按照会计报表编报主体不同，可以分为个别财务报表和合并财务报表。个别财务报表是由企业在自身会计核算基础上对账簿记录进行加工而编制的财务报表，它主要用以反映企业自身的财务状况、经营成果和现金流量情况。合并财务报表是以母公司和子公司组成的企业集团为会计主体，根据母公司和所属子公司的财务报表，由母公司编制的综合反映企业集团财务状况、经营成果及现金流量的财务报表。

4. 对外会计报表和对内会计报表

按照会计报表报送对象不同，可以分为对外会计报表和对内会计报表。对外会计报表是指企业向外提供的，向外部报表使用者报送的会计报表，有统一的格式和编制要求。对内会计报表是指为适应企业内部经营管理的需要而编制的会计报表，一般不对外公开，没有统一的编制要求和格式。

5. 单位财务报表和汇总财务报表

按照编制单位的不同，可以分为单位财务报表和汇总财务报表。单位财务报表是指由企业在自身会计核算的基础上，对账簿记录进行加工而编制的报表，反映的是企业本身的财务状况和经营成果。汇总财务报表是指由企业主管部门或上级单位，根据所属单位报送的财务报表连同本单位报表汇总编制的综合性报表。

6. 财务状况报表和经营成果报表

按照会计报表反映的经济内容不同，可以分为财务状况报表和经营成果报表。财务状况报表是反映企业在一定日期财务状况的会计报表，如资产负债表、现金流量表。经营成果报表是反映企业在一定时期内的收入实现、成本耗费和利润形成及分配情况的会计报表，如利润表、所有者权益变动表等。

三、财务报表的内容

为了达到财务报表有关决策有用和评价企业管理层受托责任的目标，一套完整的财务报表至少应当包括“四表一注”，即资产负债表、利润表、现金流量表、所有者权益变动表以及附注。它们从不同的角度说明企业的财务状况、经营成果和现金流量情况。会计报表附注是对会计报表的补充说明，它对会计报表不能包括的内容或者披露不详尽的内容作进一步的解释说明，以提高会计报表的可比性和会计信息的可理解性。有利于会计报表使用者更全面、准确地了解企业的财务状况、经营成果和现金流量情况，正确使用企业的会计信息。

四、财务报表的编制要求

在编制会计报表时，应当按照国家统一的会计制度规定的编制基础、编制依据、编制原则和方法进行，做到：

1. 真实可靠

财务报表所提供的财务信息、数据必须真实可靠，如实反映企业的经营活动和财务状况。

2. 内容完整

财务报表应该当全面反映企业的财务状况和经营成果，反映企业经营活动的全貌，不得漏填漏报。

3. 相关可比

财务报表提供的财务信息必须与使用者的决策需要相关联并且具有可比性。能够使使用者了解企业过去、现在的财务状况，并有利于使用者预测未来事项的变化趋势，为使用者提供有关的可比信息。

4. 便于理解

财务报表提供的财务信息应清晰易懂，为使用者所理解和利用。当然，这一要求是建立在财务报表使用者具有一定阅读财务报表能力的基础之上。

5. 编报及时

信息具有时效性，经济决策也具有强烈的时间性。因此，财务报表只有及时编制和报送，才有利于财务报表使用者使用。不及时的信息即使真实、可靠、完整，也是没有任何价值的。

第二节　资产负债表

一、资产负债表概述

资产负债表是反映企业在某一特定日期(月末、季末、半年末和年末)的资产、负债和所有者权益及其构成情况的会计报表。资产负债表主要提供有关企业财务状况方面的信息，即某一特定日期关于企业资产、负债、所有者权益及其相互关系。它是根据“资产＝负债＋所有者权益”这一会计恒等式，按照一定的分类标准和一定的顺序，对日常会计核算工作形成的大量数据进行高度浓缩整理后编制而成的。它表明企业在某一特定日期所拥有或控制的经济资源、所承担的现时义务和所有者对净资产的要求权。它的具体作用如下：

(1) 它可以提供某一日期资产的总额及其结构，表明企业拥有或控制的资源及其分布情况，使用者可以从资产负债表上了解企业在某一特定日期所拥有的资产总量及其结构，以改进经营管理，提高管理水平。

(2) 可以提供某一日期的负债总额及其结构，表明企业未来需要用多少资产或劳务清偿债务以及清偿时间。

(3) 可以反映所有者所拥有的权益，表明投资者在企业资产中所占的份额，了解权益的结构情况，据以判断资本保值、增值的情况以及对负债的保障程度。

(4) 可以提供进行财务分析的基本资料，了解企业的变现能力、偿债能力和资金周转能力，有助于报表使用者做出经济决策。

二、资产负债表的内容和格式

资产负债表由三部分组成，即表首(表头)、正表(表体)和补充资料。表首列示报表的名称、编制单位、编制日期、报表编号、货币名称和计量单位等。正表的列报格式一般有两种：报告式资产负债表和账户式资产负债表。报告式资产负债表是上下结构，上部分列示资产，下部分列示负债和所有者权益。如表 8－1 所示。账户式资产负债表是左右结构，左边列示资产，一般按资产的流动性大小排列。右边列示负债和所有者权益，一般按要求清偿时间的先后顺序排列。左方各项目金额合计等于右方各项目金额合计，即资产负债表左方和右方平衡。通过账户式资产负债表，可以反映资产、负债、所有者权益之间的内在关系，即“资产＝负债＋所有者权益”。如表 8－2 所示。根据财务报表列报准则的规定，我国资产负债表采用账户式的格式。

表 8－1 资产负债表

编制单位： 年 月 日 单位：元

项　　目	期末余额	年初余额
资产 …		
资产合计		
负债 …		
负债合计		
所有者权益 …		
所有者权益合计		

表 8-2　资产负债表

编制单位：　　　　　　　　　　年　月　日　　　　　　　　　　单位：元

资　　产	期末余额	年初余额	负债和所有者权益（或股东权益）	期末余额	年初余额
			流动负债：		
			…		
			…		
流动资产：			流动负债合计		
…			非流动负债：		
…			…		
流动资产合计			…		
非流动资产：			非流动负债合计		
…			负债合计		
…					
非流动资产合计			所有者权益（或股东权益）：		
			…		
			…		
			所有者权益（或股东权益）合计		
资产总计			负债和所有者权益（或股东权益）总计		

（一）资产项目的列示

资产按其流动性强弱分为流动资产和非流动资产。在此分类的基础上，进一步按性质分项列示。流动资产是指预计在一个正常营业周期中变现、出售或耗用或者主要为交易的目的而持有，或者预计在资产负债表日起一年内（含一年）变现，或自资产负债表日起一年内，交换其他资产或清偿负债的能力不受限制的现金或现金等价物。通常包括货币资金、交易性金融资产、应收票据、应收账款、其他应收款、预付账款、应收利息、应收股利、存货等等。非流动资产是指流动资产以外的资产。通常包括持有至到期投资、可供出售金融资产、长期股权投资、固定资产、在建工程、无形资产、长期待摊费用和其他非流动资产等。

（二）负债项目的列示

负债按债务偿还期分为流动负债和非流动负债。在此分类的基础上，进一步按性质分项列示。

流动负债是指预计在一个正常营业周期中清偿，或者主要为交易的目的而持有，或者自资产负债表日起一年内到期应予以清偿，或者企业无权自主地将清偿推迟至资产负债表日后一年以上的负债。通常包括短期借款、交易性金融负债、应付票据、应付账款、预收账款、应付职工薪酬、应付利息、应交税费、应付股利、其他应付款、一年内到期的非流动负债和其他流动负债等。非流动负债是指流动负债以外的负债。通常包括长期借款、应付债券、长期应付款和其他非流动负债等。

（三）所有者权益项目的列示

资产负债表中的所有者权益是指企业资产扣除负债后的剩余权益，反映企业某一特定日期股东投资者所拥有的净资产的总额。资产负债表中的所有者权益一般按照净资产的来源和用途进行分类，按照实收资本（或股本）、资本公积、盈余公积和未分配利润等项目分项列示。

三、资产负债表的编制方法

（一）“年初余额”的填列方法

资产负债表各项目均应填列年初余额和期末余额。其中年初余额栏内各项数字，应根据上年末资产负债表的期末余额填列，如果本年度和上年度资产负债表规定的项目名称和内容不一致，应对上年年末资产负债表各项目的名称和数字按照本年度的规定进行调整，填入报表的“年初余额”栏内。

（二）“期末余额”的填列方法

期末余额栏内各项数字大多根据相应的总账科目期末余额填列，填列方法归纳如下：

1. 根据总分类账户的期末余额直接填列

资产负债表中大部分项目可以根据总分类账户余额直接填列，如“交易性金融资产”、“应收票据”、“短期借款”、“应付票据”、“应付职工薪酬”、“应交税费”、“实收资本”、“资本公积”、“盈余公积”等项目。

2. 根据若干总分类账户期末余额计算填列

资产负债表中某些项目需要根据若干总分类账户的期末余额计算填列，如“货币资金”、“存货”和年度中间“未分配利润”等项目。

3. 根据有关明细分类账户的期末余额计算填列

资产负债表中某些项目，不能根据总分类账户的期末余额直接填列或若干个总分类账户余额计算填列,需要根据有关科目所属的明细分类账户的期末余额计算填列,如"应收账款"、"预收账款"、"应付账款"、"预付账款"等项目。

4. 根据有关总分类账户和明细分类账户的期末余额分析计算填列

资产负债表中某些项目需要根据总分类账户和明细分类账户的期末余额分析计算填列,如"长期借款"项目,应根据"长期借款"总账科目余额扣除"长期借款"科目中将于一年内到期的部分分析计算填列。

5. 根据总账账户与其备抵账户抵消后的净额填列

资产负债表中某些项目根据总分类账户与其备抵账户抵消后的净额填列,如"应收账款"、"长期股权投资"、"固定资产"、"无形资产"等项目。

6. 根据资产负债表内有关项目金额计算填列

资产负债表中某些项目可以根据资产负债表内有关项目金额计算填列,如各种合计数字等项目。

(三)资产负债表各项目的具体填列方法

1. 资产类项目

"货币资金"项目,反映企业库存现金、银行结算户存款、外埠存款、银行汇票存款、银行本票存款、信用卡存款、信用证保证金存款等的合计数。本项目应根据"库存现金"、"银行存款"、"其他货币资金"账户的期末余额合计填列。

"交易性金融资产"项目,反映企业购入持有的以公允价值计量且其变动计入当期损益的为交易目的所持有的股票投资、债券投资、基金投资和权证投资等金融资产。本项目应根据"交易性金融资产"账户的期末余额填列。

"应收票据"项目,反映企业因销售商品、提供劳务等而收到的商业汇票,包括商业承兑汇票和银行承兑汇票。本项目应根据"应收票据"账户的期末余额减去"坏账准备"账户中有关应收票据计提的坏账准备期末余额后的金额填列。已向银行贴现和已背书转让的应收票据不包括在本项目内。

"应收账款",反映企业因销售商品、提供劳务等经营活动而应向购买单位收取的各种款项,减去已计提坏账准备后的净额。本项目应根据"应收账款"和"预收账款"账户所属各明细账户的期末借方余额合计数减去"坏账准备"账户中有关应收账款计提的坏账准备期末余额后的金额填列。若"应收账款"账户所属明细账户期末有贷方余额,应在资产负债表"预收账款"项目内填列。

"预付账款"项目,反映企业按照购货合同规定预付给供应单位的款项。本项目应根据"预付账款"和"应付账款"账户所属各明细账户的期末借方余额合计数减去"坏账准备"账户中有关预付账款计提的坏账准备期末余额后的金额填列。若"预付账款"账户所属明细账户期末有贷方余额,应在资产负债表"应付账款"项目内填列。

“应收利息”项目，反映企业因债权投资而应收取的利息。本项目应根据“应收利息”账户的期末余额减去“坏账准备”账户中有关应收利息计提的坏账准备期末余额后的金额填列。企业购入到期还本付息债券应收的利息，不包括在本项目内。

“应收股利”项目，反映企业因股权投资而应收取的现金股利和应收取其他单位分配的利润。本项目应根据“应收股利”账户的期末余额减去“坏账准备”账户中有关应收股利计提的坏账准备期末余额的金额填列。

“其他应收款”项目，反映企业除应收票据、应收账款、预付账款、应收股利、应收利息等经营活动以外的其他各种应收、暂付的款项。本项目应根据“其他应收款”账户的期末余额减去“坏账准备”账户中有关其他应收款计提的坏账准备期末余额的金额填列。

“存货”项目，反映企业期末在库、在途和在加工中的各项存货的可变现净值，包括各种材料、商品、在产品、半成品、包装物、低值易耗品、分期收款发出商品、委托代销品、受托代销品等。本项目应根据“材料采购”、“原材料”、“低值易耗品”、“包装物”、“周转材料”、“库存商品”、“发出商品”、“委托加工物资”、“委托代销商品”、“生产成本”等账户的期末余额合计数减去“受托代销商品款”、“存货跌价准备”账户的期末余额后的金额填列。若材料采用计划成本核算以及库存商品采用计划成本核算或售价核算的企业，还应按加减材料成本差异、商品进销差价后的金额填列。

“一年内到期的非流动资产”项目，反映企业将于一年内到期的非流动资产项目金额。本项目应根据有关非流动资产账户的期末余额分析计算填列。

“其他流动资产”项目，反映企业除货币资金、交易性金融资产、应收票据、应收账款、存货等流动资产以外的其他流动资产。本项目应根据有关流动资产账户的期末余额填列。

“可供出售金融资产”项目，反映企业持有的以公允价值计量的可供出售的股票投资、债券投资等金融资产。本项目应根据“可供出售金融资产”账户的期末余额填列。

“持有至到期投资”项目，反映企业持有的以摊余成本计量的持有至到期投资。本项目应根据“持有至到期投资”账户的期末余额减去“持有至到期投资减值准备”账户的期末余额后填列。

“长期应收款”项目，反映企业融资租赁产生的应收款项、采用递延方式具有融资性质的销售商品和提供劳务等产生的长期应收款项等。本项目应根据“长期应收款”账户的期末余额减去“坏账准备”账户中有关长期应收款计提的坏账准备期末余额，再减去相应的“未确认融资收益”账户期末余额后的金额分析计算填列。

“长期股权投资”项目，反映企业持有的对子公司、联营企业和合营企业的长期股权投资。本项目应根据“长期股权投资”账户的期末余额减去“长期股权投资减值准备”账户的期末余额后的金额填列。

“投资性房地产”项目，反映企业持有的投资性房地产。企业采用成本模式计量的，本项目应根据“投资性房地产”账户的期末余额减去“投资性房地产累计折旧(摊销)”账户的期末余额，再减去“投资性房地产减值准备”账户的期末余额后的金额分析计算填列。企业采用公允价值模式计量的，本项目应根据“投资性房地产”科目的期末余额填列。

“固定资产”项目，反映企业各种固定资产原价减去累计折旧和累计减值准备后的净额。本项目应根据“固定资产”账户的期末余额减去“累计折旧”账户的期末余额，再减去“固定资产减值准备”账户的期末余额后的金额填列。

“在建工程”项目，反映企业期末各项未完工程的实际支出，包括交付安装的设备价值、未完建筑安装工程已经耗用的材料、工资和费用支出、预付出包工程的价款，已经建筑安装完毕但尚未交付使用的工程等的可收回金额。本项目应根据“在建工程”账户的期末余额减去“在建工程减值准备”账户的期末余额后的金额填列。

“工程物资”项目，反映企业尚未使用的各项工程物资的实际成本。本项目应根据“工程物资”账户的期末余额填列。

“固定资产清理”项目，反映企业因出售、毁损、报废等原因转入清理但尚未清理完毕的固定资产的净值以及清理过程中所发生的清理费用和变价收入等各项金额的差额。本项目应根据“固定资产清理”账户的期末借方余额填列，若期末为贷方余额，则用“－”号填列。

“无形资产”项目，反映企业持有的无形资产，包括专利权、非专利技术、商标权、著作权、土地使用权等。本项目应根据“无形资产”账户的期末余额减去“累计摊销”账户的期末余额，再减去“无形资产减值准备”账户的期末余额后的金额填列。

“开发支出”项目，反映企业开发无形资产过程中能够资本化形成无形资产成本的支出部分。本项目应根据“研发支出”账户中所属的“资本化支出”明细账户期末余额填列。

“长期待摊费用”项目，反映企业已经发生但应由本期和以后各期负担的分摊期限在一年以上(不含一年)的各种费用。本项目应根据“长期待摊费用”账户的期末余额减去将于一年内(含一年)摊销完的数额后的金额填列。长期待摊费用中在一年内(含一年)摊销的部分，在资产负债表“一年内到期的非流动资产”项目中填列。

“递延所得税资产”项目，反映企业确认的可抵扣暂时性差异产生的递延所得税资产。本项目应根据“递延所得税资产”账户的期末余额分析填列。

“其他非流动资产”项目，反映企业除长期股权投资、固定资产、在建工程、工程物资、无形资产等资产以外的其他非流动资产。本项目应根据有关账户的期末余额填列。

2. 负债类项目

“短期借款”项目，反映企业向银行或其他金融机构等借入的期限在一年以下(含一年)的各种借款。本项目应根据“短期借款”账户的期末余额填列。

“交易性金融负债”项目，反映企业承担的以公允价值计量且其变动计入当期损益的为交易目的所持有的金融负债。本项目应根据“交易性金融负债”的账户的期末余额分析填列。

“应付票据”项目，反映企业为购买材料、商品和接受劳务供应等而开出、承兑的尚未到期付款的商业汇票，包括银行承兑汇票和商业承兑汇票。本项目应根据“应付票据”账户的期末余额填列。

“应付账款”项目，反映企业因购买材料、商品和接受劳务供应等经营活动而应付给供应单位的款项。本项目应根据“应付账款”账户和“预付账款”账户所属各有关明细账户的期末贷方余额合计数填列。若“应付账款”账户所属各明细账户期末有借方余额，应在资产负债表“预付账款”项目内填列。

“预收账款”项目，反映企业按照购货合同规定预收购买单位的账款。本项目应根据“预收账款”和“应收账款”账户所属各有关明细账户的期末贷方余额合计数填列。若“预收账款”账户所属有关明细账户有借方余额的，应在资产负债表“应收账款”项目内填列。

“应付职工薪酬”项目，反映企业根据有关规定应付给职工的工资、职工福利、社会保险费、住房公积金、工会经费、职工教育经费、非货币性福利、辞退福利等应付未付的薪酬。本项目应根据“应付职工薪酬”账户的期末贷方余额填列。若“应付职工薪酬”账户期末为借方余额，以“—”号填列。

“应交税费”项目，反映企业按照税法规定计算应交纳的各种税费，包括增值税、消费税、营业税、所得税、资源税、土地增值税、城市维护建设税、房产税、土地使用税、车船使用税、教育费附加等各种税费。本项目应根据“应交税费”账户的期末贷方余额填列。若“应交税费”账户期末为借方余额，以“—”号填列。企业所交纳的税金不需要预计应交税的，如印花税、耕地占用税等，不在本项目列示。

“应付利息”项目，反映企业按照规定应付未付的利息，包括分期付息到期还本的长期借款应支付的利息、企业发行的企业债券应支付的利息等。本项目应根据“应付利息”账户的期末余额填列。

“应付股利”项目，反映企业尚未支付的现金股利或利润。本项目应根据“应付股利”账户的期末余额填列。企业分配的股票股利，不通过本项目列示。

“其他应付款”项目，反映企业除应付票据、应付账款、预收账款、应付职工薪酬、应付股利、应付利息、应交税费等经营活动以外的其他各项应付、暂收的款项。本项目应根据“其他应付款”账户的期末余额填列。

“一年内到期的非流动负债”项目，反映企业非流动负债中将于资产负债表日后一年内到期部分的金额，如将于一年内偿还的长期借款。本项目应根据有关非流动负债账户的期末余额分析计算填列。

“其他流动负债”项目，反映企业除短期借款、交易性金融负债、应付票据、应付账款、应付职工薪酬、应交税费等流动负债以外的其他流动负债。本项目应根据有关账户的期末余额填列。

“长期借款”项目，反映企业向银行或其他金融机构借入的尚未归还的一年期以上(不含一年)的各项借款。本项目应根据“长期借款”账户的期末余额填列。

“应付债券”项目，反映企业为筹集长期资金而发行的尚未偿还的各种债券的本金和利息。本项目应根据“应付债券”账户的期末余额填列。

“长期应付款”项目，反映企业除长期借款和应付债券以外的各种长期应付款项。本项目应根据“长期应付款”账户的期末余额，减去相应的“未确认融资费用”账户的期末余额后的金额填列。

“专项应付款”项目，反映企业取得政府作为企业所有者投入的具有专项或特定用途的款项。本项目应根据“专项应付款”账户的期末余额填列。

“预计负债”项目，反映企业确认的对外提供担保、未决诉讼、产品质量保证、重组义务、亏损性合同等预计负债。本项目应根据“预计负债”账户的期末余额填列。

“递延所得税负债”项目，反映企业确认的应纳税暂时性差异产生的所得税负债。本项目应根据“递延所得税负债”账户的期末余额分析填列。

“其他非流动负债”项目，反映企业除长期借款、应付债券以外的其他非流动负债。本项目应根据有关科目的期末余额减去将于一年内(含一年)到期偿还数后的余额填列。非流动负债各项目将于一年内(含一年)到期的非流动负债，应在“一年内到期的非流动负债”项目中单独反映。

3. 所有者权益项目

“实收资本(或股本)”项目，反映企业各投资者实际投入的资本(或股本)总额。本项目应根据“实收资本(或股本)”账户的期末余额填列。

“资本公积”项目，反映企业资本公积的期末余额。本项目应根据“资本公积”账户的期末余额填列。

“库存股”项目，反映企业持有尚未转让或注销的本公司股份金额。本项目应根据“库存股”账户的期末余额填列。

“盈余公积”项目，反映企业盈余公积的期末余额。本项目应根据“盈余公积”账户的期末余额填列。

“未分配利润”项目，反映企业尚未分配的利润。本项目应根据“本年利润”账户和“利润分配”账户的期末余额计算填列。未弥补的亏损，在本项目内以“－”号填列。

资产负责表编制举例

例 8－1 ××公司 2010 年 12 月 31 日有关账户的期末余额如表 8－3 所示。

表 8－3 账户期末余额表

2010 年 12 月 31 日　　单位:元

账户名称	总账余额	所属明细账	账户名称	总账余额	所属明细账
库存现金	3 000		短期借款	75 000	
银行存款	93 000		应付票据	75 000	
其他货币资金	18 000		应付账款	52 200	
交易性金融资产	60 600		其中:贷方余额合计		54 000
应收票据	45 000		借方余额合计		1 800
应收账款	152 100		预收账款	7 200	
其中:借方余额合计		180 600	其中:贷方余额合计		11 100
贷方余额合计		28 500	借方余额合计		3 900
坏账准备	－10 500		应付职工薪酬	64 800	
预付账款	10 800		应交税费	45 000	
其中:借方余额合计		12 000	应付股利	25 800	
贷方余额合计		1 200	其他应付款	2 400	
其他应收款	2 400		长期借款	480 000	
在途物资	15 000		其中:将于一年内到期	60 000	
原材料	45 000		实收资本	1 200 000	
库存商品	24 000		资本公积	90 000	
生产成本	42 600		盈余公积	84 000	
长期股权投资	120 000		未分配利润	138 600	
固定资产	1 944 000				

续表 8-3

账户名称	总账余额	所属明细账	账户名称	总账余额	所属明细账
累计折旧	-648 000				
在建工程	360 000				
无形资产	35 400				
长期待摊费用	27 600				
其中:将于一年内摊销	600				
合　计	2 340 000		合　计	2 340 000	

根据上述资料,编制该公司 2010 年度资产负债表如表 8-4 所示。

表 8-4　资产负债表

编制单位:　　2010 年 12 月　31 日　　单位:元

资产	期末余额	年初余额	负债和所有者权益	期末余额	年初余额
流动资产:			流动负债:		
货币资金	114 000		短期借款	75 000	
交易性金融资产	60 600		交易性金融负债		
应收票据	45 000		应付票据	75 000	
应收账款	174 000		应付账款	55 200	
预付账款	13 800		预收账款	39 600	
应收利息			应付职工薪酬	64 800	
应收股利			应交税费	45 000	
其他应收款	2 400		应付利息		
存货	126 600		应付股利	25 800	
一年内到期的非流动资产	600		其他应付款	2 400	
其他流动资产			一年内到期的非流动负债	60 000	
流动资产合计	537 000		其他流动负债		
非流动资产:			流动负债合计	442 800	
可供出售金融资产			非流动负债:		

续表 8-4

资产	期末余额	年初余额	负债和所有者权益	期末余额	年初余额
持有至到期投资			长期借款	420 000	
长期应收款			应付债券		
长期股权投资	120 000		长期应付款		
投资性房地产			专项应付款		
固定资产	1 296 000		预计负债		
在建工程	360 000		递延所得税负债		
工程物资			其他非流动负债		
固定资产清理			非流动负债合计	420 000	
生物性生物资产			负债合计	862 800	
油气资产			所有者权益:		
无形资产	35 400		实收资本(或股本)	1 200 000	
开发支出			资本公积	90 000	
商誉			减:库存股		
长期待摊费用	27 000		盈余公积	84 000	
递延所得税资产			未分配利润	138 600	
其他非流动资产			所有者权益合计	1 512 600	
非流动资产合计	1 838 400				
资产总计	2 375 400		负债和所有者权益总计	2 375 400	

第三节 利 润 表

一、利润表概述

(一) 利润表的定义和作用

利润表是反映企业在一定时期内(月份、季度、年度)经营成果(利润或亏损)的会计报表。它是根据"利润＝收入－费用"这一会计等式，按照一定的标准和顺序，将一定期间的营业收入和同一会计期间相关的营业费用进行配比，计算出企业一定时期的净利润(或净亏损)，它是一张动态会计报表。

利润表的作用表现为以下几个方面：

(1) 可以反映企业在一定时期内收入的实现情况、可以反映一定会计期间的费用耗费情况、可以反映企业生产经营活动的成果。

(2) 反映企业资金周转情况以及企业的盈利能力和水平，便于报表使用者判断企业未来的发展趋势及获利能力，使投资者了解投入资本的安全和完整性便于做出正确的经济决策。

(3) 企业一定时期的经营成果影响该期的财务状况，因而利润表又成为资产负债表和现金流量表不可缺少的相关资料。

(4) 通过利润表提供的资料可以考核和评价企业管理部门的工作业绩。

(二) 利润表的结构和内容

利润表一般包括表首、正表两部分。其中，表首概括说明报表名称、编制单位、日期、编号、货币名称、计量单位等；正表是利润表的主体，反映形成经营成果的各个项目和计算过程。

利润表的正表的结构一般有两种：单步式和多步式利润表。

单步式利润表是将当期发生的所有收入列在一起，然后将所有的费用也列在一起，两者相减得出当期净损益。单步式利润表编制简单，易于理解，但不能反映利润的形成情况。

多步式利润表是将利润表的内容作多项分类，通过对当期的收入、费用、支出项目按性质加以分类，按利润形成的主要环节列示一些中间性利润指标，分布计算当期净损益。其格式和计算步骤如表 8-5 所示。多步式利润表的优点在于，它比单步式利润表能够提供更为丰富的信息，有利于预测有关企业盈利方面的能力，也便于对企业生产经营情况进行分析，有利于不同企业之间进行比较。我国企业编制的利润表采用多步式。企业可以分如下三个步骤编制利润表：

(1) 以营业收入(包括主营业务收入和其他业务收入)为基础，减去营业成本(包括主营业务成本和其他业务成本)、营业税金及附加、管理费用、销售费用、财务费用、资产减值损失，加上公允价值变动损益(减去公允价值变动损失)，加上投资收益(减去投资损失)，计算出营业利润。

(2) 以营业利润为基础，加上营业外收入，减去营业外支出，计算出利润总额。

(3) 以利润总额为基础，减去所得税费用，计算出净利润(或净亏损)。

表 8-5 利润表

编制单位： 年 月 单位：元

项 目	行次	本期金额	上期金额
一、营业收入			
减：营业成本			
营业税金及附加			
销售费用			
管理费用			
财务费用			
资产减值损失			
加：公允价值变动收益（损失以“—”号填列）			
投资收益（损失以“—”号填列）			
其中：对联营企业和合营企业的投资收益			
二、营业利润（亏损以“—”号填列）			
加：营业外收入			
减：营业外支出			
其中：非流动资产处置损失			
三、利润总额（亏损总额以“—”号填列）			
减：所得税费用			
四、净利润（净亏损以“—”号填列）			
五、每股收益：			
（一）基本每股收益			
（二）稀释每股收益			

二、利润表的编制

利润表一般设有“本期金额”和“上期金额”两栏。表中的“上期金额”栏内各项数字，应根据上年该期利润表“本期金额”栏内所列数字填列，如果上年该期利润表规定的各个项目的名称和内容与本期不一致，应对上年该期利润表各项目的名称和数字按照本期的规定进行调整，填入报表“上年金额”栏内；表中的“本期金额”栏内各数字一般应根据损益类科目发生额分析填列。“本期金额”栏的填列方法：

“营业收入”项目，反映企业经营主要业务和其他业务所确认的收入总额。本项目应根据“主营业务收入”和“其他业务收入”账户的发生额分析填列。

“营业成本”项目，反映企业经营主要业务和其他业务发生的成本总额。本项目应根据“主营业务成本”和“其他业务成本”账户的发生额分析填列。

“营业税金及附加”项目，反映企业经营业务应负担的营业税、消费税、城市维护建设税、资源税、土地增值税和教育费附加等。本项目应根据“营业税金及附加”账户的发生额分析填列。

“销售费用”项目，反映企业在销售商品过程中发生的包装费、广告费等费用和为销售本企业商品而专设的销售机构的职工薪酬、业务费等经营费用。本项目应根据“销售费用”账户的发生额分析填列。

“管理费用”项目，反映企业为组织和管理生产经营发生的管理费用。本项目应根据“管理费用”账户的发生额分析填列。

“财务费用”项目，反映企业筹集生产经营所需资金等而发生的筹资费用。本项目应根据“财务费用”账户的发生额分析填列。

“资产减值损失”项目，反映企业各项资产发生的减值损失。本项目应根据“资产减值损失”账户的发生额分析填列。

“公允价值变动收益”项目，反映企业按照相关准则规定应当计入当期损益的资产或负债公允价值变动收益，本项目应根据“公允价值变动损益”账户的发生额分析填列。如为净损失，以“－”号填列。

“投资收益”项目，反映企业以各种方式对外投资所取得的收益。本项目应根据“投资收益”账户的发生额分析填列。如为投资损失，以“－”号填列。

“营业利润”项目，反映企业实现的营业利润。如为亏损，以“－”号填列。

“营业外收入”项目，反映企业发生的与其经营活动无直接关系的各项收入。本项目应根据“营业外收入”账户的发生额分析填列。

“营业外支出”项目，反映企业发生的与经营业务无直接关系的各项支出。本项目应根据“营业外支出”账户的发生额分析填列。

“利润总额”项目，反映企业实现的利润总额。如为亏损总额，以“－”号填列。

“所得税费用”项目，反映企业根据所得税准则确认的应从当期利润总额中扣除的所得税费用。本项目应根据“所得税费用”账户的发生额分析填列。

“净利润”项目，反映企业实现的净利润。如为亏损，以“－”号填列。

例 8－2 ××公司 2010 年 7 月损益类账户发生额资料如表 8－6 所示。

表 8－6　损益类账户发生额

2010 年 7 月　　单位:元

账户名称	借方发生额	贷方发生额
主营业务收入		1 500 000
主营业务成本	850 000	
营业税金及附加	3 000	
销售费用	24 000	
管理费用	170 000	
财务费用	20 000	
投资收益		100 000
营业外收入		60 000
营业外支出	37 000	
所得税费用	93 000	

根据上述资料编制该公司 2010 年 7 月利润表如表 8－7 所示。

表 8－7　利润表

编制单位:××公司　　2010 年 7 月　　单位:元

项　目	本期金额	上期金额
一、营业收入	1 500 000	略
减:营业成本	850 000	
营业税金及附加	3 000	
销售费用	24 000	
管理费用	170 000	
财务费用	20 000	
资产减值损失		
加:公允价值变动收益(损失以“－”号填列)		
投资收益(损失以“－”号填列)	100 000	
其中:对联营企业和合营企业的投资收益		
二、营业利润(亏损以“－”号填列)	533 000	
加:营业外收入	60 000	
减:营业外支出	37 000	

续表 8-7

项　　目	本期金额	上期金额
其中:非流动资产处置损失		
三、利润总额(亏损总额以"－"号填列)	556 000	
减:所得税费用	93 000	
四、净利润(净亏损以"－"号填列)	463 000	
五、每股收益:		
(一)基本每股收益		
(二)稀释每股收益		

第四节　现金流量表

一、现金流量表的概念和作用

(一) 现金流量表的概念

现金流量表,是反映企业一定会计期间现金和现金等价物流入和流出的报表。其中现金,是指企业库存现金以及可以随时用于支付的存款。主要包括:库存现金、银行存款、其他货币资金。现金等价物,是指企业持有的期限短、流动性强、易于转换为已知金额现金、价值变动风险很小的投资。现金流量表以现金的流入和流出反映企业在一定会计期间内的经营活动、投资活动、筹资活动的动态情况,反映企业现金流入和流出的全貌。

编制现金流量表的目的,是为了财务报表使用者了解和评价企业一定会计期间内现金和现金等价物流入和流出的信息,以便于财务报表使用者了解和评价企业获取现金和现金等价物的能力,并据以预测企业未来现金流量。

(二) 现金流量表的作用

(1) 有助于投资者和债权人评价企业支付能力、偿债能力和周转能力。

(2) 有助于预测企业未来现金流量和企业未来的发展情况。

(3) 有助于分析企业收益质量及影响现金净流量的因素,掌握企业经营活动、投资活动和筹资活动的现金流量,可以从现金流量的角度了解净利润的质量,对企业整体财务状况做出客观评价，为分析和判断企业的财务前景提供信息。

（三）现金流量表的编制基础

现金流量表是以现金为基础编制的，这里的现金是指企业的库存现金、可以随时用于支付的存款及现金等价物。

1. 库存现金

是指企业可以随时用于支付的现金限额，存放在企业的现款，包括库存的人民币和外币。

2. 银行存款

是指企业存放于银行或其他金融机构的货币资金。但对于不能随时支取的定期存款，不能作为现金流量表中的现金，如果该项定期存款企业提前通知银行便可以支取，则应包含在现金流量表中的现金范围内。

3. 其他货币资金

是指企业存在金融机构的有特定用途的资金，包括外埠存款、银行本票存款、银行汇票存款、信用证保证金存款、信用卡存款和存出投资款等。

4. 现金等价物

是指企业持有的期限短、流动性强、易于转换为已知金额的现金、价值变动风险很小的短期投资。现金等价物虽然不是现金，但其支付能力与现金差别不大，可视为现金。

二、现金流量表的格式、分类和结构

我国现金流量表采用报告式结构，分类反映企业经营活动、投资活动和筹资活动产生的现金流量。现金流量表由现金流量表正表、现金流量表补充资料、当期取得或处置子公司及其他营业单位的有关信息披露和现金和现金等价物的披露组成。

在具体编制现金流量表时，可以采用工作底稿法或T型账户法编制。

（一）现金流量的分类

现金流量表首先要对企业各项经营业务产生或运用的现金流量进行合理地分类，《企业会计准则——现金流量表》将现金流量分为三类，即经营活动产生的现金流量、投资活动产生的现金流量和筹资活动产生的现金流量。

1. 经营活动产生的现金流量

经营活动是指企业投资活动和筹资活动以外的所有的交易和事项，经营活动主要包括销售商品或提供劳务、经营性租赁、购买商品或接受劳务、支付工资、制造产品、广告宣传、缴纳税款等。

经营活动产生的现金流量是企业通过所拥有的资产自身创造的现金流量，主要是与企业净利润有关的现金流量。通过分析经营活动的现金流量，可以了解企业的收益质量，说明企业在不动用外部筹得资金的情况下是否足以偿还负债、支付股利和对外投资。

2. 投资活动产生的现金流量

投资活动是指企业长期资产的购建和不包括在现金等价物范围内的投资及其处置活动。这里所指的长期资产是指固定资产、在建工程、无形资产、其他资产等持有期限在一年或超过一年的一个营业周期以上的资产。投资活动主要包括取得和收回投资，购建和处置固定资产、无形资产和其他长期资产等等。

通过分析投资活动产生的现金流量，可以了解企业为获得未来收益和现金流量而导致资源转出的程度，以及以前资源转出带来的现金流入信息。

3. 筹资活动产生的现金流量

筹资活动是指导致企业资本以及债务规模和构成发生变化的活动，包括吸收投资、发行股票和债券、分配利润、支付股利和偿还利息等。

通过分析筹资活动产生的现金流量，可以了解企业通过筹资获取现金流量的能力以及企业为前期筹集资金而付出的代价。

（二）现金流量表的结构

现金流量表的基本结构分为两大部分，即正表和补充资料。我国《企业会计准则——现金流量表》中规定的现金流量表的基本格式如表 8-8 所示。

表 8-8 现金流量表

编制单位： 年 月 单位：元

项 目	行次	上年数	本年数
一、经营活动产生的现金流量			
销售商品、提供劳务收到的现金			
收到税费返还			
收到的其他与经营活动有关的现金			
经营活动现金流入小计			
购买商品、接受劳务支付的现金			
支付给职工以及为职工支付的现金			
支付的各项税费			

续表 8-8

项　　目	行次	上年数	本年数
支付的其他与经营活动有关的现金			
经营活动现金流出小计			
经营活动产生的现金流量净额			
二、投资活动产生的现金流量			
收回投资收到的现金			
取得投资收益收到的现金			
处置固定资产、无形资产和其他长期资产收回的现金净额			
处置子公司及其他营业单位收到的现金净额			
收到其他与投资活动有关的现金			
投资活动现金流入小计			
购置固定资产、无形资产和其他长期资产支付的现金			
投资支付的现金			
取得子公司及其他经营单位支付的现金净额			
支付其他与投资活动有关的现金			
投资活动现金流出小计			
投资活动产生的现金流量净额			
三、筹资活动产生的现金流量			
吸收投资收到的现金			
取得借款收到的现金			
收到的其他筹资活动有关的现金			
筹资活动现金流入小计			
偿还债务支付的现金			
分配股利、利润或偿付利息支付的现金			
支付的其他与筹资活动有关的现金			
经营活动现金流出小计			
筹资活动产生的现金流量净额			
四、汇率变动对现金及现金等价物的影响			
五、现金及现金等价物净增加额			

续表 8-8

项　目	行次	上年数	本年数
加:期初现金及现金等价物余额			
六、期末现金及现金等价物余额			

关于现金流量表的编制方法,将在会计专业的后续课程中详细介绍,在此从略。

第五节　编制财务会计报表技能训练

一、训练目标

通过技能训练,掌握资产负债表和利润表的内容、结构和编制方法。

二、训练重点与难点

技能训练的重点与难点是资产负债表和利润表的编制方法。

三、训练要求

(一) 根据大华公司 2010 年 12 月 31 日各账户的期末余额资料编制资产负债表(表 8-9)。

(二) 根据大华公司 2010 年度有关损益类账户累计发生额编制该企业 2010 年利润表(表 8-10)。

四、训练资料

(一)

表 8-9

2010 年 12 月 31 日

单位:元

账户名称	总账余额	所属明细账	账户名称	总账余额	所属明细账
库存现金	9 000		短期借款	225 000	
银行存款	279 000		应付票据	225 000	

续表 8-9

账户名称	总账余额	所属明细账	账户名称	总账余额	所属明细账
其他货币资金	54 000		应付账款	156 600	
交易性金融资产	181 800		其中:贷方余额合计		162 000
应收票据	135 000		借方余额合计		5 400
应收账款	456 300		预收账款	21 600	
其中:借方余额合计		541 800	其中:贷方余额合计		33 300
贷方余额合计		85 500	借方余额合计		11 700
坏账准备	−31 500		应付职工薪酬	194 400	
预付账款	32 400		应交税费	135 000	
其中:借方余额合计		36 000	应付股利	77 400	
贷方余额合计		3 600	其他应付款	7 200	
其他应收款	7 200		长期借款	1 440 000	
在途物资	45 000		其中:将于一年内到期	180 000	
原材料	135 000		实收资本	3 600 000	
库存商品	72 000		资本公积	270 000	
生产成本	127 800		盈余公积	252 000	
长期股权投资	360 000		未分配利润	415 800	
固定资产	5 832 000				
累计折旧	−1 944 000				
在建工程	1 080 000				
无形资产	106 200				
长期待摊费用	82 800				
其中:将于一年内摊销	1 800				
合计	7 020 000		合计	7 020 000	

根据上述资料,编制该公司 2010 年度资产负债表。

表 8-10

编制单位：大华公司　　　　2010 年 12 月 31 日　　　　单位：元

资产	期末余额	年初余额	负债和所有者权益	期末余额	年初余额
流动资产：			流动负债：		
货币资金			短期借款		
交易性金融资产			交易性金融负债		
应收票据			应付票据		
应收账款			应付账款		
预付账款			预收账款		
应收利息			应付职工薪酬		
应收股利			应交税费		
其他应收款			应付利息		
存货			应付股利		
一年内到期的非流动资产			其他应付款		
其他流动资产			一年内到期的非流动负债		
流动资产合计			其他流动负债		
非流动资产：			流动负债合计		
可供出售金融资产			非流动负债：		
持有至到期投资			长期借款		
长期应收款			应付债券		
长期股权投资			长期应付款		
投资性房地产			专项应付款		
固定资产			预计负债		
在建工程			递延所得税负债		
工程物资			其他非流动负债		
固定资产清理			非流动负债合计		
生物性生物资产			负债合计		
油气资产			所有者权益：		
无形资产			实收资本（或股本）		

续表 8-10

资　　产	期末余额	年初余额	负债和所有者权益	期末余额	年初余额
开发支出			资本公积		
商誉			减:库存股		
长期待摊费用			盈余公积		
递延所得税资产			未分配利润		
其他非流动资产			所有者权益合计		
非流动资产合计					
资产总计			负债和所有者权益总计		

(二) 大华公司 2010 年损益类账户发生额资料如表 8-11 所示。

表 8-11

2010 年度　　单位:元

账户名称	借方发生额	贷方发生额
主营业务收入		4 500 000
主营业务成本	2 550 000	
营业税金及附加	9 000	
销售费用	72 000	
管理费用	510 000	
财务费用	60 000	
投资收益		300 000
营业外收入		180 000
营业外支出	111 000	
所得税费用	279 000	

根据上述资料编制该公司 2010 年 7 月利润表如表 8-12 所示。

表 8-12

编制单位:××公司　　2010 年度　　单位:元

项　　目	本期金额	上期金额(略)
一、营业收入		
减:营业成本		
营业税金及附加		
销售费用		
管理费用		
财务费用		
资产减值损失		
加:公允价值变动收益(损失以"—"号填列)		
投资收益(损失以"—"号填列)		
其中:对联营企业和合营企业的投资收益		
二、营业利润(亏损以"—"号填列)		
加:营业外收入		
减:营业外支出		
其中:非流动资产处置损失		
三、利润总额(亏损总额以"—"号填列)		
减:所得税费用		
四、净利润(净亏损以"—"号填列)		
五、每股收益:		
(一)基本每股收益		
(二)稀释每股收益		

本章小结

财务报表是根据日常会计核算资料定期编制、对外提供的综合反映企业某一特定日期财务状况和某一会计期间经营成果、现金流量的总结性书面文件,对企业的管理者、投资者、债权人、政府机构以及其他与企业有利害关系的单位或个人有着重要的意义,是重要的经济资料。

财务报表主要包括资产负债表、利润表、现金流量表、所有者权益变动表等,在本章中，着重介绍了资产负债表和利润表的内容、结构和编制方法。

习　题

一、单项选择题

1. 资产负债表是以哪一个会计恒等式为基础编制的(　　)。
   A. 收入－费用＝利润
   B. 资产＝负债＋所有者权益
   C. 资产＋费用＝负债＋所有者权益＋收入
   D. 借方发生额＝贷方发生额
2. 资产负债表中资产是按(　　)的顺序排列的。
   A. 项目流动性　　B. 项目重要性
   C. 项目时间性　　D. 项目收益性
3. (　　)是反映企业经营成果的会计报表。
   A. 资产负债表　　B. 利润表
   C. 现金流量表　　D. 会计报表附注
4. 资产负债表中所有者权益类项目中的“未分配利润”项目是根据以下哪个科目的余额计算填列的(　　)。
   A. “本年利润”　　B. “应付利润”
   C. “利润分配”　　D. “本年利润”和“利润分配”
5. (　　)是反映企业财务状况的会计报表。
   A. 资产负债表　　B. 利润表
   C. 所有者权益变动表　　D. 会计报表附注

二、多项选择题

1. 会计报表包括(　　)以及相关附表。
   A. 资产负债表　　B. 利润表
   C. 现金流量表　　D. 所有者权益变动表
2. 中期财务报表包括(　　)。
   A. 年度财务报表　　B. 半年度财务报表
   C. 季度财务报表　　D. 月度财务报表
3. 资产负债表中“货币资金”项目应根据(　　)账户的期末余额合计数填列。
   A. 库存现金　　B. 银行存款
   C. 银行本票存款　　D. 银行汇票存款

4. 利润表的基本要素有(　　)。

A. 利润　　B. 负债

C. 收入　　D. 费用

5. 以下资产负债表中需要根据有关账户所属的相关明细账户的期末余额计算填列的有(　　)。

A. 短期借款　　B. 应收账款

C. 应付账款　　D. 存货

三、判断题

1. 资产负债表是总括反映企业在某一特定日期资产、负债和所有者权益及其构成情况的会计报表。(　　)

2. 在我国,资产负债表采用报告式结构。(　　)

3. 利润表的格式包括单步式和多步式。(　　)

4. 资产负债表中的“货币资金”是根据总分类账户的期末余额直接填列的。(　　)

5. 我国现金流量表采用报告式结构,由正表、现金流量表附注两部分组成。(　　)

四、问答题

1. 财务报表的编报要求有哪些?

2. 财务报表的内容和种类有哪些?

3. 什么是利润表?简述其编制方法

4. 编制资产负债表的作用?

5. 什么是现金流量表?

五、实务题

1. 练习资产负债表的编制。

资料:某企业 2010 年 12 月有关账户余额如表 8-13 所示:

表 8-13

账户名称	总账余额	所属明细账	账户名称	总账余额	所属明细账
库存现金	1 200		短期借款	30 000	
银行存款	37 200		应付票据	30 000	
其他货币资金	7 200		应付账款	20 880	
交易性金融资产	24 240		其中:贷方余额合计		21 600
应收票据	18 000		借方余额合计		720
应收账款	60 840		预收账款	2 880	

续表 8-13

账户名称	总账余额	所属明细账	账户名称	总账余额	所属明细账
其中:借方余额合计		72 240	其中:贷方余额合计		4 440
贷方余额合计		11 400	借方余额合计		1 560
坏账准备	—4 200		应付职工薪酬	25 920	
预付账款	4 320		应交税费	18 000	
其中:借方余额合计		4 800	应付股利	10 320	
贷方余额合计		480	其他应付款	960	
其他应收款	960		长期借款	192 000	
在途物资	6 000		其中:将于一年内到期	24 000	
原材料	18 000		实收资本	480 000	
库存商品	9 600		资本公积	36 000	
生产成本	17 040		盈余公积	33 600	
长期股权投资	48 000		未分配利润	55 440	
固定资产	777 600				
累计折旧	—259 200				
在建工程	144 000				
无形资产	14 160				
长期待摊费用	11 040				
其中:将于一年内摊销	240				
合　计	936 000		合　计	936 000	

要求:根据上表资料,编制资产负债表。

2. 练习利润表的编制。

资料:某企业所得税税率为 25%,本期实现的利润等于应纳税所得额。2010 年6 月损益类账户的发生额如表 8-14 所示:

表 8-14

账户名称	借方发生额	贷方发生额
主营业务收入		220 000
其他业务收入		50 000

续表 8-14

账户名称	借方发生额	贷方发生额
主营业务成本	80 000	
其他业务成本	30 000	
营业税金及附加	43 000	
销售费用	25 000	
管理费用	12 000	
财务费用	30 000	
投资收益		106 000
营业外收入		5 000
营业外支出	3 000	

要求:(1)结转各项收入到“本年利润”账户;

(2)结转各项成本、费用、支出到“本年利润”账户;

(3)计算本月所得税费用,并作出相应的账务处理;

(4) 计算净利润,并编制利润表。

第九章　会计核算形式

学习目标

通过本章的学习，要求理解会计核算形式的概念和种类，掌握记账凭证会计核算形式、汇总记账凭证会计核算形式、科目汇总表会计核算形式的特点、步骤、优缺点及使用范围，能够根据记账凭证编制汇总记账凭证、科目汇总表，掌握各种核算形式下总分类账登记的依据和方法。

知识构图

- 会计核算形式
  - 会计核算形式概述
    - 会计核算形式的意义
    - 设置会计核算形式的要求
    - 会计核算形式的种类
  - 记账凭证会计核算形式
    - 概念
    - 步骤
    - 优缺点评价及适用范围
  - 科目汇总表会计核算形式
    - 概念
    - 步骤
    - 科目汇总表的编制方法
    - 优缺点评价及适用范围
  - 汇总记账凭证会计核算形式
    - 概念
    - 步骤
    - 汇总记账凭证的编制方法
    - 优缺点评价及适用范围

第一节　会计核算形式概述

一、会计核算形式的意义

（一）会计核算形式的概念

会计核算形式，也称账务处理程序或会计核算组织程序，是指会计凭证、会计账簿、会计报表相结合的方式，包括会计凭证和账簿的种类、格式，会计凭证与账簿之间的联系方法，即由原始凭证到编制记账凭证、登记明细分类账和总分类账、编制会计报表的工作程序和方法等。具体地说，就是从原始凭证的取得开始，整理、汇总、审核原始凭证，填制、汇总记账凭证，登记日记账、明细分类账、总分类账等各种账簿，编制会计报表的一系列业务处理的步骤和方法。

会计核算工作涉及填制会计凭证、登记会计账簿、编制会计报表等业务处理环节，不同的会计主体在会计核算工作中采用的步骤和方法是不完全相同的。不同的会计主体在会计核算工作中，应该使用哪些凭证，应该设置哪些账簿；怎样设计凭证和账簿的种类及格式；如何确定各种凭证之间、账簿之间、会计报表之间的相互关系，并使之协调配合；如何根据凭证登记账簿，尤其是登记总分类账；如何确定从填制凭证到登记账簿再到编制会计报表的程序和步骤，这些都是正确组织会计核算工作必须首先解决的重要问题。

（二）会计核算形式的意义

建立会计核算程序，对合理组织会计核算工作具有重要意义。第一，有利于会计工作程序的规范化，确定合理的凭证、账簿与报表之间的联系方式，保证会计信息加工过程的严密性，提高会计信息的质量；第二，有利于保证会计记录的完整性、正确性，通过凭证、账簿及报表之间的牵制作用，增强会计信息的可靠性；第三，有利于减少不必要的会计核算环节，提高会计工作效率，保证会计信息的及时性。

二、设置会计核算形式的要求

设置会计核算形式是做好会计工作的重要前提。在实际工作中，由于各企业的业务性质不同，组织规模大小各异，经济业务有繁简之别，所以设置的凭证、账簿及报表的种类和格式会有所不同，记账程序也会有差异，因此，采用的会计核算形式不尽相同，但合理、适用的会计核算形式，一般符合以下基本要求：

(1) 必须满足经营管理的需要。整个会计核算形式的建立，从填制会计凭证开始，经过登记账簿，到编制会计报表止，均应按照经营管理的需要设计，提供必要的会计核算信息。

(2) 必须符合本单位的实际情况。选择会计核算形式，要同本单位经济业务的特点、经营规模、业务繁简及会计部门技术力量相适应：经营业务单一、企业规模较小、会计部门技术力量比较薄弱的企业，可以采用比较简单的会计核算形式；反之，可以采用较复杂的会计核算形式。这样，才便于科学的分工协作，落实岗位责任制。

(3) 在保证会计核算工作质量的前提下，力求简化核算手续。

三、会计核算形式的种类

由于会计凭证、账簿组织和会计报表相互组合的方式不同，就形成了不同的会计核算形式。在我国，常用的核算形式主要有记账凭证会计核算形式、汇总记账凭证会计核算形式、科目汇总表会计核算形式、多栏式日记账会计核算形式和日记总账会计核算形式等。各种核算组织程序之间的主要区别在于登记总分类账的依据和方法不同，它们各有优缺点，企业应根据自身的实际情况选择相应的会计核算形式。

第二节　记账凭证会计核算形式

一、记账凭证会计核算形式的概念

记账凭证会计核算形式是指经济业务发生后，根据所填制的记账凭证直接逐笔登记总分类账，并定期编制会计报表的一种会计核算形式。它是一种最基本的会计核算形式，其他会计核算形式基本上是在此基础上发展或改变而形成的。

记账凭证会计核算形式下记账凭证可采用通用记账凭证的格式，也可以采用收款凭证、付款凭证和转账凭证的专用记账凭证的格式。设置的账簿一般包括：库存现金日记账、银行存款日记账、总分类账和明细分类账。其中，库存现金日记账和银行存款日记账一般采用三栏式格式；总分类账一般按规定的会计科目开设账页，格式也采用三栏式；明细分类账则应根据企业管理上的需要，格式可采用三栏式、多栏式或数量金额式等。

二、记账凭证会计核算形式的步骤

(1) 根据原始凭证或原始凭证汇总表填制各种记账凭证(收款凭证、付款凭证和转账凭证)。

(2) 根据收款凭证和付款凭证逐笔登记库存现金日记账和银行存款日记账。

(3) 根据记账凭证并结合原始凭证或原始凭证汇总表逐笔登记各种明细分类账。

(4) 根据各种记账凭证逐笔登记总分类账。

(5) 期末,将库存现金日记账,银行存款日记账及各种明细分类账的余额或余额合计数,分别与总分类账中有关账户的余额核对相符。

(6) 期末,根据核对无误的总分类账和各种明细分类账的记录编制会计报表。

记账凭证会计核算形式流程图如图 9-1 所示。

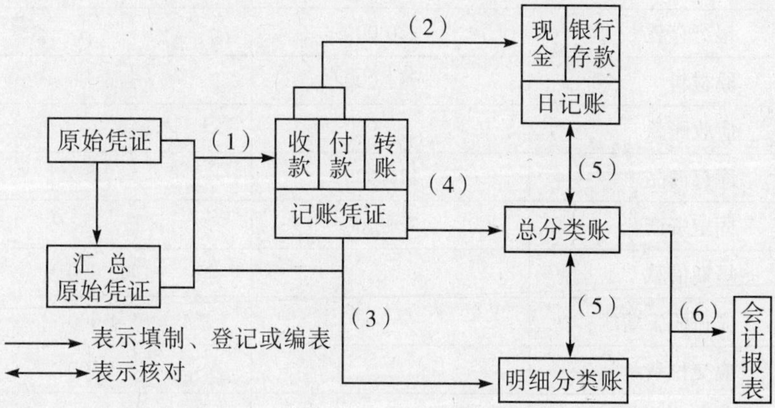

图 9-1 记账凭证会计核算形式

三、记账凭证会计核算形式的优缺点评价及适用范围

(一) 优缺点

1. 记账凭证核算形式的优点:一是处理程序简单明了,记账程序比较清楚,易于理解和掌握;二是总分类账是根据记账凭证逐笔登记的,总分类账反映详细,便于更好地理解经济业务的发生和完成情况;三是账户之间的对应关系清晰,便于对账和查账。

2. 记账凭证核算形式的缺点:由于总分类账是直接根据记账凭证登记的,所以当经济业务量较大时,登记总分类账的工作量也较大。

(二) 适用范围

记账凭证会计核算形式主要适用于规模较小,经济业务量较少的单位。

四、记账凭证会计核算形式举例

为了便于掌握该种核算组织程序的操作过程,现举例说明如下:

例 9-1 某制造企业 2010 年 11 月份月初各项资料及 11 月份发生的经济业务。

1. 有关余额账户如表 9-1 所示。

表 9-1 总分类账户期初余额表 单位:元

账户名称	借方	贷方
库存现金	3 000	
银行存款	250 000	
原材料	54 000	
应收账款	8 900	
库存商品	110 000	
固定资产	320 000	
短期借款		60 000
应付职工薪酬		4 000
应交税费		3 500
累计折旧		46 500
实收资本		594 900
盈余公积		37 000
合计	745 900	745 900

其中:期初:"原材料"包括:A 材料 3 400 千克,单价 10 元/千克,计 34 000 元;
B 材料 4 000 千克,单价 5 元/千克,计 20 000 元;

期初:"库存商品"包括:甲产品 925 件,单价 80 元/件,计 74 000 元;
乙产品 1 000 件,单价 36 元/件,计 36 000 元;

期初"应收账款"包括:北方厂所欠账款 600 元;南方厂所欠账款 8 300 元;

2. 11 月份发生如下经济业务:

(1) 1 日,购买办公用品费用 600 元,以现金支付。

(2) 1 日,购买机器设备 30 000 元,增值税进项税额为 5 100 元,以银行存款支付。

(3) 2 日,购买 A 材料 1 000 千克,单价 10 元/千克,共计 10 000 元,增值税进项税额为 1 700 元,货款以银行存款支付,材料尚未验收入库。

(4) 3 日,收到包装物押金 200 元,存入银行。

(5) 4 日,向银行取得短期借款 100 000 元,存入该企业开户行。

(6) 4 日,向北方厂购买 B 材料 600 千克,单价 5 元/千克,共计 3 000 元,增值税进项税额为 510 元,货款尚未支付。

(7) 4 日,B 材料按实际成本验收入库。

(8) 5 日,以 50 000 元价格购买一项专利技术,以银行存款支付。

(9) 6 日,以银行存款支付上月应交税金 4 000 元。

(10) 6 日,2 日购买的 A 材料经验收按实际成本入库。

(11) 7 日,以银行存款支付 4 日向北方厂购入的 B 材料的购货款 3 510 元

(12) 7 日,生产领用 A 材料 1 150 千克,单价 10 元/千克,共计 11 500 元;领用 B 材料 800 千克,单价 5 元/千克,共计 4 000 元。其中,生产甲产品领用材料 4 500 元;生产乙产品领用材料 7 200 元;基本生产车间一般性消耗领用2 800 元;行政管理部门领用 1 000 元。

(13) 8 日,企业职工张亮出差预借差旅费 1400 元,以现金支付。

(14) 8 日,报销企业职工李力市内交通费用 23 元,以现金支付。

(15) 9 日,支付行政管理部门订购的报刊费 900 元,以银行存款支付。

(16) 10 日,计算分配本月职工工资 13 000 元,其中:甲产品生产工人工资 5 600元,乙产品生产工人工资 4 400 元,车间管理人员工资 2 100 元,行政管理部门人员工资 900 元。

(17) 10 日,从银行提取现金 13 000 元,以备发放工资。

(18) 10 日,发放本月职工工资 13 000 元。

(19) 10 日,按职工工资总额的 14%计提职工福利费 1 820 元,其中:甲产品生产工人福利费 784 元,乙产品生产工人福利费 616 元,车间管理人员福利费 294 元,行政管理部门人员福利费 126 元。

(20) 11 日,收到北方厂前欠的货款 600 元,已存入银行。

(21) 12 日,用银行存款支付其下的一个子弟学校的办公经费 1 000 元。

(22) 13 日,用银行存款支付本月电费 2 500 元,其中:生产甲产品耗用 1 200 元,生产乙产品耗用 1 000 元,基本生产车间一般性耗用 200 元,行政管理部门耗用 100 元。

(23) 15 日,职工张亮出差回来报销差旅费 1 500 元,以库存现金 100 元支付

其不足部分。

(24) 16 日，计提本月固定资产折旧费 5 000 元，其中：生产车间固定资产折旧费 3 000 元，行政管理部门固定资产折旧费 2 000 元。

(25) 19 日，计算当期短期借款应付利息 350 元。

(26) 20 日，由于到期没有及时归还包装物，故没收其押金 200 元。

(27) 21 日，企业职工李明看病报销其医药费 57 元，以现金支付。

(28) 22 日，结转本月制造费用 8 394 元，其中：应分配计入甲产品成本的是 4 700.64 元，应分配计入乙产品成本的是 3 693.36 元(以生产工人工资为分配标准)。

(29) 22 日，结转完工产品成本，其中：甲产品 210 件，生产成本 16 784.64 元，乙产品 470 件，生产成本 16 909.36 元。

(30) 23 日，发生一笔捐赠支出 100 元，以现金支付。

(31) 24 日，销售甲产品一批，货款共计 39 000 元，增值税税额为 6 630 元，货款已收到，并存入银行。

(32) 25 日，以银行存款支付本月广告费 500 元。

(33) 27 日，销售乙产品一批给南方厂，货款共计 28 000 元，增值税税额为 4 760 元，货款尚未收到。

(34) 28 日，收到企业投资收益 6 000 元，存入银行。

(35) 29 日，以现金形式收到某包装物租金 45 元。

(36) 30 日，结转本月已销产品的销售成本 38 400 元，其中：甲产品成本销售成本 24 000 元，乙产品销售成本 14 400 元。

(37) 30 日，计算本月应交教育费附加 335 元。

(38) 30 日，结转本月损益类科目。

(39) 30 日，按本月利润总额的 25%计算本月应交所得税，并结转。

(40) 30 日，按本月净利润的 10%提取法定盈余公积。

(41) 30 日，计算本月应分配的股利 7 623.3 元。

第一步，根据原始凭证编制记账凭证(以表格形式列出)，如表 9-2 所示。

表 9-2 记账凭证

2010年 月	日	凭证号数	摘要	总分类项目	明细科目	借方金额	贷方金额
11	1	现付1	购买办公用品	管理费用	办公用品	600	
				库存现金			600
	1	银付1	购入机器设备	固定资产		30 000	
				应交税费	应交增值税	5 100	
				银行存款			35 100
	2	银付2	购入A材料	在途物资	A材料	10 000	
				应交税费	应交增值税	1 700	
				银行存款			11 700
	3	银收1	收取包装物押金	银行存款		200	
				其他应付款			200
	4	银收2	向银行借款	银行存款		100 000	
				短期借款			100 000
	4	转1	赊购B材料	在途物资	B材料	3 000	
				应交税费	应交增值税	510	
				应付账款	北方厂		3 510
	4	转2	B材料入库	原材料	B材料	3 000	
				在途物资	B材料		3 000
	5	银付3	购买专利技术	无形资产		50 000	
				银行存款			50 000
	6	银付4	支付上月税金	应交税费	已交税金	4 000	
				银行存款			4 000
	6	转3	A材料入库	原材料	A材料	10 000	10 000
				在途物资	A材料		
	7	银付5	付4日材料款	应付账款	北方厂	3 510	
				银行存款			3 510

续表 9-2

2010年 月	日	凭证号数	摘要	总分类项目	明细科目	借方金额	贷方金额
11	7	转4	生产领用材料	生产成本	甲产品	4 500	
				生产成本	乙产品	7 200	
				制造费用	材料费	2 800	
				管理费用	材料费	1 000	
				原材料	A材料		11 500
					B材料		4 000
	8	现付2	张亮出差预借差旅费	其他应收款	张亮	1 400	
				库存现金			1 400
	8	现付3	李力报销交通费	管理费用	交通费	23	
				库存现金			23
	9	银付6	支付报刊费	管理费用	报刊费	900	
				银行存款			900
	10	转5	分配本月职工工资	生产成本	甲产品	5 600	
				生产成本	乙产品	4 400	
				制造费用	工资	2 100	
				管理费用	工资	900	
				应付职工薪酬	工资		13 000
	10	银付7	提取现金	库存现金		13 000	
				银行存款			13 000
	10	现付4	发放工资	应付职工薪酬	工资	13 000	
				库存现金			13 000
	10	转6	计提职工福利	生产成本	甲产品	784	
				生产成本	乙产品	616	
				制造费用	福利费	294	
				管理费用	福利费	126	
				应付职工薪酬	职工福利		1 820
	11	银收3	收到前欠货款	银行存款		600	
				应收账款	北方厂		600

续表 9-2

2010年		凭证号数	摘要	总分类项目	明细科目	借方金额	贷方金额
月	日						
11	12	银付 8	支付子弟学校经费	营业外支出		1 000	
				银行存款			1 000
	13	银付 9	支付电费	生产成本	甲产品	1 200	
				生产成本	乙产品	1 000	
				制造费用	电费	200	
				管理费用	电费	100	
				银行存款			2 500
	15	现付 5	张亮报销差旅费	管理费用	差旅费	1 500	
				其他应收款			1 400
				库存现金			100
	16	转 7	计提本月折旧	制造费用	折旧费	3 000	
				管理费用	折旧费	2 000	
				累计折旧			5 000
	19	转 8	计算当期借款利息	财务费用	利息费	350	
				应付利息			350
	20	转 9	没收包装物押金	其他应付款		200	
				其他业务收入			200
	21	现付 6	李明报销医药费	应付职工薪酬	职工福利	57	
				库存现金			57
	22	转 10	结转制造费用	生产成本	甲产品	4 700.64	
				生产成本	乙产品	3 693.36	
				制造费用			8 394
	22	转 11	结转完工产品成本	库存商品	甲产品	16 784.64	
				库存商品	乙产品	16 909.36	
				生产成本	甲产品		16 784.64
				生产成本	乙产品		16 909.36
	23	现付 7	发生捐赠支出	营业外支出		100	
				库存现金			100

续表 9－2

2010年 月	日	凭证号数	摘要	总分类项目	明细科目	借方金额	贷方金额
11	24	银收 4	销售产品	银行存款 主营业务收入 应交税费	 应交增值税	45 630	 39 000 6 630
	25	银付 10	支付广告费	销售费用 银行存款	广告费	300	 300
	27	转 12	赊销产品	应收账款 主营业务收入 应交税费	南方厂 应交增值税	32 760	 28 000 4 760
	28	银收 5	收到投资利润	银行存款 投资收益		6 000	 6 000
	29	现收 1	收包装物租金	库存现金 其他业务收入		45	 45
	30	转 13	结转已销产品成本	主营业务成本 主营业务成本 库存商品 库存商品	甲产品 乙产品 甲产品 乙产品	24 000 14 400	 24 000 14 400
	30	转 14	计算应交税费	营业税金及附加 应交税费		335	 335
	30	转 15	本月各项收入类账户转入“本年利润”账户	主营业务收入 其他业务收入 投资收益 营业外收入 本年利润		67 000 45 6 000 200	 73 245

续表 9－2

2010年 月	日	凭证号数	摘要	总分类项目	明细科目	借方金额	贷方金额
11	30	转16	本月各项费用类账户转入“本年利润”账户	本年利润		47 634	
				销售费用			300
				主营业务成本			38 400
				营业税金及附加			335
				管理费用			7 149
				财务费用			350
				营业外支出			1 100
	30	转17	计算本月应交所得税	所得税费用	应交所得说	6 402.75	
				应交税费			6 402.75
	30	转18	结转所得税费用	本年利润		6 402.75	
				所得税费用			6 402.75
	30	转19	结转可分配利润	本年利润		19 208.25	
				利润分配	未分配利润		19 208.25
	30	转20	提取盈余公积	利润分配	提取盈余公积	1 920.83	
				盈余公积			1 920.83
	30	转21	计算应付股利	利润分配	应付股利	7 623.3	
				应付股利			7 623.3

第二步，根据收款凭证、付款凭证登记库存现金日记账和银行存款日记账，如表 9－3、表 9－4 所示。

表 9－3　库存现金日记账　　单位：元

2010年 月	日	凭证号数	摘要	对方科目	收入	支出	余额
11	1		期初余额				3 000
	1	现付1	购买办公用品	管理费用		600	2 400
	8	现付2	职工出差借款	其他应收款		1 400	1 000
	8	现付3	报销交通费	管理费用		23	977

续表 9-3

2010年		凭证号数	摘要	对方科目	收入	支出	余额
月	日						
11	10	银付 7	提取现金	银行存款	13 000		13 977
	10	现付 4	支付工资	应付职工薪酬		13 000	977
	15	现付 5	报销差旅费	其他应收款		100	877
	21	现付 6	报销医药费	应付职工薪酬		57	820
	23	现付 7	捐赠支出	营业外支出		100	720
	29	现收 1	收取包装物租金	其他业务收入	45		765
	30		本期发生额及余额		13 045	15 280	765

表 9-4 银行存款日记账 单位:元

2010年		凭证号数	摘要	对方科目	收入	支出	余额
月	日						
11	1		期初余额				250 000
	1	银付 1	购入机器设备	固定资产		35 100	214 900
	2	银付 2	购买材料	在途物资		11 700	203 200
	3	银收 1	收取押金	其他应付款	200		203 400
	4	银收 2	向银行借款	短期借款	100 000		303 400
	5	银付 3	购买专利技术	无形资产		50 000	253 400
	6	银付 4	支付上月税金	应交税费		4 000	249 400
	7	银付 5	支付材料款	应付账款		3 510	245 890
	9	银付 6	支付报刊费	管理费用		900	244 990
	10	银付 7	提取现金	库存现金		13 000	231 990
	11	银收 3	收到前欠货款	应收账款	600		232 590
	12	银付 8	支付子弟学校经费	营业外支出		1 000	231 090
	15	银付 9	支付电费	生产成本		2 500	229 090
	24	银收 4	销售产品	主营业务收入 应交税费	45 630		274 720
	25	银付 10	支付广告费	销售费用		300	274 420

续表 9-4

2010年		凭证号数	摘要	对方科目	收入	支出	余额
月	日						
11	29	银收5	收到投资收益	投资收益	6 000		280 420
	30		本期发生额及余额		152 430	122 010	280 420

第三步，根据记账凭证及其所附的原始凭证登记明细分类账（只登记原材料、库存商品、应收账款、应付账款明细账，其他从略），如表9-5至9-11所示。

表9-5 原材料明细账

类别：A材料　　计量单位：千克

2010年		凭证号数	摘要	收入			发出			结存		
月	日			数量	单价	金额	数量	单价	金额	数量	单价	金额
11	1		期初余额							3 400	10	34 000
	6	转3	购入	1 000	10	10 000				4 400		44 000
	7	转4	领用				1 150	10	11 500	3 250		32 500
	30		本期发生额及余额	1 000	10	10 000	1 150	10	11 500	3 250		32 500

表9-6 原材料明细账

类别：B材料　　计量单位：千克

2010年		凭证号数	摘要	收入			发出			结存		
月	日			数量	单价	金额	数量	单价	金额	数量	单价	金额
11	1		期初余额							4 000	5	20 000
	4	转2	购入	600	5	3 000				4 600	5	23 000
	7	转4	发出				800	5	4 000	3 800	5	19 000
	30		本期发生额及余额	600	5	3 000	800	5	4 000	3 800	5	19 000

表 9-7 库存商品明细账

类别:甲产品　　　　计量单位:千克

2010 年		凭证号数	摘要	收入			发出			结存		
月	日			数量	单价	金额	数量	单价	金额	数量	单价	金额
11			期初余额							925	80	74 000
	22	转 13	入库	210	79.94	16 784.64				1 135	79.99	90 784.64
	30	转 15	销售				300	80	24 000	835	79.99	66 784.64
	30		本期发生额及余额	210	79.94	16 784.64	300	80	24 000	835	79.99	66 784.64

表 9-8 库存商品明细账

类别:乙产品　　　　计量单位:千克

2010 年		凭证号数	摘要	收入			发出			结存		
月	日			数量	单价	金额	数量	单价	金额	数量	单价	金额
11			期初余额							1 000	36	36 000
	22	转 13	入库	470	35.98	16 909.36				1 470	35.99	52 909.36
	30	转 15	销售				400	36	14 400	1 070	35.99	38 509.36
	30		本期发生额及余额	470	35.98	16 909.36	400	36	14 400	1 070	35.99	38 509.36

表 9-9 应收账款明细账

明细科目:北方厂　　　　单位:元

2010 年		凭证号数	摘要	借方	贷方	借或贷	余额
月	日						
11	1		期初余额			借	600
	11	银收 3	收到货款		600	平	
	30		本期发生额及余额		600	平	

表 9-10 应收账款明细账

明细科目:南方厂 单位:元

2010年		凭证号数	摘要	借方	贷方	借或贷	余额
月	日						
11	1		期初余额			借	8 300
	27	转 12	赊销产品	32 760		借	41 060
	30		本期发生额及余额	32 760			41 060

表 9-11 应付账款明细账

明细科目:北方厂 单位:元

2010年		凭证号数	摘要	借方	贷方	借或贷	余额
月	日						
11	4	转 1	赊购 B 材料		3 510	贷	3 510
	7	银付 5	支付货款	3 510		平	
	30		本期发生额及余额	3 510	3 510	平	

第四步,根据收款凭证、付款凭证和转账凭证登记总分类账,如表 9-12 至表 9-51所示。

表 9-12 库存现金总账 单位:元

2010年		凭证号数	摘要	对方科目	收入	支出	余额
月	日						
11	1		期初余额				3 000
	1	现付 1	购买办公用品	管理费用		600	2 200
	8	现付 2	职工出差借款	其他应收款		1 400	1 000
	8	现付 3	报销交通费	管理费用		23	777
	10	银付 7	提取现金	银行存款	13 000		13 977
	10	现付 4	支付工资	应付职工薪酬		13 000	777
	15	现付 5	报销差旅费	其他应收款		100	877
	21	现付 6	报销医药费	应付职工薪酬		57	820
	23	现付 7	捐赠支出	营业外支出		100	720
	29	现收 1	收取包装物租金	其他业务收入	45		765
	30		本期发生额及余额		13 045	15 280	765

表 9－13 银行存款日记账 单位:元

2010年 月	日	凭证号数	摘要	对方科目	收入	支出	余额
11	1		期初余额				250 000
	1	银付 1	购入机器设备	固定资产		35 100	214 900
	2	银付 2	购买材料	在途物资		11 700	203 200
	3	银收 1	收取押金	其他应付款	200		203 400
	4	银收 2	向银行借款	短期借款	100 000		303 400
	5	银付 3	购买专利技术	无形资产		50 000	253 400
	6	银付 4	支付上月税金	应交税费		4 000	249 400
	7	银付 5	支付材料款	应付账款		3 510	245 890
	9	银付 6	支付报刊费	管理费用		900	244 990
	10	银付 7	提取现金	库存现金		13 000	231 990
	11	银收 3	收到前欠货款	应收账款	600		232 590
	12	银付 8	支付子弟学校经费	营业外支出		1 000	231 090
	15	银付 9	支付电费	生产成本		2 500	229 090
	24	银收 4	销售产品	主营业务收入 应交税费	45 630		274 720
	25	银付 10	支付广告费	销售费用		300	274 420
	29	银收 5	收到投资收益	投资收益	6 000		280 420
	30		本期发生额及余额		152 430	122 010	280 420

表 9－14 应收账款总账 单位:元

2010年 月	日	凭证号数	摘要	借方	贷方	借或贷	余额
11	1		期初余额			借	8 900
	11	银收 3	收到货款		600	借	8 300
	27	转 12	销售商品	32 760		借	41 060
	30		本期发生额及余额	32 760	600		41 060

表 9－15　其他应收账款总账　　单位:元

2010年		凭证号数	摘要	借方	贷方	借或贷	余额
月	日						
11	8	现付 2	预付差旅费	1 400		借	1 400
	15	现付 5	张亮报销差旅费		1 400	平	
	30		本期发生额及余额	1 400	1 400	平	

表 9－16　在途物资总账　　单位:元

2010年		凭证号数	摘要	借方	贷方	借或贷	余额
月	日						
11	2	银付 2	购入 A 材料	10 000		借	10 000
	4	转 1	赊购 B 材料	3 000		借	13 000
	4	转 2	4 日购料验收入库		3 000	借	10 000
	6	转 3	2 日材料验收入库		10 000	平	
	30		本期发生额及余额	13 000	13 000		

表 9－17　原材料总账　　单位:元

2010年		凭证号数	摘要	借方	贷方	借或贷	余额
月	日						
11	1		期初余额			借	54 000
	4	转 2	B 材料入库	3 000		借	57 000
	6	转 3	A 材料验收入库	10 000		借	67 000
	7	转 4	生产领用材料		15 500	借	51 500
	30		本期发生额及余额	13 000	15 500	借	51 500

表 9-18　库存商品总账　　单位:元

2010年		凭证号数	摘要	借方	贷方	借或贷	余额
月	日						
11	1		期初余额			借	110 000
	22	转 11	结转完工产品成本	33 694		借	143 694
	30	转 13	结转已销产品成本		38 400	借	105 294
	30		本期发生额及余额	33 694	38 400	借	105 294

表 9-19　累计折旧总账　　单位:元

2010年		凭证号数	摘要	借方	贷方	借或贷	余额
月	日						
11	1		期初余额			贷	46 500
	16	转 7	计提本月折旧		5 000	贷	51 500
	30		本期发生额及余额		5 000	贷	51 500

表 9-20　固定资产总账　　单位:元

2010年		凭证号数	摘要	借方	贷方	借或贷	余额
月	日						
11	1		期初余额			借	320 000
	1	银付 1	购买机器设备	30 000		借	350 000
	30		本期发生额及余额	30 000		借	350 000

表 9-21　短期借款总账　　单位:元

2010年		凭证号数	摘要	借方	贷方	借或贷	余额
月	日						
11	1		期初余额			贷	60 000
	4	银收 2	向银行借款		100 000	贷	160 000
	30		本期发生额及余额		100 000	贷	160 000

表 9-22 应付账款总账 单位:元

2010 年		凭证号数	摘要	借方	贷方	借或贷	余额
月	日						
11	4	转 1	赊购 B 材料		3 510	贷	3 510
		银付 5	归还前欠材料款	3 510		平	
	30		本期发生额及余额	3 510	3 510	平	

表 9-23 其他应付款总账 单位:元

2010 年		凭证号数	摘要	借方	贷方	借或贷	余额
月	日						
11	3	银收 1	收取包装物押金		200	贷	200
	20	转 9	没收包装物押金	200		平	
	30		本期发生额及余额	200	200	平	

表 9-24 应付职工薪酬总账 单位:元

2010 年		凭证号数	摘要	借方	贷方	借或贷	余额
月	日						
11	1		期初余额			贷	4 000
	10	转 5	分配工资		13 000	贷	17 000
	10	现付 4	发放工资	13 000		贷	4 000
	10	转 6	计提职工福利		1 820	贷	5 820
	21	现付 6	报销职工医疗费	57		贷	5 763
	30		本期发生额及余额	13 057	14 820	贷	5 763

表 9－25　应交税费总账　　单位:元

2010年 月	日	凭证号数	摘要	借方	贷方	借或贷	余额
11	1		期初余额			贷	3 500
	1	银付 1	购入机器设备	5 100		借	1 600
	2	现付 2	购入 A 材料	1 700		借	3 300
	4	转 1	赊购 B 材料	510		借	3 810
	6	现付 4	支付上月税金	4 000		借	7 810
	24	银收 4	销售商品		6 630	借	1 180
	27	转 12	销售商品		4 760	贷	3 580
	27	转 14	计算本月应交税费		335	贷	3 915
	30	转 17	计算所得税费用		6 402.75	贷	10 317.75
	30		本期发生额及余额	11 310	18 127.75	贷	10 317.75

表 9－26　应付利息总账　　单位:元

2010年 月	日	凭证号数	摘要	借方	贷方	借或贷	余额
11	19	转 8	计算当期借款利息		350	贷	350
	30		本期发生额及余额		350	贷	350

表 9－27　利润分配总账　　单位:元

2010年 月	日	凭证号数	摘要	借方	贷方	借或贷	余额
11	30	转 19	转入未分配利润		19 208.25	贷	19 208.25
	30	转 20	提取盈余公积	1 920.83		贷	17 152.42
	30	转 21	应付投资者股利	7 623.30		贷	9 664.12
	30		本期发生额及余额	9 544.13	19 208.25	贷	9 664.12

表 9-28　本年利润总账　　单位:元

2010年 月	日	凭证号数	摘要	借方	贷方	借或贷	余额
11	30	转 15	本月收入转入“本年利润”		73 245	贷	73 245
	30	转 16	本月费用转入“本年利润”	47 634		贷	25 611
	30	转 18	所得税转入“本年利润”	6 402.75		贷	19 208.25
	30	转 19	转入利润分配	19 208.25		平	
	30		本期发生额及余额	73 245	73 245	平	

表 9-29　生产成本总账　　单位:元

2010年 月	日	凭证号数	摘要	借方	贷方	借或贷	余额
11	7	转 4	生产产品领料	11 700		借	11 700
	10	转 5	分配工资	10 000		借	21 700
	10	转 6	计提职工福利	1 400		借	23 100
	13	银付 9	支付电费	2 200		借	25 300
	22	转 10	结转本月制造费用	8 394		借	33 694
	30	转 11	结转完工产品成本		33 694	平	
	30		本期发生额及余额	33 694	33 694	平	

表 9-30　制造费用总账　　单位:元

2010年 月	日	凭证号数	摘要	借方	贷方	借或贷	余额
11	7	转 4	生产产品领料	2 800		借	2 800
	10	转 5	分配工资	2 100		借	4 900
	10	转 6	计提职工福利	294		借	5 194

续表 9-30

2010年		凭证号数	摘要	借方	贷方	借或贷	余额
月	日						
11	13	银付 9	支付电费	200		借	5 394
	16	转 7	计提固定资产折旧	3 000		借	8 394
	22	转 10	结转本月制造费用		8 394	平	
	30		本期发生额及余额	8 394	8 394	平	

表 9-31　主营业务收入总账　　单位:元

2010年		凭证号数	摘要	借方	贷方	借或贷	余额
月	日						
11	24	银收 4	销售商品		39 000	贷	3 500
	27	转 12	销售商品		28 000	贷	67 000
	30	转 15	本月收入转入“本年利润”	67 000		平	
	30		本期发生额及余额	67 000	67 000	平	

表 9-32　主营业务成本总账　　单位:元

2010年		凭证号数	摘要	借方	贷方	借或贷	余额
月	日						
11	30	转 13	结转已销售产品成本	38 400		借	38 400
	30	转 16	转入“本年利润”		38 400	平	
	30		本期发生额及余额	38 400	38 400	平	

表 9-33　销售费用总账　　单位:元

2010年		凭证号数	摘要	借方	贷方	借或贷	余额
月	日						
11	25	银付 10	支付广告费	300		借	300
	30	转 16	转入“本年利润”		300	平	
	30		本期发生额及余额	300	300	平	

表 9-34 营业税金及附加总账

单位:元

2010年		凭证号数	摘要	借方	贷方	借或贷	余额
月	日						
11	30	转14	结转本月应交税费	335		借	
	30	转16	转入“本年利润”		335	平	
	30		本期发生额及余额	335	335	平	

表 9-35 管理费用总账

单位:元

2010年		凭证号数	摘要	借方	贷方	借或贷	余额
月	日						
11	1	现付1	购买办公用品	600		借	600
	7	转4	生产产品领料	1 000		借	1 600
	8	现付3	支付交通费	23		借	1 623
	9	银付6	支付报刊费	900		借	2 523
	10	转5	分配工资	900			3 423
	10	转6	计提职工福利	126		借	3 549
	13	银付9	支付电费	100		借	3 649
	15	现付5	预借差旅费	1 500		借	5 149
	16	转7	计提固定资产折旧	2 000		借	7 149
	30	转16	管理费用转入“本年利润”		7 149	平	
	30		本期发生额及余额	7 149	7 149	平	

表 9-36 财务费用总账

单位:元

2010年		凭证号数	摘要	借方	贷方	借或贷	余额
月	日						
11	19	转8	计算当期借款利息	350		借	
	30	转16	转入“本年利润”		350	平	
	30		本期发生额及余额	350	350	平	

表 9－37　投资收益总账　　单位:元

2010 年		凭证号数	摘要	借方	贷方	借或贷	余额
月	日						
11	28	银收 5	收到投资收益		6 000	贷	6 000
	30	转 15	转入“本年利润”	6 000		平	
	30		本期发生额及余额	6 000	6 000	平	

表 9－38　营业外收入总账　　单位:元

2010 年		凭证号数	摘要	借方	贷方	借或贷	余额
月	日						
11	20	转 9	没收包装物押金		200	贷	200
	30	转 15	转入“本年利润”	200		平	
	30		本期发生额及余额	200	200	平	

表 9－39　所得税费用总账　　单位:元

2010 年		凭证号数	摘要	借方	贷方	借或贷	余额
月	日						
11	30	转 17	计算应交所得税	6 402.75		借	6 402.75
	30	转 18	结转“本年利润”		6 402.75	平	
	30		本期发生额及余额	6 402.75	6 402.75	平	

表 9－40　无形资产总账　　单位:元

2010 年		凭证号数	摘要	借方	贷方	借或贷	余额
月	日						
11	5	银付 3	购买专利技术	50 000		贷	50 000
	30		本期发生额及余额	50 000		贷	50 000

表 9-41 实收资本总账 单位:元

2010年		凭证号数	摘要	借方	贷方	借或贷	余额
月	日						
11	1		期初余额			贷	594 900
	30		本期发生额及余额			贷	594 900

表 9-42 盈余公积总账 单位:元

2010年		凭证号数	摘要	借方	贷方	借或贷	余额
月	日						
11	1		期初余额			贷	37 000
	30	转 20	提取盈余公积		1 920.83	贷	38 920.83
	30		本期发生额及余额		1 920.83	贷	38 920.83

表 9-43 营业外支出总账 单位:元

2010年		凭证号数	摘要	借方	贷方	借或贷	余额
月	日						
11	12	银付 8	支付学校经费	1 000		借	1 000
	23	现付 7	捐赠支出	100		借	1 100
	30	转 16	结转"本年利润"		1 100	平	
	30		本期发生额及余额	1 100	1 100	平	

表 9-44 其他业务收入总账 单位:元

2010年		凭证号数	摘要	借方	贷方	借或贷	余额
月	日						
11	29	现收 1	收包装物租金		45	贷	45
	30	转 15	结转"本年利润"	45		平	
	30		本期发生额及余额	45	45	平	

表 9－45　应付股利总账　　单位:元

2010 年		凭证号数	摘要	借方	贷方	借或贷	余额
月	日						
11	19	转 21	计算应付股利		7 623.3	贷	7 623.3
	30		本期发生额及余额		7 623.3	贷	7 623.3

表 9－46　应付利息总账　　单位:元

2010 年		凭证号数	摘要	借方	贷方	借或贷	余额
月	日						
11	19	转 8	计算当期借款应付利息		350	贷	350
	30		本期发生额及余额		350	贷	350

表 9－47　总分类账户本期发生额及余额对照　　单位:元

账户名称	期初余额		本期发生额		期末余额	
	借方	贷方	借方	贷方	借方	贷方
库存现金	3 000		13 045	15 280	765	
银行存款	250 000		152 430	122 010	280 420	
应收账款	8 900		32 760	600	41 060	
其他应收款			1 400	1 400		
在途物资			13 000	13 000		
原材料	54 000		13 000	15 500	51 500	
库存商品	110 000		33 694	38 400	105 294	
累计折旧		46 500		5 000		51 500
短期借款		60 000		100 000		160 000
盈余公积		37 000		1 920.83		38 920.83
应付账款			3 510	3 510		
其他应付款			200	200		
应付职工薪酬		4 000	13 057	14 820		5 763

续表 9-47

账户名称	期初余额		本期发生额		期末余额	
	借方	贷方	借方	贷方	借方	贷方
应交税费		3 500	11 310	18 127.75		10 317.75
固定资产	320 000		30 000		350 000	
本年利润			73 245	73 245		
生产成本			33 694	33 694		
制造费用			8 394	8 394		
主营业务收入			67 000	67 000		
主营业务成本			38 400	38 400		
销售费用			300	300		
营业税金及附加			335	335		
管理费用			7 149	7 149		
财务费用			350	350		
投资收益			6 000	6 000		
营业外收入			200	200		
所得税费用			6 402.75	6 402.75		
实收资本		594 900				594 900
无形资产			50 000		50 000	
营业外支出			1 100	1 100		
其他业务收入			45	45		
利润分配			9 544.13	19 208.25		9 664.12
应付股利				7 623.30		7 623.30
应付利息				350		350
合计	745 900	745 900	619 564.88	619 564.88	879 039	879 039

表 9-48 原材料明细账本期发生额和余额对照表 单位：元

明细账户	计量单位	单价	期初余额		本期发生额				期末余额	
					收入		发出			
			数量	金额	数量	金额	数量	金额	数量	金额
A材料	千克	10	3 400	34 000	1 000	10 000	1 150	11 500	3 250	32 500
B材料	千克	5	4 000	20 000	600	3 000	800	4 000	3 800	19 000
合计				54 000		13 000		15 500		51 500

表 9-49 库存商品明细账本期发生额和余额对照表 单位:元

明细账户	计量单位	单价	期初余额		本期发生额				期末余额	
			数量	金额	收入		发出		数量	金额
					数量	金额	数量	金额		
甲产品	件	80	925	74 000	210	16 784.64	300	24 000	835	66 784.64
乙产品	件	36	1 000	36 000	470	16 909.36	400	14 400	1 070	38 509.36
合计				110 000		33 694		38 400		105 294

表 9-50 应收账款明细账本期发生额和余额对照表 单位:元

明细账户	期初余额		本期发生额		期末余额	
	借方	贷方	借方	贷方	借方	贷方
北方厂	600			600		
南方厂	8 300		32 760		41 060	
合计	8 900		32 760	600	41 060	

表 9-51 应付账款明细账本期发生额和余额对照表 单位:元

明细账户	期初余额		本期发生额		期末余额	
	借方	贷方	借方	贷方	借方	贷方
北方厂			3 510	3 510		
合计			3 510	3 510		

第五步,编制报表略。

第三节 科目汇总表会计核算形式

一、科目汇总表会计核算形式的概念

科目汇总表会计核算形式是在记账凭证会计核算形式的基础上发展起来的,是根据所有记账凭证定期编制科目汇总表,再根据科目汇总表登记总分类账的一种会计核算形式。其主要特点是:定期根据记账凭证编制科目汇总表,再根据科目

汇总表登记总分类账。由于科目汇总表是根据记账凭证汇总编制而成的，因此，这种核算形式亦称“记账凭证汇总表会计核算形式”。

科目汇总表会计核算形式下记账凭证、账簿的设置与记账凭证会计核算形式的记账凭证及账簿的设置基本相同，但由于科目汇总表不反映账户之间的对应关系，总分类账只能采用不设立“对方科目”栏的借、贷、余三栏式。

二、科目汇总表会计核算形式的步骤

(1) 根据原始凭证编制汇总原始凭证；

(2) 根据原始凭证或汇总原始凭证，编制记账凭证；

(3) 根据收款凭证、付款凭证逐笔登记现金日记账和银行存款日记账；

(4) 根据原始凭证、汇总原始凭证和记账凭证，登记各种明细分类账；

(5) 根据各种记账凭证编制科目汇总表；

(6) 根据科目汇总表登记总分类账；

(7) 期末，现金日记账、银行存款日记账和明细分类账的余额同有关总分类账的余额核对相符；

(8) 期末，根据总分类账和明细分类账的记录，编制会计报表。

科目汇总表会计核算形式流程图如图 9－2 所示。

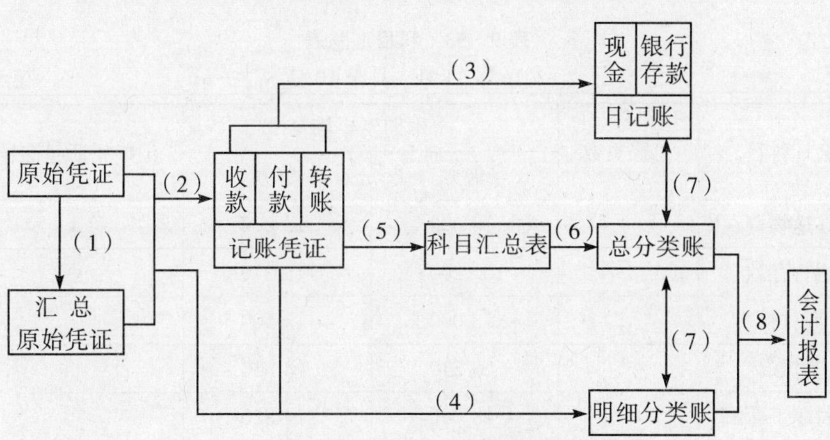

图 9－2 科目汇总表会计核算形式

三、科目汇总表的编制方法

科目汇总表的编制方法是：定期将这一期间内的全部记账凭证，按照相同会计科目归类，汇总每一会计科目的借方发生额和贷方发生额，填写在科目汇总表的相关栏内，用以反映全部会计科目的借方本期发生额合计数和贷方本期发生额合计数。科目汇总表可以每月汇总一次,也可以每旬汇总一次。

在实际工作中,科目汇总表可以根据需要设计,采用不同的格式,但是所有格式的科目汇总表只反映各会计科目借、贷方本期发生额,不反映各个科目的对应关系,因而总分类账的格式可采用普通三栏式,不必设置对方科目栏。

科目汇总表常用的格式如表 9-52 所示。

表 9-52　科目汇总表

记账凭证自第　　号至第　号共　张　　　　　　　　年　月　　日至　　日

会计科目	账页	本期发生额		记账凭证起讫号数
		借方	贷方	
合计				

会计主管:　　　　记账:　　　　复核:　　　　制表:

例 9-2　根据本章第二节所举例的某企业 2010 年 11 月份的记账凭证,编制科目汇总表如下,并根据此登记总账(仅登记在途物资、原材料账户,其他账户从略),如表 9-53 至 9-57 所示。

表 9-53　科目汇总表

2010 年 11 月 1 日至 10 日　　　　第 16 号

会计科目	总账页数	本期发生额		记账凭证起讫号数
		借方	贷方	
在途物资		13 000	13 000	
银行存款		100 200	118 210	
原材料		13 000	15 500	
应付账款		3 510	3 510	
应付职工薪酬		13 000	14 820	
短期借款			100 000	
生产成本		23 100		
制造费用		5 194		
其他应收款		1 400		

续表 9－53

会计科目	总账页数	本期发生额		记账凭证起讫号数
		借方	贷方	
应交税费		11 310		
固定资产		30 000		
其他应付款			200	
管理费用		3 549		
库存现金		13 000	15 023	
无形资产		50 000		
合计		280 263	280 263	

表 9－54 科目汇总表

2011 年 10 月 11 日至 20 日　　第 17 号

会计科目	总账页数	本期发生额		记账凭证起讫号数
		借方	贷方	
应付利息			350	
银行存款		600	3 500	
财务费用		350		
营业外支出		1 000		
其他应收款			1 400	
累计折旧			5 000	
应收账款			600	
生产成本		2 200		
制造费用		3 200		
管理费用		3 600		
其他应付款		200		
营业外收入			200	
库存现金			100	
合计		11 150	11 150	

表 9－55　科目汇总表

2011 年 10 月 21 日至 30 日　　　　第 18 号

会计科目	总账页数	本期发生额		记账凭证起讫号数
		借方	贷方	
应付职工薪酬		57		
库存现金		45	157	
生产成本		8 394	33 694	
库存商品		33 694	38 400	
营业外支出		100	1 100	
营业外收入		200		
银行存款		51 630	300	
财务费用			350	
主营业务收入		67 000	67 000	
应交税费			18 127.75	
销售费用		300	300	
制造费用			8 394	
管理费用			7 149	
应收账款		32 760		
投资收益		6 000	6 000	
其他业务收入		45	45	
主营业务成本		38 400	38 400	
营业税金及附加		335	335	
本年利润		73 245	73 245	
所得税费用		6 402.75	6 402.75	
利润分配		9 544.13	19 208.25	
盈余公积			1 920.83	
应付股利			7 623.30	
合计		328 151.88	328 151.88	

表 9-56　在途物资总账　　单位:元

2010 年		凭证号数	摘要	借方	贷方	借或贷	余额
月	日						
11	10	汇 16	1/10—10/10 汇总表过入	13 000	13 000	平	
	30		本期发生额及余额	13 000	13 000	平	

表 9-57　原材料总账　　单位:元

2010 年		凭证号数	摘要	借方	贷方	借或贷	余额
月	日						
11	1		期初余额			借	54 000
	10	汇 16	1/10—10/10 汇总表过入	13 000	15 500	借	51 500
	30		本期发生额及余额	13 000	15 500	借	51 500

四、科目汇总表会计核算形式优缺点评价及适用范围

(一) 优缺点

1. 科目汇总表会计核算形式的优点:一是根据科目汇总表来登记总分类账,与记账凭证会计核算形式相比大大减轻了登记总分类账的工作量;二是利用科目汇总表可以对全部会计科目的借方发生额、贷方发生额进行试算平衡,并及时发现纠正记账过程中的差错,保证会计记录的质量;三是该程序简明易懂,方便易学。

2. 科目汇总表会计核算形式的缺点:由于科目汇总表只提供全部账户本期的借方和贷方发生额合计数,不能反映账户对应关系,在登记总账时不能了解经济业务的来龙去脉,不便于查对账目,而且编制科目汇总表的工作量较大。

(二) 适用范围

科目汇总表会计核算形式适用于规模较大、经济业务量较多、较繁杂的大中型企业。

第四节　汇总记账凭证会计核算形式

一、汇总记账凭证会计核算形式的概念

汇总记账凭证会计核算形式是定期根据记账凭证分类编制汇总记账凭证，再根据汇总记账凭证登记总分类账，依据账簿记录定期编制会计报表的一种会计核算形式。该核算形式的特点是：根据记账凭证编制汇总记账凭证，并以此作为登记总分类账的依据。

汇总记账凭证会计核算形式是在科目汇总表核算形式的基础上对汇总记账凭证加以改进而形成的，其目的是为了克服科目汇总表核算程序的不足之处，明确账户之间的对应关系，提高总分类账的分析性。

汇总记账凭证会计核算形式下除了需要设置收款凭证、付款凭证、转账凭证外，还需要设置汇总收款凭证、汇总付款凭证和汇总转账凭证。账簿主要设置库存现金日记账、银行存款日记账、总分类账和明细分类账。库存现金日记账和银行存款日记账采用三栏式；总分类账可以是“对应科目”专栏的三栏式；明细分类账可采用三栏式、数量金额式或多栏式。

二、汇总记账凭证会计核算形式的步骤

(1) 根据原始凭证编制汇总原始凭证；

(2) 根据原始凭证或汇总原始凭证，编制记账凭证；

(3) 根据收款凭证、付款凭证逐笔登记库存现金日记账和银行存款日记账；

(4) 根据原始凭证、汇总原始凭证和记账凭证，登记各种明细分类账；

(5) 根据各种记账凭证编制有关汇总记账凭证；

(6) 根据各种汇总记账凭证登记总分类账；

(7) 期末，库存现金日记账、银行存款日记账和明细分类账的余额同有关总分类账的余额核对相符；

(8) 期末，根据总分类账和明细分类账的记录，编制会计报表。

汇总记账凭证会计核算形式流程图如图 9-3 所示。

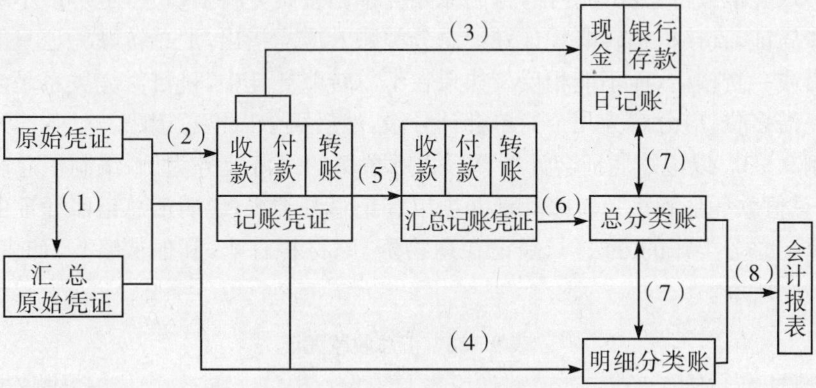

图 9－3　汇总记账凭证会计核算形式

三、汇总记账凭证的编制方法

汇总记账凭证分为汇总收款凭证、汇总付款凭证和汇总转账凭证三种，是分别根据收款、付款、转账三种记账凭证定期汇总编制而成，具体编制方法分述如下：

（一）汇总收款凭证的编制

汇总收款凭证是根据一定时期的全部收款凭证，按期汇总编制而成的。收款凭证按借方科目设置，汇总收款凭证也按借方库存现金和银行存款科目设置，按其相对应的贷方科目加以归类，定期汇总，按期编制。月末时，结算出汇总收款凭证中各贷方科目的合计数，作为登记总分类账的依据。

（二）汇总付款凭证的编制

汇总付款凭证是根据一定时期的全部付款凭证，按期汇总编制而成的。付款凭证按贷方科目设置，汇总付款凭证也按贷方库存现金和银行存款科目设置，按其相对应的借方科目加以归类，定期汇总，按期编制。月末时，结算出汇总付款凭证中各借方科目的合计数，作为登记总分类账的依据。

（三）汇总转账凭证的编制

汇总转账凭证是根据一定时期的全部转账凭证，按期汇总编制而成的。转账凭证的借、贷方科目均无规律性，为避免混乱，规定汇总转账凭证一律按转账凭证的贷方科目分别设置，按与设置科目相对应的借方科目加以归类，定期汇总，按期编制。月末时，结算出汇总付款凭证中各借方科目的合计数，作为登记总分类账的依据。如果某一贷方科目的转账凭证数量不多，如“累计折旧”账户通常每月只有一张转账凭证或汇总原始凭证，自制原始凭证已按贷方科目设置，也可以不编制汇总转账凭证，直接根据转账凭证登记总分类账。应当指出，汇总转账凭证只能是一贷一借或一贷多借，而不能相反。如果在汇总转账凭证中，科目对应关系是多贷多借或一借多贷，应分解为几个简单会计分录，然后再予以汇总记账。

例 9-3 以记账凭证会计核算形式所举例的经济业务为例，编制汇总收款凭证、汇总付款凭证和汇总转账凭证并据以登记总分类账，说明汇总记账凭证的编制及其登记总分类账的方法（只登记在途物资、原材料总账，其他从略）。如表9-58至 9-86 所示。

表 9-58 汇总收款凭证

借方科目：银行存款　　2010 年 11 月份　　汇银收字 1 号

贷方科目	金额				总账页数	
	1 日～10 日	11 日～20 日	21 日～30 日	合计	借方	贷方
应收账款		600		600	（略）	（略）
其他应付款	200			800		
短期借款	100 000			100 800		
主营业务收入			39 000	139 800		
应交税费			6 630	146 430		
投资收益			6 000	152 430		
合计	100 200	600	51 630	152 430		

表 9-59 汇总收款凭证

借方科目：库存现金　　2010 年 11 月份　　汇现收字 1 号

贷方科目	金额				总账页数	
	1 日～10 日	11 日～20 日	21 日～30 日	合计	借方	贷方
银行存款		13 000		13 000	（略）	（略）
其他业务收入			45	13 045		
合计		13 000	45	13 045		

表 9-60 汇总付款凭证

贷方科目:银行存款　　2010 年 11 月份　　汇银付字 1 号

借方科目	金额				总账页数	
	1 日～10 日	11 日～20 日	21 日～30 日	合计	借方	贷方
固定资产	30 000			30 000	（略）	（略）
在途物资	10 000			40 000		
应交税费	11 310			51 310		
无形资产	50 000			101 310		
应付账款	3 510			104 820		
管理费用	900	100		105 820		
库存现金	13 000			118 820		
营业外支出		1 000		119 820		
生产成本		2 200		122 020		
销售费用			300	122 320		
制造费用		200		122 520		
合计	118 720	3 500	300	122 520		

表 9-61 汇总付款凭证

贷方科目:库存现金　　2010 年 11 月份　　汇现付字 1 号

借方科目	金额				总账页数	
	1 日～10 日	11 日～20 日	21 日～30 日	合计	借方	贷方
其他应收款		1 400		1 400	（略）	（略）
应付职工薪酬	13 000			14 400		
管理费用	623			15 023		
应付职工薪酬			57	15 080		
营业外支出			100	15 180		
合计	13 623	1 400	157	15 180		

表 9-62　汇总转账凭证

贷方科目:应付账款　　2011 年 11 月份　　汇转字 1 号

借方科目	金额				总账页数	
	1 日～10 日	11 日～20 日	21 日～30 日	合计	借方	贷方
在途物资	3 000			3 000	(略)	(略)
应交税费	510			3 510		
合计	3 510			3 510		

表 9-63　汇总转账凭证

贷方科目:在途物贸　　2011 年 11 月份　　汇转字 2 号

借方科目	金额				总账页数	
	1 日～10 日	11 日～20 日	21 日～30 日	合计	借方	贷方
原材料	13 000			13 000	(略)	(略)
合计	13 000			13 000		

表 9-64　汇总转账凭证

贷方科目:原材料　　2010 年 11 月份　　汇转字 3 号

借方科目	金额				总账页数	
	1 日～10 日	11 日～20 日	21 日～30 日	合计	借方	贷方
生产成本	11 700			11 700	(略)	(略)
制造费用	2 800			14 500		
管理费用	1 000			15 500		
合计	15 500			15 500		

表 9-65　汇总转账凭证

贷方科目:应付职工薪酬　　2010 年 11 月份　　汇转字 4 号

借方科目	金额				总账页数	
	1 日～10 日	11 日～20 日	21 日～30 日	合计	借方	贷方
生产成本	11 400			11 400	(略)	(略)
制造费用	2 394			13 794		
管理费用	1 026			14 820		
合计	14 820			14 820		

表 9-66 汇总转账凭证

贷方科目:其他应收款 2010 年 11 月份 汇转字 5 号

借方科目	金额				总账页数	
	1 日～10 日	11 日～20 日	21 日～30 日	合计	借方	贷方
管理费用		1 400		1 400	(略)	(略)
合计		1 400		1 400		

表 9-67 汇总转账凭证

贷方科目:累计折旧 2010 年 11 月份 汇转字 6 号

借方科目	金额				总账页数	
	1 日～10 日	11 日～20 日	21 日～30 日	合计	借方	贷方
制造费用		3 000		3 000	(略)	(略)
管理费用		2 000		2 000		
合计		5 000		5 000		

表 9-68 汇总转账凭证

贷方科目:应付利息 2010 年 11 月份 汇转字 7 号

借方科目	金额				总账页数	
	1 日～10 日	11 日～20 日	21 日～30 日	合计	借方	贷方
财务费用		350		350	(略)	(略)
合计		350		350		

表 9-69 汇总转账凭证

贷方科目:营业外收入 2010 年 11 月份 汇转字 8 号

借方科目	金额				总账页数	
	1 日～10 日	11 日～20 日	21 日～30 日	合计	借方	贷方
其他应付款		200		200	(略)	(略)
合计		200		200		

表 9-70　汇总转账凭证

贷方科目:制造费用　　2010 年 11 月份　　汇转字 9 号

借方科目	金额				总账页数	
	1 日～10 日	11 日～20 日	21 日～30 日	合计	借方	贷方
生产成本			8 394	8 394	(略)	(略)
合计			8 394	8 394		

表 9-71　汇总转账凭证

贷方科目:生产成本　　2010 年 11 月份　　汇转字 10 号

借方科目	金额				总账页数	
	1 日～10 日	11 日～20 日	21 日～30 日	合计	借方	贷方
库存商品			33 694	33 694	(略)	(略)
合计			33 694	33 694		

表 9-72　汇总转账凭证

贷方科目:主营业务收入　　2010 年 11 月份　　汇转字 11 号

借方科目	金额				总账页数	
	1 日～10 日	11 日～20 日	21 日～30 日	合计	借方	贷方
应收账款			28 000	28 000	(略)	(略)
合计			28 000	28 000		

表 9-73　汇总转账凭证

贷方科目:应交税费　　2010 年 11 月份　　汇转字 12 号

借方科目	金额				总账页数	
	1 日～10 日	11 日～20 日	21 日～30 日	合计	借方	贷方
应收账款			4 760	4 760	(略)	(略)
营业税金及附加			335	5 095		
所得税费用			6 402.75	11 497.75		
合计			11 497.75	11 497.75		

表 9-74 汇总转账凭证

贷方科目:本年利润　　2010 年 11 月份　　汇转字 13 号

借方科目	金额				总账页数	
	1 日～10 日	11 日～20 日	21 日～30 日	合计	借方	贷方
主营业务收入			67 000	67 000	(略)	(略)
其他业务收入			45	67 045		
营业外收入			200	67 245		
投资收益			6 000	73 245		
合计			73 245	73 245		

表 9-75 汇总转账凭证

贷方科目:库存商品　　2010 年 11 月份　　汇转字 14 号

借方科目	金额				总账页数	
	1 日～10 日	11 日～20 日	21 日～30 日	合计	借方	贷方
主营业务成本			38 400	38 400	(略)	(略)
合计			38 400	38 400		

表 9-76 汇总转账凭证

贷方科目:所得税费用　　2010 年 11 月份　　汇转字 15 号

借方科目	金额				总账页数	
	1 日～10 日	11 日～20 日	21 日～30 日	合计	借方	贷方
本年利润			6 402.75	6 402.75	(略)	(略)
合计			6 402.75	6 402.75		

表 9-77 汇总转账凭证

贷方科目:主营业务成本　　2010 年 11 月份　　汇转字 16 号

借方科目	金额				总账页数	
	1 日～10 日	11 日～20 日	21 日～30 日	合计	借方	贷方
本年利润			38 400	38 400	(略)	(略)
合计			38 400	38 400		

表 9－78　汇总转账凭证

贷方科目:销售费用　　2010 年 11 月份　　汇转字 17 号

借方科目	金额				总账页数	
	1 日～10 日	11 日～20 日	21 日～30 日	合计	借方	贷方
本年利润			300	300	(略)	(略)
合计			300	300		

表 9－79　汇总转账凭证

贷方科目:营业税金及附加　　2010 年 11 月份　　汇转字 18 号

借方科目	金额				总账页数	
	1 日～10 日	11 日～20 日	21 日～30 日	合计	借方	贷方
本年利润			335	335	(略)	(略)
合计			335	335		

表 9－80　汇总转账凭证

贷方科目:管理费用　　2010 年 11 月份　　汇转字 19 号

借方科目	金额				总账页数	
	1 日～10 日	11 日～20 日	21 日～30 日	合计	借方	贷方
本年利润			7 149	7 149	(略)	(略)
合计			7 149	7 149		

表 9－81　汇总转账凭证

贷方科目:财务费用　　2010 年 11 月份　　汇转字 20 号

借方科目	金额				总账页数	
	1 日～10 日	11 日～20 日	21 日～30 日	合计	借方	贷方
本年利润			350	350	(略)	(略)
合计			350	350		

表 9-82 汇总转账凭证

贷方科目:营业外支出　　2010 年 11 月份　　汇转字 21 号

借方科目	金额				总账页数	
	1 日～10 日	11 日～20 日	21 日～30 日	合计	借方	贷方
本年利润			1 110	1 100	(略)	(略)
合计			1 100	1 100		

表 9-83 汇总转账凭证

贷方科目:盈余公积　　2010 年 11 月份　　汇转字 22 号

借方科目	金额				总账页数	
	1 日～10 日	11 日～20 日	21 日～30 日	合计	借方	贷方
利润分配			1 920.83	1 920.83	(略)	(略)
合计			1 920.83	1 920.83		

表 9-84 汇总转账凭证

贷方科目:应付利润　　2010 年 11 月份　　汇转字 23 号

借方科目	金额				总账页数	
	1 日～10 日	11 日～20 日	21 日～30 日	合计	借方	贷方
利润分配			7 623.30	7 623.30	(略)	(略)
合计			7 623.30	7 623.30		

表 9-85 在途物资总账　　单位:元

2010 年		凭证号数	摘要	借方	贷方	借或贷	余额
月	日						
11	30	汇银付 1 号		10 000		借	
	30	汇转 1 号		3 000		借	
	30	汇转 2 号			13 000	平	
	30		本期发生额及余额	13 000	13 000	平	

表 9－86　原材料总账　　单位:元

2010年		凭证号数	摘要	借方	贷方	借或贷	余额
月	日						
11	1	略				借	54 000
	30	汇转2号		13 000		借	67 000
	30	汇转3号			15 500	借	51 500
	30		本期发生额及余额	13 500	15 500	借	51 500

三、汇总记账凭证会计核算形式的优缺点评价及适用范围

(一) 优缺点

1. 汇总记账凭证会计核算形式优点:一是可以将日常发生的大量记账凭证分散在平时整理,通过汇总归类,月末时一次登记总分类账,减轻了登记总分类账的工作量,为及时的编制会计报表提供方便;二是汇总记账凭证是按照科目对应关系归类、汇总编制的,能够明确的反映账户之间的对应关系,便于日常分析、检查经济活动的发生情况。

2. 汇总记账凭证会计核算形式缺点是:汇总转账凭证按每一贷方科目归类汇总,不考虑经济业务的性质,不利于会计核算工作的分工,而且当转账凭证较多时,编制汇总转账凭证的工作量也较大。

(二) 适用范围

汇总记账凭证会计核算形式主要适用于规模较大,经济业务较多的单位。

第五节　会计核算形式技能训练

一、训练目标

通过技能训练,掌握汇总记账凭证核算形式和科目汇总表会计核算形式的核算程序。

二、训练重点与难点

技能训练的重点与难点是汇总记账凭证和科目汇总表的编制方法。

三、训练要求

(一) 根据资料一编制银行汇总付款凭证,并据此登记“银行存款”账户;
(二) 根据资料二的经济业务编制记账凭证与科目汇总表。

四、训练资料

资料一:东方公司 2010 年 11 月发生的银行存款业务已编制记账凭证如下:

(1) 1 日,银付 1　借:在途物资　2 000
　应交税费—应交增值税(进项税额)　340
　贷:银行存款　2 340
(2) 3 日,银付 2　借:财务费用　600
　贷:银行存款　600
(3) 4 日,银付 3　借:应付账款　2 500
　贷:银行存款　2 500
(4) 5 日,银付 4　借:管理费用　400
　贷:银行存款　400
(5) 8 日,银付 5　借:库存现金　3 000
　贷:银行存款　3 000
(6) 11 日,银付 6　借:在途物资　5 000
　应交税费—应交增值税(进项税额)　850
　贷:银行存款　5 850
(7) 12 日,银付 7　借:销售费用　2 500
　贷:银行存款　2 500
(8) 14 日,银付 8　借:制造费用　800
　贷:银行存款　800
(9) 16 日,银付 9　借:管理费用　380
　贷:银行存款　380
(10) 17 日,银付 10　借:销售费用　400
　贷:银行存款　400
(11) 19 日,银付 11　借:预付账款　2 000
　贷:银行存款　2 000

(12) 22 日,银付 12　　借:管理费用　　400

　　　　　　　　　　　　制造费用　　600

　　　　　　　　　　　　贷:银行存款　　1 000

资料二:胜利公司 2010 年 10 月发生下列经济业务:

(1) 2 日,从东方厂赊购一批材料,货款 30 000 元,增值税税额 5 100 元,以库存现金支付运费 200 元。

(2) 4 日,从东方厂购进的材料验收入库。

(3) 5 日,以库存现金支付公司购买的办公用品 300 元。

(4) 7 日,收到大河公司前欠的货款 3 000 元,存入银行。

(5) 9 日,向银行借入短期借款 30 000 元,存入银行。

(6) 10 日,以银行存款支付职工工资 50 000 元。

(7) 13 日,以银行存款 4 000 元支付产品广告费。

(8) 15 日,领用材料 6 000 元,其中:生产甲产品 2 000 元,生产乙产品4 000 元。

(9) 20 日,向东升厂销售甲产品一批,货款 100 000 元,增值税税额 17 000 元,货款尚未收到。

(10) 23 日,从银行提取现金 2 000 元,以备零星支取。

(11) 25 日,销售乙产品一批,货款 80 000 元,增值税税额 13 600 元,款已收到,存入银行。

(12) 27 日,收到东升厂购货款 117 000 元,存入银行。

(13) 31 日,计提本月固定资产折旧费 8 500 元,其中:生产车间折旧费 5 000 元,管理部门折旧费 3 500 元。

(14) 31 日,用银行存款 4 000 元支付水电费,其中:生产车间耗用 2 500 元,管理部门耗用 1 500 元。

(15) 31 日,分配本月职工工资 50 000 元,其中:生产甲产品工人工资 15 000 元,生产乙产品工人工资 20 000 元,车间管理人员工资 10 000 元,公司管理部门人员工资 5 000 元。

(16) 31 日,按工时分配制造费用,其中产品耗用 2 000 工时,乙产品耗用3 000 工时。

(17) 31 日,本月生产的甲产品 600 件和乙产品 800 件全部验收入库,结转完工产品成本。

(18) 31 日,结转本月销售产品成本 120 000 元。

(19) 31 日,将主营业务收入、主营业务成本、销售费用、管理费用和财务费用转入“本年利润”账户。

(20) 31日,按25%计算本月应交纳所得税额。

(21) 31日,按税后利润的10%计提盈余公积。

(22) 31日,将所得税费用转入“本年利润”账户。

本章小结

本章是在学习会计凭证、会计账簿和会计报表编制的基础上,进一步明确会计凭证、账簿组织和会计报表编制以及记账方法、记账程序有机结合的步骤和方法。它要求企业根据生产经营管理的需要,选择适用自己企业的会计核算形式。在实际工作中,广泛应用的会计核算形式有记账凭证会计核算形式、汇总记账凭证会计核算形式和科目汇总表会计核算形式。各种会计核算形式既有其共同点,也有各自的特点,其主要区别在于登记总分类账的依据不同。每种会计核算形式都有其优缺点,所以它们有各自的适用范围。每个企业都要根据自身的需要选择适合自己的会计核算形式。

习　题

一、单项选择题

1. 各种不同的会计核算形式的主要区别是(　　)。

A. 各单位经济业务的特点不同　　B. 各单位经营管理的要求不同

C. 登记总分类账的依据和方法不同　　D. 凭证的传递程序不同

2. 科目汇总表的主要缺点是不能反映出(　　)。

A. 借方发生额　　B. 贷方发生额

C. 借方和贷方发生额　　D. 科目对应关系

3. 科目汇总表汇总的是(　　)。

A. 全部科目的借方发生额　　B. 全部科目的贷方发生额

C. 全部科目的借贷方余额　　D. 全部科目的借方和贷方发生额

4. 编制科目汇总表的直接依据是(　　)。

A. 原始凭证　　B. 原始凭证汇总表

C. 记账凭证　　D. 汇总记账凭证

5. (　　)是记账凭证会计核算形式的主要缺点。

A. 不便于会计合理分工　　B. 不能体现账户的对应关系

C. 登记总账的工作量较大　　D. 方法不易掌握

二、多项选择题

1. 登记总分类账的依据可以是(　　)。

A. 记账凭证　　B. 汇总记账凭证

C. 科目汇总表　　D. 原始凭证汇总表

2. 以记账凭证为依据,按有关账户的贷方设置,按借方账户归类的有(　　)。

A. 汇总收款凭证　　B. 汇总付款凭证

C. 汇总转账凭证　　D. 科目汇总表

3. 下列属于科目汇总表会计核算形式下的步骤的有(　　)。

A. 根据原始凭证或原始凭证汇总表编制收、付款凭证和转账凭证等记账凭证

B. 根据收、付款凭证登记现金、银行存款日记账

C. 根据原始凭证、原始凭证汇总表和记账凭证登记明细账

D. 根据记账凭证定期编制科目汇总表

4. 不管记账凭证会计核算形式,还是科目汇总表会计核算形式、汇总记账凭证会计核算形式,它们在(　　)方面有共同之处。

A. 登记日记账依据　　B. 登记总账和明细账依据

C. 编制记账凭证依据　　D. 编制会计报表依据

5. 记账凭证会计核算形式一般适用于(　　)企业单位。

A. 经营规模较大　　B. 经营规模较小

C. 经济业务较多　　D. 经济业务较少

三、判断题

1. 记账凭证会计核算形式是其他各个会计核算形式的基础。(　　)

2. 无论何种会计核算形式,都需要日记账、明细账分别与总账定期核对。(　　)

3. 为了便于编制汇总转账凭证,在编制转账凭证时,其账户的对应关系应是一借一贷或多借一贷。(　　)

4. 采用记账凭证会计核算形式,不仅可以简化登记总账的工作,而且便于检查和分析经济业务。(　　)

5. 会计核算形式不同,现金日记账、银行存款日记账登记的依据不同。(　　)

四、问答题

1. 什么是会计核算形式?建立科学合理的会计核算形式的意义是什么?

2. 建立科学的会计核算形式应符合哪些要求?

3. 常见的会计核算形式有哪几种?

4. 简述记账凭证会计核算形式和科目汇总表会计核算形式的主要特点、核算步骤、优缺点

和适用范围。

5. 简述汇总收款凭证、汇总付款凭证和汇总转账凭证的编制方法。

五、实务题

资料：东方公司2010年10月1日各账户的余额如表9－87所示。

表9－87

账户	借方余额	账户	贷方余额
库存现金	2 750	短期借款	200 000
银行存款	192 250	应付账款	80 000
应收账款	70 000	应交税费	1 000
其他应收款	350	应付职工薪酬	55 000
原材料	480 000	累计折旧	1 200 000
生产成本	74 000	实收资本	1 583 350
库存商品	400 000	盈余公积	100 000
固定资产	2 000 000		
合计	3 219 350	合计	3 219 350

该月发生下列经济业务。

(1) 1日，销售产品200 000元，增值税34 000元，款项已收存银行。

(2) 1日，购入材料一批，价值10 000元，增值税1 700元，运杂费300元，款项已通过银行支付，材料已验收入库。

(3) 2日，用银行存款交纳应交的营业税1 000元。

(4) 3日，生产产品领用材料150 000元。

(5) 4日，采购员预借差旅费500元，用现金支付。

(6) 5日，用银行存款支付水电费1 200元，其中，生产车间水电费900元，管理部门水电费300元。

(7) 6日，用现金支付销售产品运费800元。

(8) 10日，出租固定资产取得现金支票3 000元，款项已收妥。

(9) 11日，车间领用一般性消耗材料90元。

(10) 12日，向银行提取现金55 000元备发工资。

(11) 16日，用现金发放工资55 000元。

(12) 18日，偿还某公司货款50 000元，用银行存款支付。

(13) 19日，收回某单位前欠货款35 000元，已存入银行。

(14) 20日，采购员报销差旅费470元，余款退回现金30元。

(15) 21日，以银行存款购入不需安装设备一台，价款50 000元，税款8 500元，运费500元，全部款项用银行存款支付。

(16) 23 日,购入材料一批,价款 20 000 元,增值税 3 400 元,款项尚未支付,材料已验收入库。

(17) 27 日,销售产品一批,价款 90 000 元,增值税 15 300 元,款项尚未收到。

(18) 28 日,用银行存款 2 400 元支付应交纳的罚金。

(19) 31 日,计提本月固定资产折旧 38 000 元,其中,生产车间固定资产折旧 26 200 元,出租固定资产折旧 1 800 元,企业管理部门固定资产折旧 10 000 元。

(20) 31 日,计算工资和福利费,其中生产工人工资 45 000 元,车间管理人员工资 5 000 元,企业管理人员工资 9 000 元;生产工人福利费 6 300 元,车间管理人员福利费 600 元,企业管理人员福利费 1 260 元。

(21) 31 日,结转本月制造费用;用银行存款支付本月借款利息 1 500 元。

(22) 31 日,结转本月完工产品成本(假定无期初、期末在产品)。

(23) 31 日,结转本月产品销售成本 46 000 元。

(24) 31 日,经过计算,销售产品应交的消费税 9 500 元。

(25) 将各收入、费用类账户的余额转入"本年利润"账户,并按 25%计算所得税费用和按 10%提取法定盈余公积。

要求:(1) 根据以上经济业务,编制记账凭证(可用分录代替);

(2) 根据所编制的记账凭证月终编制科目汇总表;

(3) 根据科目汇总表登记总分类账。

第十章　会计基础工作规范

学习目标

通过本章的学习，了解会计工作组织，熟悉会计机构、会计岗位的设置；熟悉会计人员的职责、权限、技术职务、奖惩和继续教育；理解会计人员的职业道德；能够在实践中合理的运用、组织安排会计和会计电算化工作。

知识构图

会计基础工作规范
- 会计工作的组织规范
- 会计机构规范
- 会计人员规范
- 会计职业道德规范
- 会计电算化
- 会计档案保管期限

第一节　企业会计工作的组织规范

一、会计工作的组织

组织会计工作就是为了适应会计工作的管理性、政策性和严密性的特点，对设置会计机构、配备会计人员、制定会计政策和会计管理制度等工作的总称。

会计工作的组织，主要包括会计制度的制订、会计机构的设置和会计人员的配备、会计法规制度的制定与执行以及会计档案的保管等，它们是相互联系、相互作用、相互制约的，且缺一不可。

二、组织会计工作的重要意义

科学、有效的组织会计工作，对于实现会计目标、发挥会计职能具有重要的意义：

（一）有利于保证会计工作的质量，提高会计工作效率

会计要将企业和行政事业单位的资金运动及相关的财务收支活动这些信息反映在凭证、账簿和报表中，就必须对企业的资金运动、财务收支活动进行连续的收集、记录、计算、整理、汇总和分析，这些都需要专职的机构和办事人员，没有一套严格完整的工作制度和办事程序，就不能把会计工作科学地组织起来，不能很好地完成会计的任务。所以，只有建立健全的会计机构，才能保证会计工作的质量，提高会计工作的效率。

（二）有利于巩固和发展企业单位内部的经济责任制

经济责任制是各单位加强内部经济管理的重要手段。而实现内部经济责任制离不开会计。科学的组织会计工作，可以增收节支、提高经济效益和管理水平。

（三）有利于确保会计工作与其他经济管理工作协调一致

会计工作是企业单位整个经济管理工作的一个重要组成部分，既独立于其他经济管理工作，又同它们有着密切的联系。它们之间相互促进、相互制约。只有合理地组织会计工作，才能处理好会计工作同其他经济管理工作之间的关系，做到相互协调、相互配合，提高企业整体经营管理水平。

（四）科学、合理的组织会计工作，能有效地保证各项财经法规和财政纪律的贯彻执行，维护财经纪律，建立良好的社会经济秩序

三、组织会计工作的基本要求

1. 必须与国家宏观经济管理的要求相适应

各会计主体必须贯彻执行《会计法》，遵照国家统一的会计制度，制定本企业的会计制度，才能为国家提供国民经济宏观调控所需要的经济信息。

2. 必须坚持实事求是的原则，满足企业微观管理的要求

每一个会计主体的经营活动不同，形成的会计信息也不同，所以，各单位必须结合本单位的业务特点作出安排和具体实施办法，实事求是，满足企业微观管理的要求。

3. 组织会计工作，必须坚持保质保量、合理高效的原则

在组织会计工作时候，应在保证会计工作质量的前提下力求提高工作效率，节约时间和成本，防止机构重叠、人浮于事等现象的发生。

4. 组织会计工作，必须充分发挥基层会计机构和会计人员的积极性

第二节　会计机构规范

一、会计机构的设置

会计机构是指由专职会计人员组成，直接从事和组织领导会计工作的职能部门。我国《会计法》明确规定："各单位应当根据会计业务的需要，设置会计机构，或者在有关机构中设置会计人员并指定会计主管人员；不具备设置条件的，应当委托经批准设立从事会计代理记账业务的中介机构代理记账。"建立健全会计机构是保证会计工作正常进行，充分发挥会计职能作用的重要条件。

设置会计机构的基本前提是单位规模的大小、单位经济业务和财务收支的繁简程度、经营管理的要求。

企业应根据业务需要设置会计机构，并建立内部稽核制度，防止会计核算工作上的差错和有关人员的舞弊行为，实行钱账分管制度。

不单独设置会计机构的单位应在相关机构中配备会计人员，并指定会计主管人员。没有设置会计机构和配备会计人员的单位，应当根据《代理记账管理暂行办法》委托会计师事务所或者持有代理记账许可证的其他代理记账机构进行代理记账。

二、会计机构的形式

会计机构承担的工作与其他职能部门、会计组织、会计人员之间分工、与会计工作组织方式有很大关系。而会计工作的组织方式又与企业规模大小、会计机构设置和会计人员的配备有关。在企业单位中，一般有独立核算和非独立核算两种形式。

1. 独立核算

所谓独立核算是指企业对本单位的业务经营活动过程及其成果进行全面、系统的会计核算，并对其经营活动进行分析检查。实行独立核算的企业单位，一般都具有一定数量的资金，在当地银行开户；独立进行经营活动，能同其他单位订立经济合同；独立计算盈亏，单独设置会计机构并配备会计人员，并有完整的会计工作组织体系。

在实行独立核算方式的单位，会计工作的组织形式一般分为集中核算和非集中核算。集中核算是指将企业会计工作主要集中在厂(公司)级会计部门进行的一种核算组织方式。而非集中核算又称分散核算,是相对与集中核算而言的,是指将与企业内部各部门、车间、仓库业务相关的明细分类核算,分散在各部门、车间、仓库进行的一种核算组织方式。

2. 非独立核算

非独立核算又称报账制,是把本单位的业务经营活动有关的日常业务资料,逐日或定期报送上级单位,由上级单位进行核算。

非独立核算单位的特点是:从事业务活动,一切收入全面上缴,所有支出向上级报销,本身独立核算盈亏,只记录和计算几个主要指标,进行简易核算,也不单独编制会计报表。实行非独立核算的企业单位一般不专设会计机构,只配备专职会计人员。

三、会计工作岗位的设置

会计工作岗位的设置,是指在会计机构内部按照会计工作的内容和会计人员的配备情况,进行合理的分工,使每项工作都有专人负责,每位会计人员都明确自己的职责。

我国大中型企业一般设置以下核算组:综合组、财务组、工资核算组、固定资产核算组、材料核算组、成本费用核算组、销售和利润核算组、资金组。上述各组,可以一人一岗、一人多岗或一岗多人,但出纳人员不得兼管稽核、会计档案保管和收入、费用、债权债务账目的等级工作。

实行会计电算化的单位可以根据需要设置相应的工作岗位,各岗位人员相互配合、协调工作。会计电算化工作岗位分为基本会计岗位和电算化会计岗位。基本会计岗位包括与手工各会计岗位相对应的工作岗位。会计电算化岗位则包括电算化主管、软件操作、审核记账、电算化维护、电算化审查、数据分析。

第三节　会计人员规范

会计人员是指从事日常会计业务处理工作的专职人员,充分调动会计人员的积极性,是做好会计工作、加强财务管理、提高经营管理水平、保证市场经济健康发展的重要方面。

一、会计人员的职责

会计人员的主要职责有:

1. 进行会计核算

进行会计核算是会计人员的主要职责，会计人员根据实际发生的经济业务，认真填制和审核会计凭证，登记账簿，编制财务会计报告。

2. 实行会计监督

通过会计工作对单位的各项经济业务和会计手续的合法性、合理性、有效性或预算执行情况进行监督，并对不正确的经济行为进行必要的干预。对不真实、不合法的原始凭证，不予受理；对记载不准确、不完整的原始凭证，予以退回；对违法收支，不予办理；发现账簿记录与实物、款项不符时，应当按照有关规定进行处理，无权自行处理的，应当向本单位领导人报告。

3. 拟定本单位办理会计事务的具体办法

根据国家的会计法规、制度、财政经济方针、政策及上级机构的有关规定，结合本单位的具体情况，设计本单位的会计规章制度，规定会计事务处理的具体操作程序。

4. 参与拟定经济计划、业务计划，编制预算和财务计划，并考核、分析其执行情况

会计部门应负责编制财务计划和预算，并考核、分析其执行情况，发现问题，查明原因，提出改进的措施和建议。

会计人员应积极参与本单位经济计划和业务计划的制定，杜绝浪费、提高经济效益等。

5. 办理其他会计事项

其他会计事项是指上述各项尚未包括的其他会计业务。

二、会计人员的主要权限

国家有关会计法规在明确会计人员职责的同时，为了保障会计人员顺利履行自己的职责，也赋予了他们必要的权限，主要有以下几个方面：

(1) 会计人员有权要求本单位有关部门、人员严格遵守国家财经纪律和法规制度；认真执行本单位的计划，对于违反国家法规的情况，有权拒绝付款、拒绝报销或拒绝执行，并及时向本单位或上级有关部门报告。

(2) 会计人员有权参与本企业计划及预算的编制、对外经济合同的签订，参加有关的生产、经营管理会议和业务会议，有权了解企业生产经营情况，并提出意见。领导对会计人员的合理建议应予以采纳。

(3) 会计人员有权监督、检查本单位有关部门的财务收支和财产保管、收发、计量、检验和资金使用等情况。

三、会计人员的专业技术职务

根据《会计专业职务试行条例》规定，会计专业职务定为高级会计师、会计师、助理会计师、会计员。对各级技术职务国家都规定有任职基本条件。

1. 高级会计师

高级会计师应较系统的掌握经济、财务会计理论和专业知识，具有丰富的财务会计工作经验，能担负一个地区、一个部门、一个系统的财务会计管理工作，具有规定学历和工作经历。

2. 会计师

会计师应能系统地掌握财务会计基础理论和专业知识；掌握并能正确贯彻执行有关的财经方针、政策和财务会计法规、制度；具有一定的财务会计工作经验，能担负一个单位或管理一个地区、一个部门、一个系统某个方面的财务会计工作，具有规定的学历和专业工作经历。

3. 助理会计师

掌握一般的财务会计基础理论和专业知识；熟悉并能正确执行有关的财经方针、政策和财务会计法规、制度；能担负一个方面或某个重要岗位的财务会计工作，具备履行助理会计师职责的能力，具有规定的学历和专业工作经历。

4. 会计员

根据《会计专业职务试行条例》的规定，担任会计员的基本条件是：初步掌握财务会计知识和技能；熟悉并能认真执行有关会计法规和财务会计制度；能担任一个岗位的财务会计工作；会计员资格考试合格。

四、总会计师

总会计师是单位行政领导成员，协助单位主要行政领导人工作，直接对单位主要行政领导人负责。我国企业总会计师的职权受国家法律保护，单位主要行政领导人应当支持并保障总会计师依法行使职权。

根据《总会计师条例》的规定，企业的总会计师必须具备如下条件：坚持社会主义方向，积极为社会主义建设和改革开放服务；坚持原则，廉洁奉公；取得会计师任职资格后，主管一个单位或者单位内一个重要方面的财务会计工作时间不少于三年；有较高的理论水平，熟悉国家财经法律、法规、方针、政策和制度，掌握现代化管理的有关知识；具备本行业的基本业务知识，熟悉行业情况，有较强的组织领导能力；身体健康，能胜任本职工作。

企业总会计师负责组织本单位的下列工作：编制和执行预算、财务收支计划、信贷计划，拟订资金筹措方案，有效使用资金；进行成本费用计划、控制、核算、分析和考核，督促本单位有关部门降低消耗、节约成本、提高经济效益；建立健全经济核算制度，利用财务会计资料进行经济活动分析。

总会计师的权限是：对本单位会计机构设置和会计人员配备、会计人员的岗位设置、职务聘任、业务培训和考核等负责,协助单位主要行政领导人对企业长远战略和业务发展有关的重大问题作出决策。总会计师主管审批财务收支,重大财务收支须经总会计师审批或总会计师报单位主要行政领导人批准。单位预算、财务收支计划、成本和费用计划、信贷计划、财务专题报告、会计决算报表,须经总会计师签署。涉及财务收支的重大业务计划、合同或协议书等,应由总会计师会签。总会计师还组织各分支机构或职能部门的经济核算、财务会计和成本管理方面的工作。

五、会计机构负责人、会计主管人员

《会计基础工作规范》规定:"设置会计机构,应当配备会计机构负责人;在有关机构中配备专职会计人员,应当在专职会计人员中指定会计主管人员。"

单独设置会计机构的单位,负责组织管理会计事务、行使会计核算与监督职权的负责人可称为会计机构负责人;不单独设置会计机构的单位,由单位指定的负责组织管理会计事务、行使会计核算与监督职权的负责人为会计主管。

担任会计机构负责人(会计主管人员)除了要求其具备一般会计人员应具备的条件外还应具备会计师以上专业技术职务资格或者从事会计工作三年以上经历。

会计机构负责人的职责是:遵守国家法规,制定企业财务会计制度;组织筹集资金,节约使用资金认真研究税法,督促足额上缴;组织分析活动,参与经营决策;参与审查合同,维护企业利益;提出财务报告,汇报财务工作;组织会计人员学习,考核调配人员。

六、会计人员继续教育

为了便于会计人员及时更新知识、不断提高自身素质、适应工作需要,从事会计工作并已取得会计从业资格的会计人员应接受培训,进行继续教育。按照有关规定:中高级会计人员继续教育时间每年不少于 68 h,其中接受培训时间不少于 20 h;初级会计人员继续教育的时间每年不少于 72 h,其中接受培训时间每年累计不少于 24 h。

七、会计人员的奖惩

对于忠于职守、坚持原则、作出显著成绩的会计人员,应给予一定的精神或物质奖励;对于不宜担任会计工作的人员,应当予以撤职或免职;对于提供虚假财务会计报告,作假账,贪污、挪用公款等与会计职务有关的会计人员应依法追究其刑事责任,不得取得或者重新取得会计从业资格证书。

第四节　会计职业道德规范

一、会计职业道德的含义

会计职业道德是指在会计职业活动中应遵循的、体现会计职业特征的、调整会计职业关系的职业行为准则和规范。会计职业道德包括他律和自律两个方面。他律是以会计职业责任和义务为核心，侧重于防范会计人员的不正当的职业行为，通常采用政府或社会组织的限制性和禁止性条款，比如法律、法规和规章制度等。自律是以职业良心、职业精神为核心，侧重于倡导会计从业人员自觉遵守职业道德。会计职业道德的含义包括以下几个方面：

1. 会计职业道德是调整会计职业活动利益关系的手段

会计职业道德可以配合国家法律制度，调整职业关系中的经济利益关系，维护正常的经济秩序。会计职业道德允许个人和各经济主体获取合法的自身利益，但反对通过损害国家和社会公众利益而获取违法利益。

2. 会计职业道德具有相对稳定性

会计是一门实用性很强的经济学科，是为加强经营管理，提高经济效益，规范市场经济秩序，维护社会公众利益服务的。会计职业道德主要依附于历史继承性和经济规律，在社会经济关系不断的变迁中，保持自己的相对稳定性。

3. 会计职业道德具有广泛的社会性

会计职业道德是人们对会计职业行为的客观要求。会计不仅要为政府机构、企业管理层、金融机构等提供符合质量要求的会计信息，而且要为投资者、债权人及社会公众服务。会计信息质量直接影响着社会经济的发展和社会经济秩序的健康运行，会计职业道德必将受到社会关注，具有广泛的社会性。

4. 会计职业道德具有一定的强制性

为了强化会计职业道德的调节职能，我国会计职业道德中的许多内容都被直接纳入了会计法律制度之中。

二、会计职业道德规范的内容

1. 爱岗敬业

要求会计人员正确认识会计职业，树立爱岗敬业的精神；热爱会计工作，敬重社会职业；忠于职守，尽职尽责，切实对单位、对社会公众、对国家负责。

2. 诚实守信

要求会计人员要实事求是，信守诺言。

3. 廉洁自律

要求会计人员树立正确的人生观和价值观，公私分明、遵纪守法。进行自我约束、自我控制。严格自律，防止腐败和非职业道德行为的发生。

4. 客观公正

要求会计人员端正态度，实事求是，不偏不倚，维护会计主体和社会公众的利益。

5. 坚持准则

要求会计人员熟悉国家法律、法规和国家统一的会计制度，始终坚持按法律、法规和国家统一的会计制度的要求，进行会计核算，实施会计监督。

6. 提高技能

要求会计人员通过学习、培训和实践等途径，不断提高会计理论水平、会计实务能力以及职业判断能力、自动更新知识的能力。

7. 参与管理

要求会计人员在做好本职工作的同时，努力钻研相关业务，全面熟悉本单位经营活动和业务流程，主动提出合理化建议，协助领导决策，积极参与管理。

8. 强化服务

要求会计人员树立服务意识，文明服务；提高服务质量，努力维护和提升会计职业的良好社会形象。

三、会计职业道德的作用

会计职业道德的作用，主要体现在以下几个方面：

1. 会计职业道德是对会计法律制度的重要补充

会计法律制度是会计职业道德的最低要求，会计职业道德是对会计法律规范的重要补充，其作用是其他会计法律制度所不能替代的。

2. 会计职业道德是规范会计行为的基础

会计职业道德对会计的行为动机提出了相应的要求，比如引导、规劝、约束会计人员树立正确的职业观念，遵循职业道德要求，从而达到规范会计行为的目的。

3. 会计职业道德是实现会计目标的重要保证

从会计职业关系角度讲，会计目标就是为会计职业关系中的各个服务对象提供有用的会计信息。能否为这些服务对象及时提供相关的、可靠的会计信息，取决于会计职业者能否严格履行职业行为准则。会计职业道德规范约束着会计人员的职业行为，是实现会计目标的重要保证。

4. 会计职业道德是会计人员提高素质的内在要求

社会的进步和发展，对会计职业者的素质要求越来越高。会计职业道德是会计人员素质的重要体现。倡导会计职业道德，加强会计职业道德教育，并结合会计职业活动，引导会计从业者进一步加强自我修养，提高专业胜任能力，有利于促进会计从业者整体素质的不断提高。

第五节　会计电算化

一、会计电算化的概述

会计电算化是指将电子计算机技术应用到会计业务处理工作中。具体的说就是应用各种会计软件指挥各种计算机设备替代手工完成会计核算业务，或完成在手工下很难操作甚至无法操作的会计工作的过程，其实质是“电子计算机技术在会计工作中应用”的代名词。

随着会计电算化事业的发展，“会计电算化”的含义得到进一步的引申和发展，与计算机技术在会计工作中的应用有关的所有工作也都成为了跨及电算化的重要内容。

会计电算化的发展分为三个基本阶段。第一个阶段是会计核算电算化，主要是指运用会计核算软件，实现会计数据处理电算化；第二个阶段是会计管理电算化，是在会计核算电算化的基础上，借助计算机会计管理软件提供的功能和信息，帮助会计人员进行管理工作；第三个阶段是会计决策电算化，是会计电算化的最高阶段，在这个阶段由会计辅助决策软件决策支持软件来为决策工作服务。该软件根据会计预测的结果，对生产、经营等活动进行决策，并输出决策结果。

二、会计电算化的基本内容

会计电算化的主要内容包括：设置会计科目电算化、填写会计凭证电算化、登记会计账簿电算化、进行成本核算电算化、编制会计报表电算化。

三、会计电算化的意义

1. 减轻会计工作人员的劳动强度，提高工作效率

实现会计电算化以后，数据计算、分类、归集等工作都由计算机完成，这样就把会计工作人员从繁杂的会计工作中解放了出来，提高了工作效率。

2. 促进会计工作职能的转变

实现会计电算化以后，会计人员就可以从手工操作的记账、算账、报账中腾出时间和精力参与经营管理，从而促使会计工作职能的转变。

3. 促进会计工作规范化，提高会计工作质量

使用计算机和软件处理会计业务，就对数据来源提出了规范要求，而且数据在处理过程中能够得到控制，使会计基础工作规范化的程度提高，保证了会计工作的质量。

4. 促进会计理论和会计实务研究的不断发展

会计电算化是会计信息处理操作技术的变革，对会计核算的方式、内容、方法等理论研究产生一定影响，从而促进会计学科自身的不断发展和完善。

5. 为整个管理工作现代化奠定了基础

会计是经济管理的重要组成部分，因此会计电算化为企业管理手段现代化奠定了重要基础。

6. 促进会计队伍素质的提高

会计电算化的发展，要求广大会计人员学习掌握有关会计电算化的新知识。加上许多工作由计算机完成，使会计人员有更多的时间接受继续教育，这样必然逐步提高会计队伍的业务素质。

第六节 会计档案保管期限

一、会计档案

会计档案是经过立卷归档的会计凭证、会计账簿和会计报表等会计核算专业材料，它是记录和反映经济业务的重要史料和证据。具体包括会计凭证类、会计账簿类、财务会计报告类和其他类。

会计档案市会计活动的产物，是记录和反映经济活动的重要史料和证据，其重要作用主要表现在以下几个方面：

(1) 它是总结经验、揭露责任事故、打击经济领域犯罪、分析和判断事故原因的重要依据和证据。

(2) 会计档案有助于各单位进行经济前景的预测、进行经营决策、编制财务、成本计划。

(3) 可以为解决经济纠纷，处理遗留的经济事务提供依据。

二、会计档案的保管期限

会计档案的保管期限分为永久和定期两类。定期保管期限分为3年、5年、10年、15年、25年5类。会计档案的保管期限，从会计年度终了后的第一天算起。

三、会计档案的归档和保管

会计档案，应由会计部门按照归档的要求，负责整理立卷或装订成册。会计档案室应选择在干燥防水的地方，并远离易燃品堆放地，周围应备有适应的防火器材；会计档案室保持通风透光，并有适当的空间、通道和查阅地方，以利查阅，并防止潮湿；设置归档登记簿、档案目录登记簿、档案借阅登记簿，严防毁坏损失、散失和泄密；会计电算化档案保管要注意防盗、防磁等安全措施。

四、会计档案的借阅

会计档案为本单位提供使用，原则上不得借出，有特殊需要须经上级主管单位或单位领导、会计主管人员批准。

外部借阅会计档案时，应持有单位正式介绍信，经会计主管人员或单位领导人批准后，方可办理借阅手续；单位内部人员借阅会计档案时，应经会计主管人员或单位领导人批准后，办理借阅手续。借阅人应认真填写档案借阅登记簿，将借阅人姓名、单位、日期、数量、内容、归期等情况登记清楚。借阅会计档案人员不得在案卷中乱画、标记，拆散原卷册，也不得涂改抽换、携带外出或复制原件(如有特殊情况，须经领导批准后方能携带外出或复制原件)。借出的会计档案，管理人员要按期如数收回，并办理注销借阅手续。

五、会计档案的销毁

会计档案保管期满，需要销毁时由本单位档案部门提出销毁意见，会同财务会计部门共同鉴定、严格审查，编造会计档案销毁清册。

机关、团体、事业单位和非国有企业会计档案要销毁时，报本单位领导批准后销毁；国有企业经企业领导审查，报请上级主管单位批准后销毁。会计档案保管期满，但其中未了结的债权债务的原始凭证，应单独抽出，另行立卷，由档案部门保管到结清债权债务时为止；建设单位在建设期间的会计档案，不得销毁。

销毁档案前，应按会计档案销毁清册所列的项目逐一清查核对；各单位销毁会计档案时应由档案部门和财会部门共同派员监销，各级主管部门销毁会计档案时，应由同级财政部门、审计部门派员参加监销；会计档案销毁后经办人在“销毁清册”上签章，注明“已销毁”字样和销毁日期。同时将监销情况写出书面报告一式两份，一份报本单位领导，一份归入档案备查。

本章小结

要科学、有效、合理地进行会计工作，企业首先要设置会计机构，配备会计人员，并对其进行培训和继续教育，努力提高会计人员的职业道德和工作能力。会计电算化的应用能够大大提高会计工作的效率和质量，会计人员应加大这方面的学习。

习　题

一、单项选择题

1. 各单位应当根据会计业务的需要，设置会计机构，不具备设置条件的，应当(　　)。

A. 单独设置会计机构

B. 不设专职的会计人员

C. 有单位内部其他人员代理记账

D. 委托经批准设立从事会计代理记账业务的中介机构代理记账

2. 下列项目中，不属于会计专业职务的是(　　)。

A. 总会计师　　B. 助理会计师　　C. 会计师　　D. 会计员

3. 按照有关规定：中高级会计人员继续教育时间每年不少于(　　)小时，其中接受培训时间不少于(　　)小时。

A. 68，24　　B. 68，20　　C. 70，24　　D. 70，20

4. 会计档案的定期保管期限分为3年、5年、10年、15年、(　　)年五类。

A. 20　　B. 18　　C. 25　　D. 30

5. 会计档案保管期满，需要销毁时由(　　)提出销毁意见，会同财务会计部门共同鉴定、严格审查，编造会计档案销毁清册。

A. 本单位档案部门　　B. 主管部门

C. 财务会计部门　　D. 会计师

二、多项选择题

1. 科学、有效地组织会计工作，对于实现会计目标，发挥会计职能具有重要的意义(　　)。

A. 有利于保证会计工作地质量，提高会计工作效率

B. 有利于巩固和发展企业单位内部的经济责任制

C. 有利于确保会计工作与其他经济管理工作协调一致

D. 科学、合理地组织会计工作，能有效地保证各项财经法规和财政纪律的贯彻执行，维护财经纪律，建立良好的社会经济秩序

2. 组织会计工作的基本要求(　　)。

A. 必须与国家宏观经济管理的要求相适应

B. 必须坚持实事求是的原则，满足企业微观管理的要求

C. 必须保持保质保量、高效合理的原则

D. 必须充分发挥基层会计机构和会计人员的积极性，明确奖惩制度

3. 会计档案具体包括(　　)。

A. 会计凭证　　B. 会计账簿类

C. 财务会计报告　　D. 会计档案保管清册

4. 在实行独立核算方式的单位，会计工作的组织形式一般分为(　　)。

A. 集中核算　　B. 非集中核算

C. 非独立核算　　D. 以上都是

5. 会计电算化的主要内容包括(　　)。

A. 设置会计科目电算化

B. 填写会计凭证电算化

C. 登记会计账簿电算化

D. 进行成本核算电算化和编制会计报表电算化

三、判断题

1. 所有的单位都必须设置会计机构。(　　)

2. 初级会计人员继续教育的时间每年不少于 70 小时，其中接受培训时间每年累计不少于 24 小时。(　　)

3. 外部借阅会计档案时，应持有单位正式介绍信，经会计主管人员或单位领导人批准后，方可办理借阅手续。(　　)

4. 非独立核算又称报账制，是把本单位的业务经营活动有关的日常业务资料，逐日或定期报送上级单位，由上级单位进行核算。(　　)

5. 建设单位在建设期间的会计档案，可以销毁。(　　)

四、问答题

1. 什么是会计工作的组织？

2. 会计机构的形式有哪些？

3. 会计人员工作岗位职责具体包括哪些？

4. 为什么要对会计档案加强管理？

5. 会计电算化的意义是什么？

习题参考答案

第一章　总　　论

一、单项选择题

1. B　2. C　3. A　4. C　5. C　6. D

二、多项选择题

1. ABCD　　2. ABCD　3. ABCD　4. BCD　5. AC

三、判断题

1. ×　2. ×　3. ×　4. ×　5. ×

四、问答题(略)

五、实务题(略)

第二章　会计科目与账户

一、单项选择题

1. C　2. D　3. B　4. A　5. B

二、多项选择题

1. CD　2. ACD　3. ABD　4. AD　5. ABD

三、判断题

1. ×　2. ×　3. √　4. √　5. ×

四、问答题(略)

五、实务题(略)

第三章 复式记账法

一、单项选择题

1. B 2. B 3. C 4. A 5. B

二、多项选择题

1. ABCD 2. BC 3. AD 4. ABC 5. BCD

三、判断题

1. √ 2. × 3. × 4. × 5. ×

四、问答题(略)

五、实务题(略)

第四章 工业企业主要经济业务的核算

一、单项选择题

1. B 2. A 3. B 4. B 5. C

二、多项选择题

1. AB 2. ABC 3. ABC 4. BCD 5. ACD

三、判断题

1. × 2. √ 3. √ 4. × 5. √

四、问答题(略)

五、实务题(略)

第五章　会计凭证

一、单项选择题

1. C　2. C　3. B　4. D　5. B

二、多项选择题

1. AD　2. ABD　3. ABC　4. ABCD　5. ABCD

三、判断题

1. ×　2. ×　3. ×　4. √　5. ×

四、问答题(略)

五、实务题(略)

第六章　会计账簿

一、单项选择题

1. C　2. B　3. C　4. B　5. B

二、多项选择题

1. ACD　2. ABD　3. BCD　4. ABD　5. ACD

三、判断题

1. ×　2. ×　3. √　4. ×　5. √

四、问答题(略)

五、实务题(略)

第七章 财产清查

一、单项选择题

1. C 2. B 3. B 4. C 5. D

二、多项选择题

1. BD 2. AB 3. AC 4. BD 5. BC

三、判断题

1. √ 2. × 3. √ 4. × 5. ×

四、问答题(略)

五、实务题(略)

第八章 财务报表

一、单项选择题

1. B 2. A 3. B 4. D 5. A

二、多项选择题

1. ABCD 2. BCD 3. ABCD 4. ACD 5. BC

三、判断题

1. √ 2. × 3. √ 4. × 5. √

四、问答题(略)

五、实务题(略)

第九章　会计核算形式

一、单项选择题

1. C　2. D　3. D　4. C　5. C

二、多项选择题

1. ABC　2. BC　3. ABCD　4. ACD　5. BD

三、判断题

1. √　2. √　3. √　4. ×　5. ×

四、问答题(略)

五、实务题(略)

第十章　会计基础工作规范

一、单项选择题

1. D　2. A　3. B　4. C　5. A

二、多项选择题

1. ABCD　2. ABCD　3. ABC　4. AB　5. ABCD

三、判断题

1. ×　2. ×　3. √　4. √　5. ×

四、问答题(略)

参 考 文 献

[1] 安徽省会计从业资格考试辅导中心.会计基础[M].北京:中国财政经济出版社,2010.

[2] 财政部会计资格评估中心.初级会计实务[M].北京:中国财政经济出版社,2007.

[3] 丁元霖.会计基础[M].上海:立信会计出版社,2006.

[4] 朱小平,程昔武.会计学基础[M].北京:高等教育出版社,2009.

[5] 黄银利.基础会计[M].上海:立信会计出版社,2008.

[6] 杨玉红.基础会计学[M].上海:立信会计出版社,2006.